国家社会科学基金项目《环境约束视阈下的我国工业增长绩效、
动态演进及影响因素问题研究》（15CJY042）研究成果

环境规制视阈下的

中国工业增长绩效问题研究

郭威 著

人民出版社

目　录

引　言

改革开放以来，我国始终保持着相对高速的经济增长速度，经济发展取得了举世瞩目的成就。发展的历史实践表明，工业化过程是一个经济体整个经济发展过程中不可跨越的一个阶段，是发展中国家走向发达国家的必经之路。经典的工业化理论认为，工业化进程可分为五个大的时期：前工业化期、工业化初期、工业化中期、工业化后期及后工业化期。通常来讲，若一个国家或地区工业化率小于20%，则这个国家或地区处于前工业化期；若一个国家或地区工业化率在20%—40%之间，则这个国家或地区处于工业化初期阶段；若一个国家或地区工业化率达到40%—50%，则这个国家或地区处于工业化中期阶段；若一个国家或地区工业化率超过50%，则这个国家或地区处于工业化后期；而当一个国家或地区的工业化率达到最高峰开始回落，意味着这个国家或地区向后工业期过渡。就现阶段而言，我国总体上处于工业化后期向后工业化转型阶段。据数据显示，亚非国家的工业化率峰值为46%，而这也是世界的工业化峰值，我国目前总体上已度过了工业化率峰值阶段，正处于向后工业化过渡时期。① 具体而言，由于资源禀赋、基础设施发展以及发展阶段等因素的差异，我国工业化发展存在不平衡的地区差异，如北京、上海、广州等大型城市已步入后工业化时期，大部分东部省份处于工业化后期，而中西部省份则大多处于工业化中期。

经过改革开放40余年的发展，我国工业经济总体保持了持续快速的增长。2011年，我国的工业产值成为世界第一，也因此被称为"世界工厂"。从增长

---

① 高辉清：《我国经济发展形势分析》，2018年3月28日，见 http://www.sic.gov.cn/News/455/8918.htm。

方式看，在长期以来所形成的粗放型经济增长方式的大背景下，资本投入主导型的工业增长动力机制仍未得到根本性的转变。粗放型的增长方式一方面极大地推动了我国经济社会发展进程，政府财政收入不断增加，企业逐步发展壮大，居民收入水平持续改善，但也随之产生了不容忽视的问题和矛盾，尤其是给我国资源与环境带来了较大的破坏，不仅严重影响了人民对于美好生活的向往，而且制约着经济的高质量发展。以 2004 年为例，我国因环境污染造成的损失就高达 5118 亿元，占全年国内生产总值的 3.5%，且环境污染治理的投资数额也逐年上升；同时伴随粗放型经济的是低效率的增长，据统计，每增加 1 美元的国内生产总值，我国能耗是日本的 5—6 倍，是美国的 2—3 倍，资源的过度消耗进一步加剧了环境污染（卫兴华、孙咏梅，2007）。2003 年，我国工业和生活废水排放总量为 680 亿吨，化学耗氧、二氧化硫排放量居世界第一位，在 2005 年瑞士达沃斯世界经济论坛的"环境可持续指数"评比中，我国居全球 144 个国家和地区的第 133 位①。党的十八大以来，习近平总书记高度重视生态环境保护，强调要"算大账、算长远账、算整体账、算综合账"，明确指出，"绝不能以牺牲生态环境为代价换取经济的一时发展"②，多次提出，"既要金山银山，又要绿水青山"③"绿水青山就是金山银山"④，并进一步分析，"在实践中对绿水青山和金山银山这'两座山'之间关系的认识经过了三个阶段：第一个阶段是用绿水青山去换金山银山，不考虑或者很少考虑环境的承载能力，一味索取资源。第二个阶段是既要金山银山，但是也要保住绿水青山，这时候经济发展和资源匮乏、环境恶化之间的矛盾开始凸显出来，人们意识到环境是我们生存发展的根本，要留得青山在，才能有柴烧。第三个阶段是认识到绿水青山可以源源不断地带来金山银山，绿水青山本身就是金山银山，我们种的常青树就是摇钱树，生态优势变成经济优势，形成了一种浑然一体、

---

① 袁铁成：《最新世界环境指数出炉　中国居第 133 位》，2005 年 1 月 28 日，见 http://www.china.com.cn/economic/txt/2005-01/281/content_ 5771124.htm。

② 《习近平关于全面建成小康社会论述摘编》，中央文献出版社 2016 年版，第 176、171 页。

③ 《习近平谈治国理政》第一卷，外文出版社 2018 年版，第 434 页。

④ 《习近平谈治国理政》第二卷，外文出版社 2017 年版，第 209 页。

和谐统一的关系,这一阶段是一种更高的境界"[①]。

由此可见,任何以牺牲资源环境保护为代价的增长方式都是短视的,不可持续的,反之,保护生态环境就是保护生产力、改善生态环境就是发展生产力,要辩证处理好工业增长与环境保护之间的关系。动态地来看,工业化发展阶段的变化,意味着经济发展的驱动因素的转变。从过多追求经济增长到实现环境保护与经济发展的双重目标,我国所面临的发展任务愈发艰巨。一方面,我国正处在"两个一百年"奋斗目标的历史交汇期。我们既要全面建成小康社会、实现第一个百年奋斗目标,又要乘势而上开启全面建设社会主义现代化国家新征程。随着我国经济已由高速增长阶段转向高质量发展阶段,需要跨越转变发展方式、优化经济结构、转换增长动力三大关口。然而世界经济增长持续放缓,仍处于国际金融危机后的深度调整期,世界大变局加速演变的特征更趋明显,特别是随着英国脱欧、中美贸易摩擦以及新冠肺炎疫情等"黑天鹅"事件频出,全球经济的不确定性和风险点显著增多,在此关键时期做好经济工作尤为重要,其中工业的持续增长对于提高我国的综合国力和国际竞争力更是举足轻重。另一方面,环境约束及其强度究竟对我国工业增长造成发展压力,还是成为其转型的重要驱动力尚未明确,环境规制的加强固然有利于提升环境质量,但是也在一定程度上挤占了企业正常生产性投资,短期看会影响工业企业及行业的竞争力,长期而言既可能成为企业技术创新转型的推动力,又可能由于政策滞后性等特点无法促进绿色全要素生产率持续增长(黄庆华等,2018)。基于此,将环境因素纳入我国工业增长绩效的分析框架当中,从动态演进和空间差异两个层面对我国环境约束下环境全要素生产率进行对比研究,通过分析投入产出各因素对于工业全要素生产率的作用程度,从而找出影响我国工业增长绩效的深层次原因,对提升我国现阶段工业经济增长绩效,从而更加全面、客观和准确地处理好环境保护与经济发展两者关系具有积极意义。

总体来看,本书主要使用了定量分析与定性分析相结合、理论分析与实证

---

① 习近平:《干在实处 走在前列——推进浙江新发展的思考与实践》,中共中央党校出版社 2016 年版,第 198 页。

分析相结合、时间分析与空间分析相结合的分析方法。上述分析方法在本书各章节中均不同程度地有所体现，主要如下：一是使用 SBM 方向性距离函数和Luenberger 生产率结合的增长核算方法，从而分析规模效率可变与规模效率不变情况下的工业绿色生产无效率值；二是采取收敛性研究方法，从而得到我国省际与区域工业绿色全要素生产率的趋同及发散情况；三是采用 GMM 估计以对动态面板数据进行分析；四是采用空间杜宾模型，结合平面与空间双重角度以分析环境规制与我国工业经济增长绩效之间的关系。

  本书的贡献和创新点主要为以下四个方面：第一，本书以区域为划分标准，研究环境规制对绿色全要素生产率的影响。一方面，从区域异质性的角度讨论环境规制，可以有效地分析实施"一刀切"环境规制政策的弊端和问题，为"因地制宜"地实施规制政策提供理论依据；另一方面，已有文献研究证明，环境规制有明显的空间溢出性，部分地区实施的环境规制效果可能溢出到其他地区，并且影响其他地区的政策实施效果，因此，有必要从空间溢出性的角度研究环境规制对于我国工业发展的影响。第二，利用多种计量方法，以省域为考察对象，动态地检验环境规制对我国工业经济发展绩效的影响，并在测算方法方面对已有研究方法进行改进，采用生产前沿分析的最新工具——基于松弛变量的非径向、非角度的方向性距离函数和与之相关的 Luenberger 生产率指标测算我国工业绿色全要素生产率指标，使得生产率的测算结果更加接近客观现实。第三，考虑到工业绿色全要素生产率是判断工业经济收敛性的重要参考指标之一，与现有文献比，本书在绿色全要素生产率的测算后加入了收敛分析，将 30 个省份①的工业企业划分为八大经济区，从宏观、中观、微观三个层次对工业绿色全要素生产率的收敛机制进行梳理，以揭示工业经济整体及分区域考虑能源消耗和环境污染的绿色全要素生产率增长差异的时间演化趋势。第四，系统考察了环境规制的影响传导机制。从不同类别的角度分析环境规制对我国工业经济产生影响的直接和间接传导机制，进而探究行政型、市场型和公众参与型三种环境规制如何转化为对工业部门生产绩效的最终影响，分析环

___

① 考虑数据的平稳性和可获得性，本书选择西藏自治区以外的中国大陆 30 个省份为研究样本。

境规制对工业经济绩效所产生的作用，为我国更好地运用环境规制提供理论依据和决策参考。

本书研究内容大体包括以下几个方面：引言，主要介绍本书的研究背景与意义、研究方法以及研究内容。第一章，从环境规制、经济增长质量衡量及环境规制对工业增长绩效的影响等方面进行文献述评，通过回顾学者们的研究文献了解本领域的相关研究内容、方法和不足。第二章，从历史维度回顾我国工业经济发展所取得的主要成就和基本经验，以更好地把握我国未来工业经济的发展方式和趋势。第三章，通过回顾我国工业经济绿色发展的实践演进，对我国工业所处阶段进行定位，并从产业结构和政府政策两个角度分析我国工业经济绿色发展路径，进而从宏观和微观两个层面提出工业经济绿色发展的主要问题。第四章，选取日本、德国以及美国等后工业化国家为样本，对其工业绿色转型发展的主要做法进行比较研究，以期为我国推动工业绿色发展提供一些借鉴。第五章，通过 SBM 方向性距离函数和 Luenberger 生产率指标，基于中国大陆 30 个省、自治区、直辖市 1998 年至 2016 年的面板数据，测算我国整体以及西部、中部、东部各区域范围内的工业绿色全要素生产率及其分解项，得出各区域内包含环境污染（非期望产出）在内的绿色全要素生产率以及工业生产效率，从而更为准确地度量环境规制下的我国工业绿色发展绩效，并根据我国省际工业绿色全要素生产率的测算结果，对我国工业绿色全要素生产率的地区差异性及规律性进行描述。第六章，本书通过收敛性分析厘清我国省际及区域工业绿色全要素生产率的收敛（发散）情况，以分析动态视角下的我国工业绿色全要素生产率省际差异及区域差异的演化趋势、空间差异性及空间关联性，即空间差异是否会随时间的推移而逐渐收敛，空间差异对工业绿色全要素生产率的收敛性具有促进作用还是抑制作用等问题。如果省际工业绿色全要素生产率出现收敛性，则说明当前的经济与环境政策有助于缩小落后省份和发达省份间的差距；如果不存在收敛性，则说明当前状态下，落后省份与发达省份的工业绿色全要素生产率的差距会进一步增大，因而需要适当调整经济与环境政策。第七章，很多文献直接地认为环境规制工具无外乎政府制定的强制性标准或基于市场机制的环境税征收，本书引入第三种环境规制类型，即公众参与型环境规制，拓展了环境规制工具的研究范围，而且从内在特征、适用情况和实施效果等方面分析不同环境规制工具的差异性，并在此基础上使用GMM模型分析环境规制与工业绿色全要素生产率的关系。第八章，考虑到环境规制在各省份之间不是相互独立的，某个省份的环境规制极有可能会受到其他省份经济行为的影响。一方面，由于各省域地理的邻近以及污染流动难以完全得到控制，环境污染具有空间溢出性。如果忽略污染源省份通过环境介质将污染物传送至省域外的影响，将会造成严重的经济扭曲。另一方面，地方政府激烈的竞争使得环境规制出现了空间竞争性，引发了环境规制竞争的"逐底效应"和"绿色悖论"现象，而空间计量模型能有效识别出地区间竞争策略。第九章，在前文的研究基础上，提出相关的政策建议，并针对本书的研究不足指出未来的研究重点和方向。

第 一 章

文献回顾与述评

第一节　环境规制

党的十九大报告指出，我国经济已由高速增长阶段转向高质量发展阶段。高质量的经济发展更加注重发展过程中的资源环境保护问题，强调经济发展与生态文明的和谐统一。随着环境问题对经济发展的约束作用日益凸显，对于环境规制等相关问题的深入探究也愈发必要。

一、环境问题与规制的提出

环境，通常是指影响人类生存和发展的各种天然的和经过人工改造的自然因素的总体①，是一类特殊的生产要素，具有使用价格为零、非排他性的"公共品"特征（李永友、沈坤荣，2008）。作为推动经济社会可持续发展的两大基础要素之一，环境既是经济与社会发展的依托，更是经济高质量发展的刚性约束（冷淑莲和冷崇总，2007；黄茂兴、林寿富，2013；梅国平等，2014）。

环境问题是由人类活动或者自然因素所引发的环境质量下降对人类及其他生物的正常生存与发展所造成的恶性影响（曹磊，1995）。作为主要社会问题之一，环境问题的社会特征尤为明显。其愈发表现为人与人之间的矛盾，并且随着社会加速转型，环境问题日益严重，尤其是环境问题中的城市与农村差异性问题愈发突出（洪大用，1999；陆虹，2000）。一方面，环境问题具有差异

① 《中华人民共和国环境保护法》，1989 年 12 月 26 日第七届全国人民代表大会常务委员会第十一次会议通过，2014 年 4 月 24 日第十二届全国人民代表大会常务委员会第八次会议修订。

性，其在城乡与不同区域间情况各不相同（陈锡文，2002）。另一方面，环境问题具有明显的负外部性，对于经济、人口迁移及就业等方面都存在直接或间接的影响（陆旸，2012）。

从全球发展实践来看，工业革命极大地提高了社会生产力，但也使得环境问题日益凸显，包括水体污染、大气污染、土壤污染等在内的环境污染事件层出不穷。同时，由于国际分工的不同，经济活动产生的环境成本的"空间转移"与"代际转移"使得发展中国家的环境问题更为严重。就我国而言，环境形势依然严峻，依靠政府主导的大规模投资和低要素成本优势的传统经济增长方式带来快速增长的同时其局限性也日益显现。一方面，企业往往由于研发投入不足导致创新能力不足，过低的全要素生产率难以保持企业的可持续发展和市场竞争力；另一方面，大量的自然资源消耗和高强度的污染物排放，进一步影响和制约着我国经济社会的可持续发展（杨俊、邵汉华，2009；原毅军、谢荣辉，2016）。

总而言之，环境问题是经济社会发展过程中的重要问题。由于环境资源具有特殊的公共品性质以及明显的正外部性，使得环境问题无法单纯依靠市场机制予以解决，必须依靠政府、企业及产业协会等共同实施有效的环境规制政策措施。环境规制是以环境保护为目的、个体或组织为对象、有形制度或无形意识为存在形式的一种约束性力量，包括环境规制的提出主体、对象、目标、手段和性质五个维度（赵玉民等，2009），是解决环境保护问题的必要手段。

二、环境规制工具发展

适当的环境规制工具是解决环境问题的关键所在。时至今日，我国已形成了较为全面的环境规制工具体系。理论界较为一致地认为，环境规制可分为正式与非正式环境规制（或称为显性和隐性环境规制）（赵玉民等，2009；贾瑞跃等，2013；王红梅，2016；申晨等，2017），两者相辅相成，互为补充，共同推进环境治理（张三峰、卜茂亮，2015；周海华、王双龙，2016）。

非正式环境规制，即隐性环境规制，指的是内在于个体的、无形的环保思想、观念、意识、态度及认知等（赵玉民等，2009），多在社会规范、惯例及道德方面对行为主体进行约束。由于环境问题是一个公共问题，其与居民生活质量息息相关，离不开诸如居民等利益相关者的参与（郑思齐等，2013），故最原始的环境规制工具便是居民自身的环保意识的约束，即环保事业初始推动力来源于公众。一方面，非正式规制能在一定程度上有效约束个人自身行为；另一方面，人们对于环境质量的需求也影响着政府和企业的决策过程。但随着经济社会的发展，环境形势日益严峻，单靠隐性环境规制已不足以有效缓解环境压力。基于此，与隐性环境规制相对的显性环境规制愈发必要。正式环境规制，即显性环境规制，是以环保为目标，个人和组织为规制对象，各种有形法律、规定、协议等为存在形式的一种约束性方式和手段，主要分为命令控制型环境规制、以市场为基础的激励型环境规制和自愿型环境规制三种形式（赵玉民等，2009）。

一是命令控制型环境规制，是指立法机关或行政部门制定的，旨在直接促使排污者做出利于环保选择的法律、法规、政策和制度。此种环境规制以政府部门为主体，通过将部分环保观点制度化以约束企业的排污目标、标准和技术，从而直接影响相关企业排污行为（张嫚，2005）。其优势在于控制力度强、见效快，但是在此种规制下，对于污染者而言，选择余地极小，若不遵循规制便会面临法律上的处罚；对于政府而言，由于信息的不完全，规制者面临着巨大的信息不对称问题，导致成本高、效率低，且难以激励规制主体（马士国，2008；臧传琴等，2010）。1979年颁布的《中华人民共和国环境保护法（试行）》是我国第一部关于保护环境和自然资源、防治污染和其他公害的综合性法律，是命令型环境规制的代表，为我国环保工作的法治化治理奠定了重要基础，对我国防治环境污染、保护自然资源起到了关键作用。

二是以市场为基础的激励型环境规制，是指政府利用市场机制设计的，旨在借助市场信号引导企业排污行为，促使排污者排污行为与社会整体污染状况趋于优化的制度（张嫚，2005；赵玉民等，2009）。信息不对称带来的成本及效率问题通过市场能够得到改善，基于市场为基础的激励型环境规制具有明显的信息节省及提升规制效率优势［阿特金森、刘易斯（Atkinson & Lewis），1974；塞斯金等（Seskin, et al.），1983；麦加特兰（McGartland），1984；泰坦伯格（Tietenberg），2001]。同时，激励型环境规制还能有效推动技术进步[奥茨等（Oates，et al.），1971]。1972年，经济合作与发展组织（OECD）颁布的"污染者付费原则"标志着以市场为基础的激励性环境规制的产生，而后，世界各国相继采用激励性环境规制。

三是自愿型环境规制，是指由行业协会、企业自身或其他主体提出的，旨在保护环境的自愿性协议、承诺或计划。20世纪90年代后的环境污染问题愈发复杂，解决环境问题，除了依靠个人意识、政府约束、企业行为之外，离不开社区、居民等社会主体的协同配合。基于此，在信息披露、参与机制等方面创新的自愿型环境规制的约束力也不容忽视（江珂，2010；赵玉民等，2009；彭星、李斌，2016）。

三、环境规制强度测度及其发展

波特假说提出，合适的环境规制能激发"创新补偿"效应，从而不仅能弥补企业的"遵循成本"，还能提高企业的生产率和竞争力（孙文远、杨琴，2017），而判断环境规制是否合适的重要前提在于合理地度量环境规制强度，环境规制强度是实施环境规制政策的核心变量。

目前环境规制强度测度存在一定的不足：一是环境规制强度本身内涵丰富，可供测度的维度较多，尚未形成统一固定的标准；二是与环境规制强度相关的数据难以获得，且数据质量相对较弱（黄清煌、高明，2016；孙文远、杨琴，2017）。但环境规制的合理测度是一切实证检验的前提与基础，尽管存在上述不足，并不意味着环境规制强度不可测度。回顾国内外研究文献，对于环境规制测度的研究已经较为丰富，就指标而言，可分为单一指标、复合指标与综合指数型指标。目前，理论界对环境规制强度测度的指标较为统一，根据环境规制工具与参与主体不同主要分为以下几类。

政府规制。一是政府制定的法律法规。从定性角度看，法律制度严厉程度能在一定程度上衡量环境规制强度[麦康奈尔、施瓦布（McConnell & Schwab），1990；亨德森（Henderson），1996；贝克尔、亨德森（Becker & Herderson），2000]；从定量角度看，对各国或各地区环保法规的数量统计是对环境规制强度进行量化的较早尝试［雅沃西克、魏（Javorcik & Wei），2001；约翰斯通等（Johnstone, et al.），2010］。二是政府成本，通常包括执法成本、人员投入和资金投入三方面（孙文远、杨琴，2017）。三是政府因环境规制而产生的惩罚约束性收入。

企业约束。从企业减排效果层面看，主要包含了污染排放减少量及排污强度等指标，其中，排污减少量可分为绝对减少量及相对减少量（即相对于GDP 等指标）　［戈洛普、罗伯茨（Gollop & Roberts），1983；科罗娜等（Korhonena, et al.），2015］。从企业减排成本层面看，减排成本包括企业治理或减少污染的投资、环境规制对企业的生产销售的影响等，可有效衡量一个地区或国家的环境规制强度［勒万松（Levinson），1996；凯勒（Keller），2002］。

社会及个人监督。如相关行业机构对企业排污检查和监督次数、关于环保问题的举报投诉情况等指标均能在一定程度上衡量环境规制强度。

同时，除了以上三类外，还可构建全面科学的综合指标体系用以衡量环境规制强度［徐、宋（Xu & Song），2000；陈德敏、张瑞，2012］。就国内研究而言，目前环境规制的测度多是对国外研究文献的简单借鉴，且环境规制指标使用混乱（王勇、李建民，2015）。

第二节　经济增长质量衡量

判断一个国家的经济增长状况，一方面需要关注经济增长速度，另一方面要关注经济增长质量。随着经济规模的持续扩大和较长时期的高速经济增长，使得人们愈发重视基于数量和速度之上的经济增长质量，如何衡量和提高经济增长质量成为理论研究和实践工作的重要领域的关键问题，经济增长质量的核心在于效率，故生产率是衡量经济增长绩效的重要指标（郑玉歆，2007）。具体而言，生产率指的是生产过程中投入品转化为产出品的效率，可分为单要素生产率和全要素生产率两种，一是单要素生产率，即产出与投入之比，起始于古典经济学，常见的有资本生产率和劳动生产率；二是全要素生产率，即总产出与综合要素投入之比。

一、生产率理论演化

生产率理论一直伴随着经济增长理论的发展而发展。经济增长理论关注经济的长期持续增长，主要研究经济增长的源泉与国别经济差异两大问题。目前国内外理论界普遍认为，围绕资本、劳动、技术以及制度等生产要素，经济增长理论主要经历了古典经济学、新古典经济学、内生经济增长理论和现代经济增长理论四个阶段（郭熙保、王翊，2001；潘士远、史晋川，2002；周立，2003；李玲，2012）。随着经济增长理论的发展，生产率理论也经历了单要素生产率、全要素生产率以及绿色全要素生产率理论的演化过程（李玲，2012）。

生产率理论起始于古典经济学。古典经济学大多将经济增长归因于人口、资本和土地，指明了经济增长的源泉和动因 [亚当·斯密（Adam Smith），1776；大卫·李嘉图（David Ricardo），1817；托马斯·马尔萨斯（Thomas R. Malthus），1798]。其中，劳动生产率对经济增长的作用重大，正是基于社会分工基础，劳动生产率才能得以提高 [亚当·斯密（Adam Smith），1776]。劳动、资本和土地作为社会生产不可或缺的三要素，从价值论出发，劳动与产出的比例为劳动生产率，资本与产出的比例为资本生产率 [萨伊（Say），1803][1]，此即单要素生产率理论的基础。但由于当时为农业经济时代，故古典经济学理论十分强调物质资本，大多将经济增长归因于人口、资本、土地等物质资本，而忽略了对经济增长起重要作用的技术性力量。

随着技术创新等因素对经济增长的推动作用愈发显著，古典经济理论和单要素生产率受到了来自理论和实践的双重挑战。索洛（Solow，1956）提出的新古典经济增长理论模型将技术进步假定为保持稳定增长速度的外生变量，认为经济增长既与资本和劳动力等物质资本相关，还取决于技术进步，而扣除劳动和资本投入后经济增长中剩下的"增长余值"则体现了技术进步的因素，

---

[1] 萨伊：《政治经济学概论》，商务印书馆 2009 年版。

也叫作全要素生产率，它包括诸多要素投入解释不了的技术创新、组织创新、制度创新等促进经济增长因素。新古典经济增长理论的重大突破是将技术进步因素纳入了生产函数，解释了经济增长的长期可持续性，但是新古典增长理论假定技术进步外生，并未对技术进步的来源予以解释，也无法解释现实国别经济差异的原因。

经济学家们试图对新古典经济增长理论的缺陷进行修正，通过将技术进步内生化，形成了新经济增长理论，也即内生增长理论［阿罗（Arrow），1962；奥尼基、乌萨瓦（Oniki & Uzawa），1965；谢尔、斯蒂格里茨（Shell & Stiglitz），1967；罗默（Romer），1986；卢卡斯（Lucas Jr.），1988］。一方面，新经济增长理论对技术进步的来源进行了解释，目前理论界对这方面研究颇为丰富，主要认为经济增长的原动力来源于知识积累、资本（包括了实物资本和人力资本）及劳动分工，而且相互之间存在有机联系，技术进步依赖于人力资本，人力资本依赖于劳动分工（郭熙保、王翊，2001；虞晓红，2005）。另一方面，新经济增长理论也解释了不同国家之间的经济差异的原因，认为发达国家正是凭借更丰富的知识积累、较高的人力资本水平、有效的劳动分工和更加公平合理的制度因素，使得资本和劳动边际收益高于发展中国家，从而产生了经济分化。

经济社会的快速发展伴随着能源危机和环境污染问题的日益突出，然而在传统的经济学理论中资源环境问题并未得到充分关注，现代经济增长理论在保留内生经济增长理论核心内容的基础上，进一步考虑经济增长过程中资源环境因素及政府、社会等监督约束对于生产率的影响［达斯古普塔、希尔（Dasgupta & Heal），1974；拉希、塔托姆（Rasche & Tatom），1977；沃纳等（Warner, et al.），1997；佩泽、维特哈根（Pezzey & Withagen），1998；格雷法松（Glyfason，2001）；陈诗一，2009］。然而，全要素生产率并无法合理度量环境对经济增长的影响，理论界对其不断改进［钱伯斯等（Chambers, et al.），1996；钟等（Chung, et al.），1997；格罗斯科普夫、帕苏尔卡（Grosskopf & Pasurka），2001］，通过建立方向性距离函数将污染排放作为非期望产出纳入全要素生产率核算框架，从而估算绿色全要素生产率。自此，生产率研究也随之进入绿色全要素生产率阶段，国内外利用上述方法对各个行业、地区的绿色全要素生产率进行了大量的实证研究［马男木、金子（Managi & Kaneko），2004；胡等（Hu, et al.），2005；瓦塔纳贝、田中（Watanabe & Tanaka），2007；陈诗一，2009；王兵等，2010］。

二、生产率测度方法

单要素生产率的含义较为单一，全要素生产率往往能更加全面准确地度量经济增长质量。理论界关于如何准确度量全要素生产率的讨论众多（孟令杰、顾焕章，2001；阳国亮、何元庆，2005；郑玉歆，2007；段文斌、尹向飞，2009）。全要素生产率度量方法主要可分为参数法和非参数法两大类，其差别在于是否需要假设具体的生产函数形式。

第一，参数法。参数法多结合增长核算方程或者生产函数，用以量化各因素对经济增长的贡献。最早具有代表性的测度方法是索洛余值法，可追溯至新古典经济增长理论。索洛（Solow，1957）假定了一个具有希克斯中性技术变化系数和规模报酬不变的新古典生产函数 $Y_t = A_t F(K_t, L_t)$，具体形式为

$$Y_t = A_t K_t^{\partial} L_t^{\beta}$$

在该模型基础上，将经济增长所扣除劳动和资本两个生产要素后剩余的部分称为技术进步，也即索洛余值，其一方面包含诸如技术进步变动等因素影响的部分，另一方面也包括了误差项及被忽略因素的部分。国内外很多学者基于索洛余值法对我国全要素生产率进行了实证研究。从研究结果来看，有部分学者认为我国全要素生产率增长速度缓慢（陈时中，1986；张军扩，1991；郭庆旺、贾俊雪，2005）；另一部分学者认为中国全要素生产率增长较快（Chow，2002；张军，2002；孙琳琳、任若恩，2005；涂正革、肖耿，2006）。

但在应用索洛余值法的过程中，理论界也发现其在要素投入度量、假定与实际差异较大及参数估计上存在缺陷和不足［金、劳（Kim & Lau），1994；费利佩、麦康比（Felipe & McCombie），1998；郑玉歆，2007；段文斌、尹向飞，2009］。同时，将残差项视为全要素生产率也引起了争议和讨论。

而后学者们纷纷对索洛模型进行了修正。一方面，在原有基础上，进一步

考虑了其他投入变量对全要素生产率的影响，并将其用以实证。约根松、格里利谢斯（Jorgenson & Grilliches，1967）最初对其进行了改进，认为全要素生产率实际是一种计算误差，误差产生原因在于投入要素度量的不准确和必要的变量被忽略，如果解决以上两种误差，则全要素生产率为 0。因此，诸如人力资本、研发投入及时间趋势项等变量被引入索洛模型应用于实证（熊俊，2005；李静等，2006；张林，2012），这种改进与实际更加相符。另一方面，对不符合实际的技术中性假定进行突破。艾格纳等（Aigner，et al.，1977）、施密特（Schmidt，1977）等人提出了随机前沿生产函数。在该测度模型中，总生产函数为 $Y = f(K, L) \cdot e^{v-u}$，其中，$v$ 表示随机误差，服从均值为 0、方差不变的正态分布，而 u 服从半正态分布、截尾正态分布或者指数分布等多种分布形式，由前沿生产函数与非效率两部分组成，这种两分法的优势在于将全要素生产率至少分解为技术进步和技术效率改进。之后逐渐发展的随机前沿函数法更是突破了技术中性假设，允许技术无效的存在。由于随机前沿生产函数法能够更加深入地探究经济增长的根源，被大量应用于实证研究［施密特（Schmidt），1986；库姆巴卡尔（Kumbhakar），1990；包尔（Bauer），1990；卡利拉扬（Kalirajan），1993］。

第二，非参数法。与参数法相比，非参数法的优势在于不需要假定生产函数形式及预先设定参数。非参数方法以数据包络分析法（DEA）最为典型，是以相对效率概念为基础发展而来的一种效率评价方法［查恩斯等（Charness，et al.），1978］。基于数据包络分析角度，生产率增长源泉有二：狭义技术进步和狭义技术进步之外的因素，而 DEA 方法可以分别实现对这两方面来源生产率增长的度量。DEA 方法最大的优势是对于多投入多产出情形的评估，在分析时不需要计算综合投入量和综合产出量，从而能有效避免量纲不一致等问题（金剑，2007）。

生产率指数法也是最常见的非参数生产率增长测度方法之一。最初的全要素生产率指数核算法是 Laspeyres 指数和 Passche 指数，为将价格固定在基期或报告期水平上的总产出指数与总投入指数之比。虽然简单明了，但是前提条件要求完全地投入（产出）替代，在现实中很难实现。而后陆续出现 Fisher 指数、Tornqvist 指数等指标，但由于无法得到资源和环境因素价格信息，这些传统的全要素生产率测度不能得到资源环境约束下的生产率（王兵等，2010）。基于传统距离函数的 Malmquist 生产率指数突破了原有价格信息的约束，Malmquist 数量指数最早由 Sten Malmquist 于 1953 年首次提出用以分析不同时期消费变化，而后学界将该指数用于测度生产率变化，分别构造了产出角度和投入角度的 Malmquist 生产率指数［卡夫等（Caves, et al.），1982］，以测度技术效率问题，该指数进一步与 DEA 理论相结合，并随着 DEA 理论的发展而发展，但此时其仍无法计算考虑"坏"产出下的全要素生产率。钟等（Chung, et al., 1997）提出的 Malmquist-Luenberger 生产率指数进一步突破，可以测度存在"坏"产出时的全要素生产率。近年来，理论界将环境因素纳入效率和生产率的分析框架中，并在此基础上提出绿色全要素生产率，该方面实证研究较为丰富［马男木、金子（Managi & Kaneko），2004；瓦塔纳贝、田中（Watanabe & Tananka），2007；涂正革，2008；陈诗一，2009；岳书敬、刘富华，2009；王兵等，2010；李斌等，2013）］。绿色全要素生产率的测度既在一定程度上具有传统全要素生产率的特点，又因所选取的环境指标工具及在实证中位置不同而各具特色。

总的来说，全要素生产率测度方法的演化历程主要体现在三个方面：一是从非生产前沿分析法向生产前沿分析法发展，二是从参数化方法向非参数化方法演进，三是由过去的忽略环境能源因素的传统生产率测度过渡为考虑环境约束的绿色生产率测算（周五七、聂鸣，2013）。

第三节　环境规制对工业增长绩效的影响

近年来，随着全球生态环境问题的突显，改善生态环境成为世界各国与人民共同的呼声。对一国而言，积极实施环保法案等环境规制是本国承担环保责任的体现；对企业而言，清洁环保型企业往往更受社会赞誉。但是环境规制的实施，有可能对一国短期经济目标的实现带来困难，也在一定程度上加剧了企业成本，究竟环境规制与工业经济增长是两难还是双赢，引发了理论界的担忧与讨论。

一、工业增长绩效

在过去粗放型经济增长模式下，我国经济社会发展过程中的环境负面效应愈发明显，各行业及地区的环境规制也不断加强，环境因素已不容忽视。已有文献对我国工业增长绩效的研究分为两类：一是无环境规制，二是有环境规制。

第一，在不考虑环境规制情况下。理论界大多通过分行业或地区对工业增长影响因素进行研究（何小钢、张耀辉，2012；范剑勇、莫家伟，2014），或是研究技术进步、外资活动等其他因素与工业增长的关系（江小涓、李蕊，2002；张海洋，2005；李小平等，2008；韩燕、钱春海，2008；柳剑平、程时雄，2011；赵文军、于津平，2012）。

第二，在考虑环境规制情况下。对于资源因素，由于其既能构成最终产品的部分价值，也能在生产过程中发挥价值创造（陈诗一，2009），故理论界较为一致地将其作为投入要素进行处理。由于污染排放难以计入成本，对环境污染因素的处理思路有二，一种思路是将污染物作为生产活动中的投入［莫塔迪（Mohtadi），1996；拉马纳坦（Ramanathan），2005；康西丁、拉森（Considine & Larson），2006；陈诗一，2009；袁富华，2010；匡远凤、彭代彦，2012）］，其机理在于：污染的产生是经济社会发展的结果，在其他投入要素一定的情况下，对自然环境的消耗也使得总体产出水平增长（陈诗一，2009）；另一种思路是将污染物作为"坏"产出，或者说是期望产出的副产品，通过将其与期望产出一同纳入测算体系，多利用方向性距离函数来对其进行分析，从而得到绿色全要素生产率［钟等（Chung, et al.），1997；周、昂（Zhou & Ang），2008；涂正革，2008；吴、赫什马提（Oh & Heshmati），2010；杨文举，2011；庞瑞芝、李鹏，2011；李钢等，2012；李小胜、安庆贤，2012）］。

二、环境规制与工业增长绩效

环境规制通过各类制度对企业等主体进行约束，促进企业加大对环保等方面的投入，这显然有利于环境质量的改善，但同时这些约束在一定程度上也挤占企业正常生产性投资活动，从而对企业生产率造成负面影响（黄庆华等，2018）。因此，环境规制对于工业增长的影响，理论界尚未形成一致结论，目前有三种主流观点。

一是"遵循成本说"，具体是指环境规制会增加市场经济主体治污减排成本，并且为达到一定环境标准所产生的成本必然会挤占生产性投资及创新研发资金，对绿色全要素生产率产生负面影响，从而不利于企业进步及经济增长。"遵循成本"观点起源于新古典经济学，其也是特朗普政府决定退出《巴黎气候协定》的重要原因（黄庆华等，2018）。不少学者基于不同层面的数据和方法通过实证对该观点进行了验证，也得到了相似结论［德斯克内斯、格林斯通（Deschênes & Greenstone），2012；格兰德森、普廖尔（Granderson & Prior），2013；李春米、魏玮，2014；阿鲁里等（Arouri, et al.），2012；蒋林萍，2016；刘宁宁、孙玉环，2018）］。

二是"创新补偿说"，是指利用适当的环境规制工具和合理的规制强度能有效促进企业改进绿色创新水平，并引入先进的经营管理方式，由此所产生的利润能弥补甚至超过环境规制带来的成本，产生创新补偿效应，进而提高绿色全要素生产率［波特（Porter），1991］。但该观点的前提在于，环境规制对于企业能具有长期且稳定的影响。后期理论界有相当多学者将波特假说与国家实际情况相结合进行验证［多马兹利克、韦伯（Domazlicky & Weber），2004；许士春，2007；沈能、刘凤朝，2012；王国印、王动，2011；徐敏燕、左和平，2013；郭等（Guo, et al.），2015；郭妍、张立光，2015；赵红、谷庆，2015；原毅军、谢荣辉，2016；吕康娟等，2017；陈超凡，2018）］。

此外，理论界仍有不少研究文献认为环境规制与工业增长之间的关系并非一定［拉诺伊等（Lanoie, et al.），2008；贝克尔（Becker），2011；殷宝庆，2012；蔡乌赶、周小亮，2017）］。有学者提出，环境规制对生产率影响的不确定性是源于时间，环境规制对企业生产的影响具有明显的短期和长期差异，在短期往往会挤占生产性投资，不利于生产率增长；而长期来看，通过将生产率较低和污染严重的企业挤出市场，给市场留下的高生产率和环保型企业往往有助于整体生产率和竞争力的提高（黄庆华等，2018）。

第 二 章

我国工业经济发展取得的主要成就和基本经验

改革开放以来，我国综合国力不断提升，成为全球第二大经济体，工业经济发展也取得巨大成就，工业生产能力不断加强，在国际上的重要性和竞争力也得到显著提升。目前我国已拥有 41 个工业大类、207 个中类、666 个小类，一个行业比较齐全、具有一定技术水平的现代工业体系已经形成。有不少学者对我国工业经济的发展成就进行了总结和归纳，汪海波（1999）较早地将我国工业发展划分为不同时期，按照不同阶段所取得的成就进行分析，认为我国工业经济发展可以分为四个时期，即新民主主义社会的工业经济、新民主主义社会到社会主义社会过渡时期的工业经济、实行计划经济体制时期的工业经济以及市场取向改革时期的工业经济，并介绍了不同时期我国工业发展取得的成就。李金华（2019）则从中华人民共和国成立 70 周年的视角出发，认为我国经济社会发展取得的巨大成就，很大程度上得益于我国工业的发展。改革开放以后，我国工业体系逐步建成和完善，工业品的生产种类不断增多，许多工业品生产量达到世界顶级水平。本书通过回顾我国工业发展所取得的主要成就，进而总结我国工业经济发展的基本经验，一方面对理解中国道路，中国模式并进一步推动我国工业高质量发展具有重要意义；另一方面，也为世界上其他国家，特别是发展中国家和新兴经济体国家贡献工业发展的中国智慧和中国方案。

第一节　我国工业经济发展取得的主要成就

当前我国工业经济发展取得了举世瞩目的成就，但回顾历史，成就的取得并非一蹴而就，而是根据不同时期的具体情况，在理论和实践同步不断进行创新，修正、再创新、再修正的循环中逐步形成和发展壮大的。改革开放以来，工业作为推动我国经济实现快速增长和结构转型的主要动力，实现了由劳动密集型到资本密集型，再到技术密集型的转变，其发展历程大致可以分为四个阶段。第一阶段为恢复调整阶段（1978—1990年），在中华人民共和国成立初期确立的重工业优先发展的赶超型工业化战略指引下，我国三次产业结构和轻重工业发展出现结构性失衡。随着我国逐步由计划经济体制向市场经济体制转型与确立"轻纺工业优先发展"的方针政策，工业结构逐步得到优化和调整，轻重工业比例失衡问题得到缓解，具有劳动密集型特征的轻纺工业快速发展的同时资本密集型特征的工业门类呈现下降趋势。第二阶段为加速推进阶段（1991—2000年），在1992年邓小平发表南方谈话和党的十四大确立我国经济体制改革的目标是社会主义市场经济体制后，极大地推动了经济改革与社会进步，长期制约人们发展的思想束缚得以解放。社会主义市场经济体制改革目标的确立推动集体、民营和外资经济蓬勃发展，特别是随着开放程度的不断加深，外国资本和技术源源不断进入国内市场，工业增加值增速呈现高于国内生产总值增速的水平和趋势，直到遭遇1997年亚洲金融危机，在投资和出口双下降的形势下，我国工业也暂时进入调整期。第三阶段为新一轮重工业重启阶段（2001—2011年），这一时期不再以劳动密集型产品为主，而是转向资本密集型产业，并以此为主导。自2001年我国加入世界贸易组织（WTO），经济体制市场化改革和对外开放水平显著加快，促使我国产业结构转型升级和经济快速增长。在这一背景下，我国开始重新加速重化工业的发展，但是与计划经济时期重工业优先发展的战略不同，这次加速重工业的发展是在社会主义市场经济的背景下进行的，通过重工业的发展为经济发展提供强有力的物质基础和保证。2008年美国爆发严重的金融危机，并演化成为国际金融危机，对我国经济发展造成一定冲击，投资大幅减少，经济增速快速下滑，为应对金融危机对我国经济发展带来的不良影响，我国政府采取了一系列经济刺激政策，目的在于拉动内需、推动产业复兴，刺激经济发展。随后刺激政策开始奏效，经济发展持续向好，经济增速逐渐上升。但是，从2011年二季度开始，我国经济发展逐渐进入前期刺激政策的消化期，经济上升速度减慢，这一阶段，我国经济呈现"三期叠加"的特征，工业增速呈现明显的下降趋势。第四个阶段为结构调整和转型升级阶段（2012年至今），经历了前期的快速发展，我国工业产量达到了前所未有的水平。2012年我国制造业产出占到了全球的20%以上，成为世界制造业第一大国，但数量规模的上升并没有解决长期制约我国工业结构优化和转型升级的技术创新问题，在全球产业链和分工体系中仍处于低端环节，"大而不强"的特征依然存在，如何解决制约我国工业发展的结构性问题，加快实现转型升级，由低端产业向高端产业迈进，由"制造大国"向"制造强国"转变成为这一阶段的重点任务。综上所述，改革开放以来，我国已经从一个落后的农业国发展成为工业部类一应俱全的世界第一制造业大国，并且由快速发展的工业化初期进入到工业化的中后期阶段，工业经济获得了巨大的发展，取得了一系列的成就，主要表现为以下几个方面。

一、总量增长迅速，提供丰富的的物质产品

中华人民共和国成立之初，我国工业发展水平较低，工业生产能力较弱，工业品种类相对单一。随着多个五年计划的不断实施与推进，我国工业化水平不断提高，尤其是改革开放以后，我国工业体系逐步完善，工业生产能力不断增强。从经济规模来看，1978年我国国内生产总值仅为3679亿元，2018年达到900309亿元。按不变价计算，1979—2018年我国经济年均增长达到9.4%，远高于同期世界经济2.9%左右的年均增速。其中，从1978年到2017年，工业增加值从1621.5亿元上升到279996.9亿元，年均增长14.1%，如图2-1所示。改革开放以来，我国工业增加值呈现明显的上升态势，2000年以来我国工业增加值相较于改革开放初期出现大幅的上涨且对比明显，工业经济发展势头良好，2017年工业增加值接近28万亿元，按可比价计算，比1978年增长53倍，年均增长10.8%，成为经济社会发展的巨大推动力。作为工业发展的重中之重，2010年，我国制造业增加值接近3万亿美元，首次超越美国，成为世界制造业第一大国。[①] 2013年以后，我国工业增加值虽保持上升态势，但

---

① 《从"制造"到"智造"中国制造业踏浪前行》，2019年11月21日，见 https://www.Sohu.com/a/3552/4522_ 114988。

上升速度有所下降，这一方面是由于居民生活水平逐渐提高，餐饮、旅游等服务业快速兴起，服务业对经济增长贡献率和拉动力不断上升；另一方面，我国经济增长不再单纯追求速度和规模，而是在保持一定合理增长的基础上更加着重提高工业经济的质量和水平。

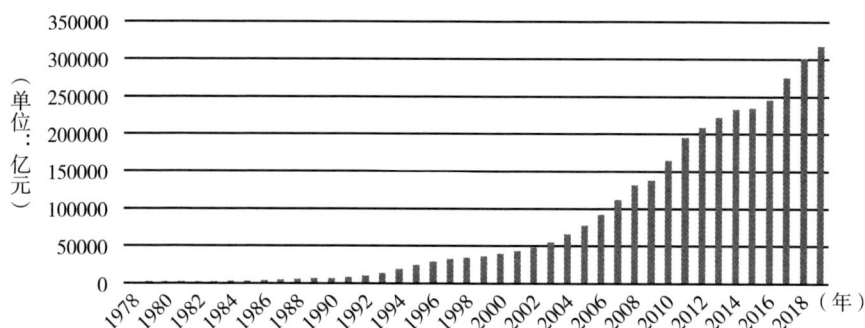

图 2-1　1978—2019 年我国工业增加值

数据来源：根据历年《中国统计年鉴》整理得出。

从我国工业品来看，工业品产量显著提高，有些工业品经历了从无到有，而且可以达到人均占有 100% 的水平，如手机等电子产品。家用空调、彩电、洗衣机等产品产量相较于改革开放初期增长了万倍以上，冰箱、集成电路增长千倍以上，钢材、玻璃等也能达到年均 8% 的增长率。从国际标准工业分类看，我国在 7 个大类中占据世界第一，钢铁、水泥、电解铝、集成电路等 220种工业品产量居世界第一位（马建堂，2014），如表 2-1 所示。这些数据充分体现了我国工业强大的生产能力。此外，我国在一些新兴的工业品领域也在持续创新，如新能源汽车、智能设备等产品，在国际上的市场份额也不断上升。我国丰富多样化的工业品不仅满足了国内居民的需求，还大量出口到国际市场，生产质量和水平均在不断提高。

表 2-1　我国位列世界第一的工业品全球占比

位列世界第一的工业品	全球占比（%）
生铁	59
煤炭	50

位列世界第一的工业品	全球占比（%）
粗钢	45
造船	41
水泥	60
电解铝	65
化肥	35
化纤	70
平板玻璃	50
汽车	25
手机出货量	70
集成电路出货量	90

数据来源：郭朝先：《改革开放 40 年中国工业发展主要成就与基本经验》，《北京工业大学学报（社会科学版）》2018 年第 6 期。

二、结构持续优化，产业转型升级逐渐加快

改革开放 40 多年来，我国工业总量不断上升，对经济发展的贡献率逐渐提高，在工业总量扩大的同时，也注重工业内部结构的优化，不断进行升级改造，更好地推动工业经济的持续发展。

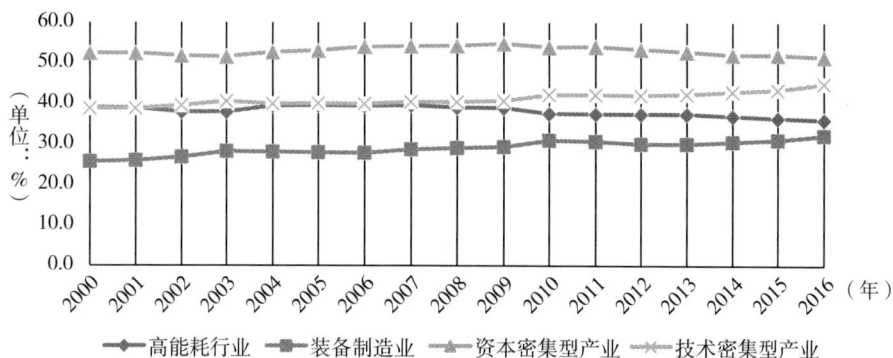

图 2-2 2000—2016 年我国工业行业结构变化趋势（以资产占比计算）

数据来源：根据历年《中国统计年鉴》数据整理得出。

中华人民共和国成立初期，我国重点推进重工业的发展，优先发展重工业，导致第三产业与第二产业中的轻工业发展滞后，面对产业发展中的结构失衡矛盾，我国对工业内部结构进行优化调整，加快农业、服务业以及与人民生活更加密切的轻工业的发展，提升工业与经济发展的协调度，以提升人民物质生活水平。工业结构经过不断的调整，由之前的劳动密集型产业主导转变为资本密集型产业主导，再转向高新技术密集型产业，工业内部结构得到优化提升，更好地推动工业经济的发展。工业结构的优化主要表现为工业内部各行业占比的变化，如图 2-2 所示。2006 年之前，高耗能行业占比在上下波动中呈现上升趋势。2006 年之后，受到我国实施节能减排、淘汰过剩产能等政策的影响，高耗能产业的占比开始大幅下降，这在很大程度上为我国工业实现绿色和高质量发展奠定了良好的基础。从 2000 年到 2016 年，装备制造业表现为明显的上升态势，其占比提升 6.5%，同时，资本密集型产业表现为先上升后下降的趋势，而技术密集型产业整体表现出不断上升的状态，尤其是 2009 年以后，资本密集型产业开始下降的同时，技术密集型产业快速上升，两者差距逐年减小，由此可以表明我国工业发展的科技含金量大幅提升，正由资本密集型产业向技术密集型产业转变。

近年来，随着战略性新兴产业的兴起和供给侧结构性改革的不断深化，产业转型升级进程进一步加快。产能过剩的行业通过大力推动去产能工作，积极适应市场需求，钢铁、煤炭等传统行业生产经营关系不断得到改善，企业生产能力和盈利能力逐渐提升。传统行业中通过合理的转型升级在行业中增速较快，如医药类、消费品类行业等大部分实现 10% 的增长。经过多年的积累，我国创新驱动型产业向中高端迈进，重大科技成果不断涌现，如世界第一颗量子通信卫星"墨子号"遨游太空，50 米口径球面射电望远镜世界领先，"蛟龙号"创造了作业类载人潜水器下潜深度新的世界纪录，超级计算机排名稳居世界第一等，通过不断创新实现技术突破，推动我国向创新型国家迈进。高新技术制造业和创新产业的发展对整个产业链的升级具有较强的拉动力，国际影响力逐渐上升，极大地增强了我国的综合国力和国际竞争力。

三、技术不断升级，"两化"日益融合发展

党的十九大报告提出："创新是引领发展的第一动力，是建设现代化经济体系的战略支撑"[1]，为我国工业发展提供了理论指导和实践遵循，创新发展已成为工业发展的基本导向。改革开放以来，我国不断加强工业企业创新能力的培养，鼓励工业企业积极开展技术创新活动，加强与国外先进技术的交流、合作，增强技术创新能力。

为不断提高产业的技术创新能力，我国先后出台了一系列政策文件。2006年出台的《关于鼓励技术引进和创新，促进转变外贸增长方式的若干意见》，提出关于引进国外先进技术的指导思想、总体目标与基本原则，以加快建设企业技术引进和创新促进体系。这一意见的推动下，我国积极参与国际技术开发与合作，加快工业技术进步步伐，大批企业加强与国外先进技术的交流合作，设立企业技术研发中心，学习并消化国外先进技术。2009年，我国印发了《国家产业技术政策》，重点强调要突破工业领域重大技术，提高我国技术实力。这一政策以推进我国工业化和信息化为核心，重点在于促进相关产业的自主创新能力的提升，实现产业技术升级和结构优化。2010年，国务院发布《国务院关于加快培育和发展战略性新兴产业的决定》，该决定强调要加强对发展战略新兴产业所需要的核心技术的研发，下大力气集中突破关键技术，推动关键产业的转型升级。2016年发布《国家重点支持的高新技术领域》、2017年发布《新一代人工智能发展规划》《增强制造业核心竞争力三年行动计划（2018—2020年）》等规划指导，均对推进我国科技进步发挥了重要作用，我国工业技术创新的步伐不断加快。从科技创新的投入来看，从2004年到2016年，我国规模以上工业企业有研究与试验发展活动的企业数量增长近4倍，年均增长率15%，其中，参与工业科技研究的研究人员增长3倍，年均增长率13%；工业技术研发经费增长更为明显，增长了近9倍，年均增长率达到21%，其中，研究人员投入和研发经费支出均明显高于社会其他行业研发投入

---

①　《决胜全面建成小康社会　夺取新时代中国特色社会主义伟大胜利——在中国共产党第十九次全国代表大会上的报告》，人民出版社2017年版，第31页。

（黄群慧等，2017）。从科技创新的产出看，2016 年规模以上工业企业专利申请数量达到 71 万件，比 2004 年增长了 10 倍；该类企业新产品销售收入占主营业务收入的 15%，比 2004 年提高了 3.5%。科技创新能力的逐渐提升，极大地推动了我国高新技术和新兴产业的发展，2017 年全国规模以上高技术产业工业企业利润总额为 112966 亿元，与 2011 年相比，年均增长率达到了 13.7%，其中人工智能 AI、大数据应用、生物工程等具有标志性的新兴产业迅猛发展，如人工智能产业的规模在 2016—2018 年就扩大两倍多；VR/AR 产业发展更为迅速，在 2016—2018 年市场规模扩大了 6 倍，发展速度惊人（蔡跃洲、陈楠，2019）。工业企业依靠科技进步带动工业经济的发展，同时也驱动了工业技术创新发展，创新成果累累，中国高铁、航天工程技术、量子技术、超级计算机等重大科技成果涌现，表明我国工业科技能力不断提升，在一些领域已经达到国际领先水平。

随着新兴信息技术的产生和广泛应用于各行各业，工业的生产和组织方式也发生了深刻而显著的变化，为此，我国坚持走新型工业化道路，以信息化带动工业化、以工业化促进信息化。以信息化带动工业化，重点在于通过信息产业的发展、信息技术水平的提高，为传统产业升级优化提供信息技术支持。近年来，我国工业化与信息化日益融合发展，相互促进。《2015 年度中国两化融合发展水平评估报告》指出，2015 我国工业化和信息化融合发展总指数达到 72.68，相比 2011 年增长了 19.95%。① 随着大数据、互联网等信息产业的发展，制造业在信息技术的推动下出现网络协同制造、个性化定制、服务型制造等新型生产模式，在满足社会各类不同需求的同时，激发了制造业发展动能和活力。人工智能的兴起也加速了工业生产领域智能化变革，通过智能化的机器代替落后的生产线，既能加快生产效率的提高，又能保证工业产品质量，提高制造业的生产能力和盈利能力，增强制造业的竞争优势（郭朝先，2018）。

---

① 中国电子信息产业发展研究院：《2015 年度中国信息化与工业化融合发展水平评估报告》，2016 年。

四、绿色发展成效明显，可持续性有所增强

面临愈发明显的来自资源环境保护的压力，针对工业化进程中存在的高投入、高能耗、高排放等问题，我国坚持把可持续发展作为工业强国的重要着力点，加快促进工业绿色发展。"十五"规划期间，我国以可持续发展为主题，以控制污染物排放总量为主线，在 2001 年《国家环境保护"十五"计划》中提出，2005 年，二氧化硫、尘（烟尘及工业粉尘）、化学需氧量、氨氮、工业固体废物等主要污染物排放量比 2000 年减少 10%。2006 年人民代表大会第四届全国第十次会议上表决通过的《国民经济和社会发展第十一个五年规划纲要》提出。"十一五"规划时期努力实现单位国内生产总值能源消耗降低 20% 左右，主要污染物排放总量减少 10% 的发展要求。2011 年，我国坚持以科学发展为主题，牢固树立绿色、低碳发展理念，将积极应对气候变化作为经济社会发展的重大战略。国务院发布的《"十二五"控制温室气体排放工作方案》对"十二五"规划时期提出了新的发展目标，到 2015 年全国单位国内生产总值二氧化碳排放比 2010 年下降 17%，单位国内生产总值能耗比 2010 年下降 16%。同时，非化石能源占一次能源消费比例达到 11.4%。

经过多方长期的共同努力，我国大力推进工业绿色发展，在工业生产领域实施节能减排措施，取得了明显的成效。在规模以上工业增加值能耗方面，由于工业规模的逐渐扩张，能源消耗总量呈现上升趋势，从 2000 年到 2017 年，总能耗上升 19.25 亿吨标准煤，增长率达到 185.5%，但是，单位能耗呈现大幅下降的趋势，据统计，2000—2014 年单位工业增加值能耗下降 1.52 亿吨标准煤/万元，平均每年降低 5.10%。2012—2016 年，工业增加值单位能耗累计降低 24%，平均每年降低 6.6%，比国内生产总值单位能耗低 6.1 个百分点。2018 年单位工业增加值能耗比 2013 年初降低了 30.12%，二氧化碳排放强度下降约 32%，年均下降率分别达到 5.8% 和 6.2%，如图 2-3 所示。在工业用水方面，同样由于工业规模的逐渐扩大，工业用水总量从 2004 年的 1229 亿 m^3 上升到 2011 年的 1462 亿 m^3 的峰值，从 2011 年之后，用水总量呈现绝对的下降趋势，到 2019 年下降到 1237 亿 m^3 的水平，降幅达到 15.39%，单位工业增加值

用水量整体呈现明显的下降趋势，从 2004 年的 186.83m³/万元下降到 2019 年的 39.01m³/万元，降幅达到 79.12%，如图 2-4 所示。在工业减排方面，21 世纪以来，我国主要工业污染物排放量整体上呈现下降态势，工业二氧化碳、化学需氧量、废水三方面主要污染物排放量均呈现下降趋势，其中，2000—2015 年，化学需氧量排放量降幅达到 50%，工业废水排放量和二氧化碳排放量经历短期上升后呈现逐渐下降趋势。综上可以看出，我国工业节能减排成效显著，工业绿色发展不断向好，为构建绿色工业体系，走生态文明的发展道路做出巨大贡献。

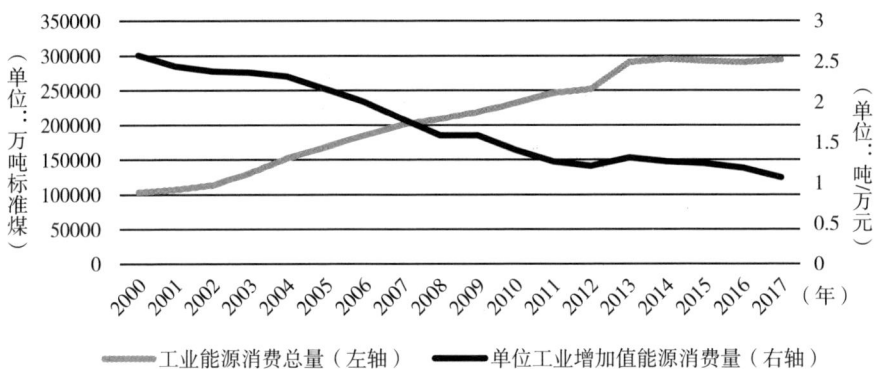

图 2-3 2000—2017 年我国工业能源消费与单位工业增加值能源消费量

数据来源：根据国家统计局网站中的相关数据整理得出。

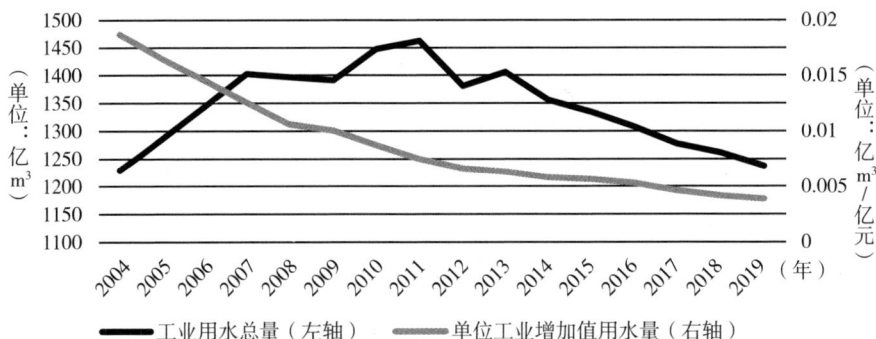

图 2-4 2004—2019 年我国工业用水总量与单位工业增加值用水量

数据来源：根据国家统计局网站中的相关数据整理得出。

另外，面对资源短缺、环境气候变化等全球性问题，我国在构建对外开放新格局中，还积极发展"一带一路"绿色产业线，努力推进工业绿色产能合作，通过支持钢铁、纺织家电行业推广使用先进的高效清洁技术装备，进一步提升节能减排的效果。在"一带一路"建设的发展中，我国积极与沿线国家和地区展开能源合作，如与印度尼西亚、泰国等东南亚国家进行技术交流，开展绿色技术展览会，搭建双边多边的工业绿色发展合作机制和平台，加强与沿线国家和地区的政策和技术交流沟通；拓展绿色发展合作领域，扩大绿色产品贸易；加强相关人才队伍建设和人员培训，宣传绿色发展理念，分享我国的绿色发展经验，积极为沿线国家和地区提供绿色发展的中国智慧和中国方案，共同推进绿色发展。

五、对外贸易结构调整，国际竞争力不断增强

改革开放以来，我国制造业在高速发展中实现了全球市场份额的不断提升，2010年，我国制造业产出占全球市场比重达到近20%，成为全球范围内名副其实的"制造大国"，在满足国内多种层次需求的同时也通过对外贸易出口到海外市场。在国际贸易中，1978年初级产品出口占53.5%，工业制成品出口占46.5%。1986年，工业制成品出口比重开始超过初级产品，达到63.6%。2001年起，工业制成品所占比重已超过90%，占据了我国出口商品的绝对主导地位。2017年，工业制成品占出口比重达到94.8%。[1] 2013年，我国首次成为第一大货物贸易国，货物进出口总额达到25.8万亿元，比2012年增长7.6%，同时我国也是第一个货物贸易总额超过4万亿美元的国家。[2] 根据贸易竞争力指数测算，我国总的货物贸易竞争力指数整体保持上升趋势，2016年达到0.14，比1995年增长约133%，其中2016年工业制成品的竞争力指数为0.27，高新技术产品的竞争力指数则由负变正，从-0.37上升到0.07，

---

① 《统计局：中国制造业总量连续多年稳居世界第一》，2018年9月4日，见 https://www.sohu.com/a/251820993_ 100191048。

② 《2013年中国进出口总值25.83万亿人民币 同比增长7.6%》，2014年1月10日，见 http://world.people.com.cn/n/2014/0110/c157278-24082126.html。

这表明我国工业制成品在国际市场的竞争优势正逐渐增强。[①]

随着工业对外贸易的不断发展，工业品对外贸易的结构也逐渐优化。在加入 WTO 前，我国工业品的出口主要以轻纺织品等劳动密集型产品为主，加入 WTO 后，工业出口产品逐渐转向资本密集型和技术密集型产品，其中高科技产品、工业制成品的份额逐渐上升，初级产品进出口贸易额呈现下降趋势。从 1995 年到 2016 年，高新技术产品占比上升 19.2%，初级产品占比下降了 1.6%。根据相关研究报告显示，2016 年我国成为全球最具竞争力的制造业国家。我国工业对外贸易结构的改变带来了竞争优势的增强与整体实力的上升，并且在国际工业体系中占据重要位置。

第二节　我国工业经济发展的基本经验

改革开放以来，我国的工业发展经历了规模由小变大，实力由弱到强，成为全球具有重要影响力和竞争力的工业制造大国，并向着现代化工业体系迈进。从全球各国工业化的发展实践进程来看，我国正处于工业化中后期阶段，并带有与他国不一样的自身特点。首先，我国是一个占到全球人口比重约 20% 的国家，在这样一个人口众多的国家推进工业化，既充满调整，又蕴含着难得的机遇，对全球工业化有着不可替代的影响；其次，我国的工业化发展速度较快，用 70 年的时间走过了发达国家二三百年的工业化发展进程，到 2015 年我国的工业化水平指数达到 84，快速地进入工业化中后期阶段；最后，我国的工业化与发达国家发展工业化所处的条件不同，我国是在信息化时代推进工业化，需要走一条中国特色新型工业化之路。

一、渐进式改革工业经济体制

我国的工业经济体制改革基本是在遵循整个经济体制的改革逻辑和框架下

---

①　郭朝先：《改革开放 40 年中国工业发展主要成就与基本经验》，《北京工业大学学报（社会科学版）》2018 年第 6 期。

进行的，与其他发展中国家不同，我国并没有全盘接受西方发达国家的经验做法，而是坚持一切从实际出发，立足于我国的具体现实国情，在处理好"改革、发展、与稳定"三者关系的前提下，采取因地制宜、循序渐进的方式对工业经济体制进行改革。一方面，通过"摸着石头过河""局部试点"到"全面推广"的方式，积极探索并稳步推进适合自身国情的改革方法；另一方面，在保持经济社会稳定的前提下，实行先易后难的增量式改革策略。在改革开放初期，尽管国有工业经济面临严重危机和重重困难，但我国没有贸然采用全盘私有化的方式解决国有企业的生存危机，而是在始终坚持公有制为主体的基本经济制度不动摇的前提下，采取了两条腿走路的办法。一方面通过改革试点稳步推进国有企业改革，另一方面通过积极吸引外资、发展壮大民营企业等非公有制经济增强经济活力，同时倒逼国有经济体制改革。经过 40 多年的改革发展，不仅国有企业、民营企业与"三资"企业在我国工业体系中均发挥着各自独特的作用，而且不同所有制企业间取长补短，相互融合，相辅相成，形成了具有中国特色的混合所有制经济蓬勃发展的良好局面。国有企业改革是我国经济体制改革的关键环节和重点领域，中华人民共和国成立初期所形成工业体系中绝大多数是国有企业，这些国有企业的改革并不是一蹴而就的，而是经历了从改革探索、制度创新进而走向深入的一个较长过程，其最大特点是没有简单地奉行"拿来主义"，盲目照搬照抄其他国家的经验模式，也没有单纯追求一步到位、立竿见影，而是采取上下结合、以点带面，先易后难的渐进式的方式稳步探索适合我国国情的改革路径。此外，还积极支持非国有工业经济的发展，其中乡镇企业是农村经济改革与发展大潮中的主力军，乡镇企业的"异军突起"不仅推动了我国农村的工业发展，而且成为我国工业化进程中的特有现象（金碚，2008）。如果说改革开放后的前 20 年是乡镇（集体）经济发展的黄金时期，那么改革开放后的后 20 年则迎来了民营经济发展的黄金时期。民营工业企业的崛起不仅有力推动了我国的经济增长和工业化、现代化和城镇化进程，对我国工业的发展同样产生了巨大的推动作用，促进了多元化市场主体间的竞争，提高了资源配置效率，而且推动了公有制企业的改革以及不同所有制性质企业间的融合发展，提升了我国工业企业的整体实力与综合竞争力。

二、坚持走新型工业化道路

党的十六大报告中首次提出新型工业化道路，即"坚持以信息化带动工业化，以工业化促进信息化，走出一条科技含量高、经济效益好、资源消耗低、环境污染少、人力资源优势得到充分发挥的新型工业化路子"①。与国外相比，这是一条从我国特殊的现实国情出发、具有鲜明中国特色的工业化道路，它为发展中国家在市场经济条件下实现工业化提供了宝贵的中国智慧和中国方案。通过推进工业化与信息化的协调发展，促进工业发展向创新驱动增长方式转变。信息化时代为传统产业发展注入了新动能，在提升工业增长质量和效益的同时，有利于加快转变工业增长方式，由要素驱动转向创新驱动转变，提升我国工业的全球竞争力，为此，我国确立了优先发展信息产业，推进信息化与工业化深度融合，并以"两化融合"为主线推进制造强国的产业发展战略。2016 年，工业和信息化部发布面向"十三五"的《信息化和工业化融合发展规划（2016—2020 年）》，着力打造支撑制造业转型的创业创新平台，积极培育新产品、新技术、新模式、新业态，加快构建支撑融合发展的基础设施体系，增强制造业转型升级新动能，构筑精细、柔性、智能、绿色的新型制造体系，进一步提升我国制造业的全球竞争优势，推动制造强国建设。

21 世纪初，国家开始重视解决"三农问题"，2002 年党的十六大提出要统筹城乡经济社会发展。"十一五"规划中提出"建立以工促农、以城带乡的长效机制"②。"十二五"规划进一步提出要"同步推进工业化、城镇化和农业现代化。坚持工业反哺农业、城市支持农村和多予少取放活方针，充分发挥工业化、城镇化对发展现代农业、促进农民增收、加强农村基础设施和公共服务的辐射带动作用，夯实农业农村发展基础，加快现代农业发展步伐"③。2012 年党的十八大进一步将"三个同步"提升为"四个同步"，即要"走中

---

① 《江泽民文选》第三卷，人民出版社 2006 年版，第 545 页。

② 《中共中央关于制定"十一五"规划的建议（全文）》，2005 年 10 月 19 日，见 http://www.gov.cn/ztzl/2005-10/19/content_ 79386. htm。

③ 《国民经济和社会发展第十二个五年规划纲要（全文）》，2011 年 3 月 16 日，见 http://www.gov.cn/2011lh/content_ 1825838_ 2. htm。

国特色新型工业化、信息化、城镇化、农业现代化道路，推动信息化和工业化深度融合、工业化和城镇化良性互动、城镇化和农业现代化相互协调，促进工业化、信息化、城镇化、农业现代化同步发展"①。2015 年，党的十八届五中全会再次强调要"正确处理发展中的重大关系，重点促进城乡区域协调发展，促进经济社会协调发展，促进新型工业化、信息化、城镇化、农业现代化同步发展"②。农业化、城镇化的发展，为工业化发展提供空间和条件，带动地区工业化发展进程，缩小地区差距，促进经济平稳发展。

　　同时，新型工业化道路还强调，资源消耗低、环境污染少，这就意味着我国工业经济要走可持续发展的道路，必须转变"先污染，后治理"的发展思路和模式，转向资源节约和环境友好的新型工业化道路。2003 年召开的中共十六届三中全会提出科学发展观，提倡"全面、协调、可持续的发展观"。党的十七大报告首次提出建设生态文明的发展目标和要求。党的十八大提出建设经济、政治、文化、社会、生态文明建设"五位一体"总体布局，将生态文明建设与经济建设、政治建设、文化建设和社会建设共同并列。在一系列规划和政策的作用下，我国工业节能减排的进程不断推进，取得良好的成效。2016 年，全国规模以上工业单位增加值能耗与 2012 年相比下降 24%，按照规模以上工业单位增加值能耗计算，规模以上工业累计节能约 8 亿吨标准煤，接近全社会节能量的 90%，全国单位 GDP 能耗的降低主要是由工业领域贡献的。污染物排放方面，工业废水、工业二氧化硫等排放量从 2005 年开始逐渐降低。工业化的发展必须处理好与绿色化的关系，不能以牺牲环境和资源为代价，应坚持走新型工业化道路。

三、合理界定政府和市场的关系

　　政府与市场的关系在理论和实践中都是贯穿改革始终的重要问题，是我国经济体制改革的核心问题，两者各司其职，又相辅相成，均扮演着至关重要的角色，正确处理两者关系、合理界定两者职能边界，对维持经济健康发展十分

---

① 《十八大以来重要文献选编》上，中央文献出版社 2014 年版，第 16 页。
② 《十八大以来重要文献选编》中，中央文献出版社 2016 年版，第 792 页。

必要。从国际上看，自第二次世界大战结束以后，只有为数很少的国家或地区成功实现了由低收入向中等收入，进而向高收入水平的跨越，而那些实现成功转型的经济体共同的"制胜之道"就是能够实现"有效市场"和"有为政府"的有机结合（林毅夫，2014）。

　　"有效市场"和"有为政府"的有机结合是指：一方面，不能单纯由政府发布指令进行控制，那就是回到计划经济，事实证明计划经济并不适合我国经济发展，甚至会严重阻碍我国经济的发展，政府作用的发挥必须控制在一个合理的边界范围内，不能干扰市场经济的正常运行；另一方面，由于我国人口众多，市场规模巨大，单纯依靠市场自由调节无法达到维持经济的稳定的效果，因此需要政府发挥宏观调控作用，维护市场竞争秩序，实现经济的平稳运行，发挥前瞻性问题决策者的作用。2013年召开的党的十八届三中全会提出，"使市场在资源配置中起决定性作用和更好发挥政府作用"，为经济体制的改革提供了科学的理论依据和实践基础。改革开放以来，我国工业发展一直坚持市场化的改革导向，在政府的宏观调控下，通过发挥市场作用实现工业资源的有效配置，提高经济体系运行效率，拉动经济持续增长。与此同时，更好地发挥政府的作用，政府在制定工业规划和战略时，充分考虑并遵循工业经济发展的一般规律，引导我国工业在转型升级、实现跨越式赶超的进程中少走弯路，使我国从落后的农业国转变为先进的工业大国。政府在工业发展中所起的至关重要的作用，不仅体现在发展战略上做出全局性的规划和部署，而且在战略实施上提供必要的包括制度、基础设施等在内的公共物品和服务支持。因此，尽管我国注重发挥市场在资源配置中的决定性作用，但作为一个发展中的、处于社会主义初级阶段的国家的基本国情决定了政府在市场化和国际化为导向的改革开放，以及向创新驱动、可持续发展为目标的工业转型进程中的作用是不可或缺的，甚至在一定发展阶段和领域是主导性的。简言之，更好地发挥政府作用，不能理解为管得更多，市场可以办的，都应该交给市场办，政府不能代劳，也不能越俎代庖。如果该放的放不开，该交给市场的不交，便很难以发挥市场的竞争机制；市场竞争不充分，市场作用就不能够很好发挥，要素资源配置也不可能优化。

四、始终坚定不移对外开放

第二次世界大战以来，发端于美国的新一轮科技革命和产业升级引发了传递性的国际产业转移浪潮。20 世纪 80 年代，美、英、日等发达国家的产业重心逐渐开始转移，不断转向高新技术、互联网信息、服务化等领域，发达国家通过产业转移，将劳动、资本密集型的产业转移到本国以外，那些劳动力丰富、投资成本低廉的发展中国家便成为其产业转移的首选国家。在当时背景下，我国刚刚打开国门，作为有史以来在工业化进程处于低收入状态下开放速度最快、开放领域最广、开放政策最彻底的一个大国（金碚，2003），巨大的劳动力市场和低廉的要素成本成功吸引国外投资者，通过与发达国家进行产业对接，我国逐渐融入世界市场，参与世界分工合作，不断提升我国在国际分工中的地位。通过对外开放，我国成功融入全球产业体系，并逐渐在全球产业分工中占据重要位置。

在对外开放的政策指引下，我国的外贸工作重点转变为吸引和利用外资，引进先进科技，加快我国产业转型升级。我国工业融入全球产业体系不是一蹴而就的，而是经历了一个演化过程，大体概括为从"引进来"，到"走出去"，再到与全球产业深度融合三个阶段。一是"引进来"，我国通过实施一系列的优惠政策增加对外商投资的吸引力，加之我国劳动力规模庞大且成本低廉，能够成功承接国际产业转移。在这一过程中，我国吸引和利用外资的水平一直处于世界前列，其中工业领域主要是制造业部门成为吸引、利用外资的主要部门。1997—2016 年，我国制造业外资利用额达到 0.78 万亿美元，占全国实际利用外资额的比重达到 49%，其中，2006—2010 年，我国制造业吸引外资的比重达到 53%，受 2008 年国际金融危机的影响，制造业发展趋缓，制造业吸引外资比重呈现下降态势，平均占比 40% 左右。通过"引进来"，除了引进资金以外，还引进了西方先进的生产技术、管理方式等，使我国成功融入全球产业体系当中。二是"走出去"，随着我国综合实力的快速提升，"走出去"战略的逐步实施，我国不断调整完善对外投资政策，不断加强多边实务合作，凭借要素价格和技术创新，不断提高国际竞争力，实现跨越式增长。尤其在

"一带一路"倡议提出后,更加表明我国坚持对外开放的态度,进一步加快了我国企业走出去的步伐,有助于企业对外交流合作,有效对接我国的供给能力和沿线国家和地区的发展需求,实现优势互补、互利共赢、共同发展,提升企业生产经营效益国际产能合作,通过与沿线国家和地区的交流合作,逐步扩大我国对外开放的水平,形成高水平的对外开放格局,推动我国经济与世界经济的深度融合,加快我国工业走向世界的步伐。

第 三 章

我国工业经济绿色发展的实践演进与主要问题

工业化是各国用以提高物质生活水平的必要手段，是国民经济中一系列重要生产要素的组合方式连续发生由低级到高级的突破性变化，进而推动经济增长的过程，也是发展中国家实现经济增长和社会经济转型的重要途径。工业革命开启了资本主义国家工业化阶段，使资本主义强国实现了生产技术的革命与社会生产关系的重大变革。工业经济绿色发展是指，以生态文明建设为主导，以绿色创新为核心，加快工业向科学发展模式转变，实现兼顾经济效益与环境效率的绿色生产（中国社会科学院工业经济研究所课题组、李平，2011）。工业实现经济增长方式由粗放到集约，污染控制由高碳污染到绿色减排的过程（李慧君，2018），其核心在于传统发展模式向科学发展模式的转变；这是由人与自然背离，经济社会与生态相分割的发展模式向二者相互促进、融合的发展模式转变（张晨，2010）。其对社会及经济的发展会产生重大影响。一方面，推动工业经济绿色发展的过程中，会付出一定的成本，例如短期效率及产量的下降；另一方面，工业经济绿色转型也将带来显著的效益，以更加高效清洁的途径实现经济的增长。总体而言，工业经济绿色转型的效益远高于成本。实现我国工业经济绿色转型的影响因素多样，比如贸易开放（彭星、李斌，2015；卢飞等，2018；梁会君，2019）、绿色技术创新水平、环境规制、工业行业的总体规模与产业集中度（岳鸿飞等，2017），其中所有影响因素的关键在于提高绿色全要素生产率在工业经济增长中的贡献。

第一节　我国工业经济绿色发展的实践演进

按照工业化理论，其进程可以划分为前工业化阶段、工业化初期、工业化中期、工业化后期和后工业化阶段。我国工业化最早可以追溯到清末的"洋务运动"。在曾国藩、李鸿章等洋务派的推动下，我国启动了"追赶式的工业化"。但甲午战争的失败宣告了我国早期工业化进程的夭折，这是我国迈向工业化的第一步。20世纪初，"实业救国"口号的提出，反映了人民渴望通过发展民族工业实现中国的振兴，至第一次世界大战结束前，我国的民族资本主义工业发展实现了短暂的高峰，但由于帝国主义的欺压，大量民族工业走向了破产。20世纪30年代，处于特殊时期的中国，因为战争的需要，开始发展军事工业，这些工业并未形成国民经济的基础产业和支柱产业。即从我国最初的工业化启蒙到中华人民共和国成立，我国工业化几乎没有太大的实质性进展，仍然是一个纯农业化国家，而我国近现代工业发展之所以走出了一条与国家大多数国家截然不同的特殊发展道路，就在于我国错过了前三次科技革命。1953年国民经济发展的第一个五年计划揭开了共和国的工业化进程，通过"优先发展重工业"的战略，我国的工业发展选择了重化工业起步的非常规性道路。在经济体制方面，通过建立高度集中的计划经济体制和大量国有企业，来达到以高积累的方式集中大量建设资金，从而进行大规模有效率的重化工业投资及建设，以工业为发展重点所形成的高度集中的计划管理体制是整个经济系统运作的基础，长达约30年时间。在此期间，通过贯彻实施该战略，我国重工业发展迅速，1952—1965年，重工业总产值年均增长15.5%，与轻工业相比，高于其年均增长率5.5%，主要投资在冶金、电力、煤炭、化学及机械等行业，初步建立起相对系统化的工业体系，工业化由起步阶段向初级阶段迈进。自改革开放以来，我国工业化进程进一步加快。19世纪70年代末，为解决结构性矛盾，我国放弃了单纯发展重化工业的路径，重视以市场需求为导向，采取了需求导向型的工业化发展战略。失衡的结构状况在不断修正中趋于均衡，我国工业化迈向中期发展阶段。

随着经济社会快速发展，我国实现了令世界瞩目的"中国增长奇迹"，从曾经世界上最为贫穷的国家之一发展为如今的世界第二大经济体。经济总量上，2018 年国内生存总值相较于中华人民共和国成立初期，增长近 200 倍，稳居世界第二大经济体；经济结构上，实现了由农业为主向三次产业协同发展的转变。尤其是工业实现了高速的增长，在工业总量、工业整体水平、优势工业产业及产品、工业增长速度及产品结构上都具有显著发展，形成了行业较为齐全、具有一定技术水平的现代工业体系，成为驱动全球工业增长的重要引擎。虽然原有的粗放型工业增长模式推动了我国经济的快速发展，但也引致了大量的资源消耗和严重的环境问题。2002 年联合国开发计划署在《2002 年中国人类发展报告：让绿色发展成为一种选择》提出"绿色发展"，该报告阐述了我国在走向可持续发展的十字路口上所面临的挑战。2005 年，我国资源消耗、生态退化和环境污染造成的总损失共计 27511 亿元，占当年 GDP 的 13.9%。作为世界上最大的能源消费国，我国在国内承载着巨大的环境资源压力。而工业作为我国主要的实体经济部门，能源消耗量及二氧化碳排放量都在全国占比 80% 以上。同时，国际社会对于环境问题及各国环保意识日益重视。因此，加快转变工业发展方式，大力推进工业经济绿色转型发展具有重大意义。

2008 年，联合国环境署在全球发起了开展"绿色经济"和"绿色新政"的倡议，以美、德为代表的西方发达资本主义国家积极响应，大兴绿色工业发展战略，各自推出本国的绿色经济发展计划，力图在新一轮全球产业升级中垄断绿色产业的核心技术，进而继续掌握其在世界的主导权。与此同时，我国也在不断加快工业经济绿色转型，以高科技促进产业结构调整与绿色发展，以实现经济社会发展的可持续化。中国科学院发布的《2010 中国可持续发展战略报告——绿色发展与创新》认为，实现绿色发展必须首先解决国内的资源环境问题，要依靠科技发展转变发展方式，通过绿色发展实现绿色转型。2011—2013 年，中国环境与发展国际合作委员会连续发布了主题为《中国经济发展方式的绿色转型》《区域平衡与绿色发展》《面向绿色发展的环境与社会》等年度政策报告，讨论了当时绿色发展的瓶颈问题，并提出以生态系统管理方式为核心的管理理念和措施建议。自加入 WTO 以来，我国工业生产规模加速扩张、生产体系也进行了全面形成阶段，而后向智能、绿色、低碳方向转变的高质量发展阶段进阶。其中，工业经济绿色转型这一阶段正值新一轮工业革命开始，也是我国继经济全球化后一次难得的机遇。在我国工业化阶段实现了由世界短板向"世界工厂"的转变，我国工业的发展过程，也是绿色发展不断深入渗透的过程，由高能耗到强调节约能源，再到人力资源、环境保护、经济效益协同发展的新型工业化道路的提出，再到以生态文明建设为目标的绿色发展理念，我国工业经济绿色发展的方向也愈发明晰，并迈向世界前列。

在工业化演进过程中，主要有三大指标可以反映出发展阶段（郭克莎，2000）。一是人均收入水平的变动。作为人口众多的发展中国家，我国工业化初期人均收入水平很低。1952 年工业化初始阶段，我国人均 GDP 仅为 119 元，直至改革开放前 26 年，我国人均收入一直较低。到 1978 年，我国人均 GDP 仅为 379 元，明显低于一般情况下工业化起点的人均收入水平。2018 年我国人均国民总收入达到 9732 美元，高于中等收入国家平均水平。二是三次产业产值结构和就业结构的变动。我国工业化初期市场化条件落后，第三产业比重较低，改革开放前的 26 年里，GDP 结构中第二产业尤其是工业比重大幅度上升。1978 年改革开放以来，我国工业化进程直接体现为农业剩余劳动力向非农产业快速转移（袁志刚、范剑勇，2003）。到 2018 年，我国第三产业增加值达到 469575 亿元，比 1978 年实际增长 51 倍，年均增长 10.4%，其中，房地产业和金融业增加值分别年均增长 10.3% 和 12.0%。同时，随着农业生产条件持续改善，粮食总产量从 1949 年的 11318 万吨提高到 2018 年的 65789 万吨；服务业蓬勃发展。三是工业内部结构的调整。在工业经济绿色转型过程中，我国工业体系逐渐完善，2013—2018 年，我国高科技产业、装备制造业增加值年均分别增长 11.7% 和 9.5%，电子信息产业也实现了快速发展，至 2018 年，移动通信手持机和微型计算机设备产量分别达到了 18.0 亿台和 3.1 亿台。基于这些指标，目前我国处于工业化中后期阶段。

综合来看，我国实现工业经济绿色发展的路径可以从以下两个方面考察。

一是在产业内，实现工业产业内结构的优先升级。我国自 20 世纪 70 年代末开始了 40 多年的快速工业化进程。到"十一五"规划时期末,我国工业化进程达到了一个阶段性转折点——工业化中期阶段,此时重工业快速增长的势头更为强劲,而环境资源约束的压力也愈发明显,加之我国工业也具有可持续发展的内在需要,都使得工业产业内部亟待实现结构升级,向着更为环保节约的方向转型。同时,加强产业间合作,以创新推动工业经济绿色转型。信息化是工业化持续发展的引擎,以信息化创造绿色生产力。要实现信息化的推动,最关键的是发展信息经济。积极推动信息产业发展,加快高新技术和信息技术的产业化步伐,实现高新技术产业及信息产业的跨越式发展。将信息技术与传统工业相融合,推进工业产业结构的高级化进程,从而在工业产业内部提高其现代化水平。党的十八大以来,针对经济发展过程中面临的环境保护所形成的制约问题,我国以创新、协调、绿色、开放和共享五大发展理念为指导,出台了一系列政策和措施。在经济结构不断优化升级中,驱动工业增长的产业也在发生积极的变化。2016 年,电子和汽车产业成为拉动我国工业经济发展的两大主要力量。传统产业不断转型升级,产品结构进一步优化,工业内部结构优化使得节能作用明显。同时,任何一个国家的发展不能仅仅依靠引进外部技术,尤其是在我国工业经济绿色转型发展过程中,更重要的是培育我国工业自身的创新能力,即自主创新能力,实施以自主创新为主的科技战略。

二是政府及其政策在工业经济绿色转型过程中的演变。中华人民共和国成立 70 多年以来,结合经济社会发展对工业行业产量、质量及效益等需求的变化,我国工业发展政策发生了多次调整和优化。20 世纪 80 年代和 90 年代,我国政府就明确提出经济发展应当由粗放型逐步向集约型转变。1996 年我国将可持续发展上升为国家战略并全面推进实施,进入 21 世纪,我国进一步深化对可持续发展内涵的认识,可持续发展理念最早起源于 1987 年挪威首相布伦特兰夫人在联合国世界环境与发展委员会的报告《我们共同的未来》,其定义为:"既满足当代人的需要又不对后代人满足其需求的能力构成危害"。2003 年,中共中央十六届三中全会明确提出"要按照统筹城乡发展、统筹区域发展、统筹经济社会发展、统筹人与自然和谐发展、统筹国内发展和对外开放的要求,更大程度地发挥市场在资源配置中的基础性作用,为全面建设小康社会提供强有力的体制保障","坚持以人为本,树立全面、协调、可持续的发展观,促进经济社会和人的全面发展"。[①] 同年,也提出了以人为本、全面协调可持续的科学发展观。科学发展观也强调转变经济发展方式,实现经济与社会的和谐发展。习近平总书记提出绿色发展理念,一方面,强调经济发展要坚持对于环境的保护,任何经济活动不仅不能以牺牲环境为代价,而且要有利于环境的保护和生态的健康;另一方面,要求把培育生态文化作为重要支撑,协同推进新型工业化、信息化、城镇化、农业现代化和绿色化,走出一条经济发展和生态文明相辅相成、相得益彰的新发展道路。[②] 在推进工业经济绿色转型过程中,我国不断深入淘汰落后产能,钢铁、煤炭、石化、建材等传统行业的过剩产能减量不断调整,实施环境规制等政策措施。以我国钢铁产业的发展演化为例,在钢铁行业初始发展阶段(1949—1978年),相比于环境保护,钢铁业数量和规模增长是相对优先的发展目标,此阶段中,钢铁工业虽奠定了扎实的基础,但是资源和环境也遭到了不同程度的破坏。改革开放后至21世纪初,是钢铁工业的绿色转型起步阶段,由于钢铁工业高能耗、高排放及高污染特征不断突出,1983年环境保护被确定为我国基本国策之一,"九五"规划期间国务院也相继发布了《国务院关于环境保护若干问题的决定》《污染物排放总量控制计划》《中国跨世纪绿色工程规划》,在政府的支持和鼓励下,结合部分钢铁企业的积极实践,推动了我国钢铁行业的绿色转型过程。绿色发展成为我国钢铁行业转型升级、可持续发展、提升社会形象及核心竞争力的重要途径。21世纪以来,以钢铁行业为代表的我国工业绿色发展由企业自发、国家倡导向行业规范、国家强制转变,我国开始结合产业政策、发展规划和行业规范有计划地推动工业行业绿色发展,通过提高行业规范标准,推动以钢铁行业为代表的工业企业加快淘汰落后产能,主动适应环保的需要。党的十八大以来,按照绿色发展理念的指引,2013年出台的《大气污染防治计划》将包括

[①] 《中国共产党十六届三中全会公报(全文)》,2003年10月13日,见 http://news.sina.com.cn/c/2003-10-14/21231921305.shtml。

[②] 中共中央宣传部:《习近平总书记系列重要讲话读本(2016年版)》,学习出版社、人民出版社2016年版,第236页。

钢铁行业在内的工业企业大气污染综合治理放在首位。2015 年开始的新《环境保护法》规定，排污单位需要缴纳排污费，2016 年发布的《国务院关于钢铁行业化解过剩产能实现脱困发展的意见》中进一步规定了对环保不达标的企业进行整改甚至勒令退出，法律法规对于工业经济绿色转型发展进行了全方位的"硬约束"（邱信丰，2019）。作为我国较早实施绿色转型的工业行业，钢铁行业在绿色发展过程中取得了较大成就，实现了产量和综合利用率稳步上升，同时钢铁能耗占比及污染物排放大幅下降。

　　总体来看，我国工业在绿色发展方面取得了显著成效。就产出绿色化而言，纵向比较，我国能源利用效率逐年不断提高，工业"三废"及单位产出能耗都不断降低；横向比较，国际能源署（IEA）在发布的《世界能源展望中国特别报告》中指出，中国能源消耗强度在世界范围内下降最快，预计到 2040 年，中国将是全球能源强度最低的地区之一。就能源低碳化而言，目前全球能源正处于转变为清洁低碳为主的阶段，纵向比较，我国在能源结构上，仍处于第一次工业革命阶段；横向比较，我国在新能源投资和能源转型发展速度上处于全球领先位置。就产业结构绿色化而言，全球节能环保产业处于较快发展阶段，但我国目前的节能环保关键核心技术相对落后，环保设备水平低于发达国家，仍处于追赶阶段。同时，不同工业行业类别的差异以及不同地区等因素的差异使得我国工业经济绿色转型的效果带有结构性特征。就我国分行业工业绿色发展而言，不同行业的工业绿色转型的进程与难度有较大差异，纺织、通信设备等制造业，属于轻度污染行业，由于原始工业绿色化程度相对较高，与高污染工业行业相比，其工业绿色转型难度更低。就我国分区域工业绿色发展而言，东部沿海地区由于较高的经济发展水平与工业化基础，相较于中西部地区，在能源结构、发展方式及绿色技术创新等方面有相对优势，工业经济绿色转型的进程更快。

第二节　我国工业经济绿色发展的主要问题

　　改革开放以来，我国经济得到快速发展，工业企业是推动我国经济高速发展的重要主体。我国的工业发展历经改革开放 40 多年，取得了举世瞩目的成就，改革开放前，我国工业基础比较薄弱。1978 年工业增加值仅有 1622 亿元。改革开放后，工业经济发生了翻天覆地的巨大变化。1992 年工业增加值突破 1 万亿元大关，2007 年突破 10 万亿元大关，2012 年突破 20 万亿元大关，2017 年工业增加值接近 28 万亿元，按可比价计算，比 1978 年增长 53 倍，年均增长 10.8%。主要经济指标迅猛增长。2017 年工业企业资产总计达到 112 万亿元，较 1978 年增长 247 倍；实现利润总额为 7.5 万亿元，较 1978 年增长 125 倍。① 然而，我国工业经济快速增长所带来的能源消耗和环境污染以及由此导致的社会问题不容忽视（彭文斌等，2013）。全国工业污染排放主要包括工业废气、工业废水和工业固体废弃物排放。近年来，我国工业环境污染程度一直居高不下。据统计，2017 年废水排放总量达到 6996610 万吨，废气中二氧化硫排放量为 875 万吨，工业固体废弃物排放量为 331592 万吨。② 我国粗放式经济的高速增长，导致我国工业污染超过全国总污染的 75%（刘星、聂春光，2006），2017 年，我国煤炭消费总量占全国煤炭总消费量的 60.9%。能源消耗的同时也伴随着废弃物的产出，据环保部门调查，我国工业企业生产过程中排放的废弃物已然成为我国环境污染的主要原因。并且有部分企业为追求利益最大化，忽略工业生产对环境造成的不利影响，导致我国的环境污染日益加重，如水质下降、PM2.5 上升、酸雨、噪声污染等。我国工业的发展所带来的严重环境问题，已经威胁到生态平衡，未来将带来重大经济损失（范笑莹，2017）。工业绿色经济是以生态文明为根本取向，以循环发展作为主要工业经济技术模式的可持续发展的新型工业经济（张晋光，2011），主要从能源利用率和污染排放两个方面实现工业的绿色发展。

---

① 国家统计局工业统计司：《改革开放铸就工业辉煌 创新转型做强制造大国——改革开放 40 年经济社会发展成就系列报告之六》，2018 年 9 月 4 日，见 http://www.stats.gov.cn/ztjc/ztfx/ggkf40n/201809/t20180904_ 1620676. html。

② 《2012—2017 年全国废水排放总量分省市统计表》，2018 年 12 月 10 日，见 http://www.chyxx.com/shuju/201812/698369.html；国家统计局公布的国家数据，见 http://data.stats.gov.cn/easyquery.htm?cn = C01&2b = AOC058&sj = 2017；《工业固废产生量统计及工业固废利用量统计》，2019 年 7 月 8 日，见 https://baijiahao. baidu. com/s? id = 1638469199755942285&wfr = spider&for = pc。

党的十八大以来，我国大力倡导发展可持续经济，推动工业绿色转型与绿色发展，党的十九大报告中指出："壮大节能环保产业、清洁生产产业、清洁能源产业。推进能源生产和消费革命，构建清洁低碳、安全高效的能源体系。"① 并且提出环境等生态问题是"中华民族永续发展的千年大计。必须树立和践行绿水青山就是金山银山的理念，坚持节约资源和保护环境的基本国策，像对待生命一样对待生态环境，统筹山水林田湖草系统治理，实行最严格的生态环境保护制度，形成绿色发展方式和生活方式，坚定走生产发展、生活富裕、生态良好的文明发展道路，建设美丽中国，为人民创造良好生产生活环境，为全球生态安全作出贡献"②。从我国发展国情来看，我国的工业绿色经济发展还存在许多问题，本书主要从宏观和微观两个层面展开论述。宏观层面从我国现实国情出发，考虑到我国的经济发展实际，从政府角度剖析工业绿色经济发展所面临的困境；微观层面考虑到工业企业自身的经济效益与环境污染与保护，从工业企业角度分析我国工业绿色转型与发展中所面临的问题。

一、宏观层面

（一）粗放型经济发展方式

改革开放初期，我国实现经济高速增长的同时对教育和科技相对重视不够，使得我国长期管理水平与技术水平较为落后，形成粗放型的经济增长方式。该经济增长方式有两大特点：一方面，能源及污染密集型产业占比过大，资源消耗量大且污染排放严重，工业发展带来的高投入、高排放、低效率等问题亟须产业结构进行调整，新旧动能转换，缓解工业发展带来的环境污染问题；另一方面，管理型人才和技术型人才匮乏。传统的粗放型经济发展方式在破坏生态平衡的同时，导致我环境污染与能源资源枯竭。

（二）环境法治建设

根据我国工业发展现状，提升我国工业的环境治理能力，政府应加大环境

---

① 《决胜全面建成小康社会　夺取新时代中国特色社会主义伟大胜利——在中国共产党第十九次全国代表大会上的报告》，人民出版社 2017 年版，第 51 页。

② 《决胜全面建成小康社会　夺取新时代中国特色社会主义伟大胜利——在中国共产党第十九次全国代表大会上的报告》，人民出版社 2017 年版，第 23—24 页。

保护力度，完善我国环境保护的法律法规（范笑莹，2017）。环境法律制度的建设，主要包括两个方面：一方面，建立健全环境保护的法律法规体系；另一方面，环境保护法律法规政策的有效实施。环境法律制度的建设需要依靠政府的强制力实施，从而协调工业企业、消费者与社会利益之间的关系。如今，虽然我国政府已经颁布并实施了大量的环境与资源保护法律及环境污染行政法规条例。但与西方发达国家相比，我国环境保护在立法与实施环节还有待完善。一方面，我国虽然制定了相当一部分与环境保护相关的法律法规，但是从整体上看，在环保立法体系中还存在大量空白。此外，我国立法部分缺乏高端人才，环境立法部门缺乏环境分析专员与法律专员的协调与配合。另一方面，现行的环保法律法规中，原则性条例过多，缺乏实际的可操作性。其中，有部分法规条例不适用，责任划分不明确，难以在实践中切实执行。

（三）地方政府考核方式

发展绿色工业经济在缓解我国环境压力的同时，能够推动我国经济高质量发展。然而我国工业经济向绿色转型过程中遇到的关键问题之一在于中央与地方之间环境管理的宏观调控机制不合理。我国发展工业绿色经济主要依靠地方政府，但我国在对地方政府官员的考核评价中，GDP 的增长依然是占有重要地位的考核指标，从而导致地方政府更加关注围绕 GDP 增长制定发展规划，却忽视了对绿色转型与发展的规划。我国的工业经济绿色发展追求的是可持续发展，其工业生产方式和生产理念与传统的工业经济发展大相径庭，传统与绿色工业发展都能够实现 GDP 的增长，但是传统的工业发展是以破坏生态环境为代价，且在绿色工业经济转型初期，工业发展会出现下降的趋势。通过分析发达国家的工业发展可以看出，其工业绿色转型初期是在政府的政策支持下进行的，其中包括政府的税收优惠、资金支持等资源的运用配置（周慧祥，2019）。在推动工业绿色转型时期，对于地方政府的相关考核要求也要进行相应的调整，避免导致过度追求经济效益而忽视环境资源保护。我国工业绿色经济的转型与发展需要政府的积极作为，只有政府有效地政策引导和支持，才能切实推动工业经济绿色发展。

（四）产业结构

产业结构决定着资源的配置效率，在很大程度上决定着经济由粗放型增长向集约型增长的转变，是经济结构调整的主要内容，并直接影响我国的能源结构转型、能源利用率以及经济高质量发展，产业结构的不合理会产生严重的资源浪费与效率损失，无法实现规模经济，提升工业经济效益和经济的高质量增长。经过多年的调整和优化，我国的产业结构水平总体来说有较大提升，但还有调整的空间。其中，第二产业作为反映我国综合国力和国际竞争力的支柱性产业，在发展过程中依然存在种种问题。第一，技术水平有待提高。以我国钢铁产业为例，由于在生产技术方面存在不足，多为低端产品，而高端产品，如特殊用途及高性能的钢材仍然依靠进口。第二，产能过剩，主要表现为结构性失衡，市场供给无法对接需求，大量过剩产能存在的同时高质量的工业产品面临市场短缺。第三，生产方式粗放，导致环境污染。冷艳丽、杜思正（2015）研究发现，产业结构与我国雾霾污染呈正相关关系，尤其是工业产值与空气及水污染呈正相关关系。我国当前的工业化进程中，以工业为主的第二产业的比重逐渐上升，对于我国工业较为发达的东部和中部地区的环境污染产生负面影响。

（五）能源消费结构

从改革开放至今，煤炭消费一直是我国能源消费的重中之重。2017年，我国的能源消费结构为煤炭60.42%，石油19.42%，天然气6.6%，合计86.44%，可以看出我国能源消费以煤为主，超过一半，传统能源依然是我国能源消费的绝对主体。同年，美国的能源消费结构为石油40.87%，天然气28.45%，煤炭14.86%，合计为84.18%，同样严重依赖传统化石能源，但以油气为主，合计占比为69.32%，高于我国的煤炭比重。[1] 相较而言，我国的能源消费结构失衡相对突出，所产生的问题主要体现在四个方面：第一，煤炭和石油等化石能源一经消耗，则会排放大量温室气体。第二，与美国相比，我国的煤炭利用率明显偏低，目前的技术水平难以提升我国的能源利用率。第

---

[1]　王能全：《从能源数据看中美差距》，《财经》2018年第18期。

三，我国的核电和水电的能源使用率偏低，工业对新能源的消费率明显低于对煤炭和石油等化石能源的消费，给环境保护带来压力。第四，我国能源定价机制不合理。当前我国能源消费价格偏低，煤炭和石油等能源使用成本低且无须付出过高代价，导致我国工业能源利用率持续偏低，能源的低价支撑我国的粗放经济发展方式，加剧了我国的能源和环境问题。

（六）社会监督体系

社会监督体系在我国工业绿色经济转型与发展过程中起着至关重要的作用。工业发展过程中，仅仅依靠政府宏观调控与企业内部管理，会出现部门之间的相互推诿和部门间目标的不一致而阻碍绿色经济的发展。社会舆论的监督能够在工业绿色经济的发展过程中发挥干预力量（周慧祥，2019）。生态环境保护是我们全人类共同的责任与义务，我们同样也是污染排放和资源消耗后的直接受害者，面对现如今逐渐脆弱的生态系统，发展绿色工业经济，降低工业生产对空气、水质的污染已经迫在眉睫。社会监督能够对工业绿色经济发展起到引导作用，然而在我国部分地区社会监督受到政府的干预，社会对工业企业绿色生产的监督作用不能很好地发挥其应有的作用。因此，应继续完善社会监督体系，转变政府职能，降低政府对社会环境监督的干预，充分发挥社会舆论监督对工业环境保护的积极作用，对工业企业中存在的污染排放过量等行为进行社会舆论监督。

（七）环保战略和政策制定

党的十八大以来，我国在工业发展中愈发重视环保问题，坚持生态优先、低碳环保，绿色发展不动摇，但是从实现这些发展目标的政策和行动看，特别是从当前制定的产业规划上看，与贯彻落实这些战略并不完全一致，或者说按照目前的政策还无法完全实现其绿色转型战略目标（齐昊，2018）。我国在如何通过加强和提高规划和政策的科学性还有所欠缺，政策的指定中缺乏对我国工业发展实际状况的深入研究，如绿色信贷、排污权交易政策和环境责任保险与生态补偿方面，均有待完善。我国的绿色工业发展道路任重而道远，并且要建立符合国际通行惯例的工业环境经济政策体系还需要一段时间。

（八）外部环境压力

2001 年，我国正式加入 WTO，对我国的贸易发展产生积极而深远的影响，但是从环境角度看也将面临两个方面新的问题。一方面是国际上的"绿色贸易壁垒"。从发展阶段看，我国仍是一个发展中国家，经济发展还需要依靠第二产业推动，但在生产过程中不仅会产生有害气体，而且有些产品，如机电、皮革、陶瓷、烟草、烟草、鞋等产品未完全达到发达国家的环保标准，导致我国出口产品受到限制。另一方面，由于我国是发展中国家，相对于发达国家拥有丰富的廉价劳动力及矿产资源，受到产业链布局、国际分工以及国际市场对我国矿产、石材的巨大需求等多方面因素的影响，促使我国在工业企业发展的过程中会加重生态环境和自然环境的破坏。同时，在发达国家的重型工业企业转移至我国以及其他发展中国家的过程中，我国可能成为国外污染密集型企业转移的地点和大量的国外工业废物"来料加工"的地点，这将极大地加重我国的环境污染，不利于我国工业绿色经济的发展。此外，我国是联合国安理会常任理事国，政府面临着巨大的国际社会压力，其他各国希望我国能够在气候变化等全球性环境问题上发挥巨大作用（刘志雄，2013）。如今，我国已经发展成为世界第二大经济体，并且作为世界最大的潜在能源消费国和碳排放国，他国都期望我国能够转变传统经济发展方式，走低能耗、低排放和高效率的集约型发展道路，运用技术进步减少对能源的依赖和环境的污染。

二、微观层面

（一）环境污染管理理念与方式

我国工业企业绿色转型正处于关键阶段，且企业环境管理方式仍采用传统的节能减排模式，即"先污染后治理"的环境治理末端模式，大多数工业企业节能减排的主要目的是达到国家的要求，是一种法律强制下的被动行为，只要做到达标排放将疏于关注环境继续恶化与否。此外，有些企业经营目标仍然停留在追求产品数量的增加而忽视产品质量和公共利益的粗放型经营阶段（刘晓伟，2006）。企业的经营理念使得其生产过程中的环境污染并未引起企业高管的足够重视，并且甚至认为环境保护和经济增长是难以统筹兼顾的，因而继续使用较低环境管理水平的末端环境治理模式。有的企业认为在工业生产环节增加对环境污染管理的费用支出，一方面会在初期影响企业的正常生产与经营，另一方面会增加企业的生产成本，短期内无法达到预期的效益，较低的排污管理方式与水平给我国工业绿色转型带来巨大阻力，因此，落后的企业理念所导致的企业对生产过程以及成品的环境污染问题不容忽视。

（二）内部环保管理奖惩制度

我国工业企业在环境污染治理方面缺乏完善的内部奖惩制度，现有的规章制度中并未将环境治理与经济责任制切实联系在一起，甚至企业对污染排污的状况采取模棱两可的态度，导致企业在真正的生产过程中要么没有达到企业规章制度规定的要求，要么由于执行力不够而形同虚设。企业内部应设立专门的规章制度将员工的收入与环境保护相结合或者将企业部门间绩效与环境保护相挂钩，根据政府规定的环境规章制度进行考核，并实际运用于企业的生产运作中，一方面增强企业对环境保护工作的积极性和内在动力，另一方面加快推进我国工业绿色转型发展。

（三）技术创新

阻碍我国工业绿色转型与快速发展的重要因素之一是技术创新难题，近年来虽然我国在科技创新领域取得突出成就，但是推动绿色发展的技术创新尤其是其中的核心装备储备技术，与发达国家相比存在一定差距，并且不能满足我国绿色工业发展的要求。欧美等发达国家为了维持其对核心技术的垄断地位，不仅禁止和限制向我国出口高精尖技术和设备，并且会对我国技术研发进行设置障碍和壁垒，阻碍我国工业绿色经济的创新与发展。总体来看，我国能源的刚性需求与污染排放受到国内技术水平的限制，如果不能突破技术难关，那么我国在绿色工业经济发展的道路上依旧停留在理论层面，工业的节能减排仍旧不容乐观（周慧祥，2019）。罗默、格罗斯曼（Romer & Grossman）在内生经济增长理论中提出通过对人力资本和知识生产的投资能够推动技术进步，科技进步是推动经济高质量发展的重要途径，对能源等自然资源的节能减排起到重要作用（刘玮，2010）。工业绿色技术同样也是推动我国工业发展的关键，而我国政府在引导企业绿色技术创新与创新方面力度也存在一定的问题，导致企业在环境规制政策下，在正常运作的前提下面临巨大的技术创新难题。只有加强技术创新，掌握工业环保核心技术，我国的环境污染才能够得到根本性遏制，同时工业经济绿色发展也将具有持续性。

（四）工业企业附近植被等绿化面积

工业企业在生产过程中会产生有害气体、废水及物体废弃物，这些有害物质会严重破坏我国生态平衡，对农业发展造成极大的危害。绿色植被是自然界中的第一性生产者，能够通过光合作用将空气中的二氧化碳转化为氧气，减少温室气体的排放。此外，植物主要是通过植物的茎和叶表面的气孔吸收空气中的有害物质，或者通过植物根系的协同作用，清除大气降沉在土壤和水中的有害污染物质。然而，我国工业聚集的区域或者工业发达的地区绿色植被覆盖率低，并且有人将工业企业附近的植被砍伐掉用来牟取经济利益。工业企业附近的植被面积的逐渐减少，也就意味着空气中的二氧化碳和二氧化硫等一些造成温室效应或者酸雨等有害环境的气体将继续停留在空气中，被吸收的越来越少。总体来看，虽然我国的工业企业大多分布在远离城市的郊区，本应绿色植被覆盖率较高，但实际上我国工业企业的附近鲜有绿色植被，反而被职工住宿区所覆盖，工业企业在生产过程中的污染物，如二氧化碳和二氧化硫等，都由工厂向四周扩散，导致周围地区的环境破坏。

（五）环境保护资金

当前我国地方政府与工业企业均面临着环保管理资金不足的问题。一方面，我国排污收费制度多数是针对工业企业的排污罚款，且款项上交中央政府，地方政府的财政收入中缺乏在生态环境保护工作上的资金安排。另一方面，不论中央企业、国有企业还是私营企业，在市场化改革中多是以营利为目的市场经营主体，而工业企业的环境管理成本一般包括污染治理设施的投资与运行成本，且在初期这部分成本占到整个企业生产成本的30%—50%。近几年来，随着我国环保政策的不断实施，对工业企业的环保要求愈发严格。由此引发的环保成本对于大型企业来讲尚可接受，但对于规模较小的工业企业而言，将因高额的环保罚款与治理成本而面临经营困难。此外，我国对与企业的环保投资没有足够的针对性政策支持，并且对与环保类工业的发展与推广等税收优惠政策尚不健全。

经过 70 余年的发展，我国工业取得了举世瞩目的成效，且多项工业产品已经达到世界先进水平，但是对环境的破坏和污染也不断显露出来。我国是最大的发展中国家，目前正处于工业化高速发展的关键时期，在全球经济充满不确定性与环境约束日趋紧张的条件下，我国的环境保护形势也相当严峻，未来控制环境污染和生态破坏的难度逐渐加大。短期内，以煤炭为主的能源结构特征将长期存在，新化学物质等工业新技术、新产品将对环境带来潜在风险，持久性工业有机污染物危害不断加重。我国工业绿色化是一个长期的过程，当前我国与发达国家的绿色经济发展水平尚存在一定差距，唯有持续推进工业与技术深度融合，提升工业生产效率，在节能减排基础上推动工业绿色转型，实现工业经济高质量发展。

第 四 章

工业绿色转型发展的国际实践

在发达国家，有一种观点认为"必须放慢经济增长速度以避免产生环境问题"。以后工业国家的发展为例，当人均国内生产总值达到 2000 美元，那么民众在食品、服装和住房方面的基本需求便得到满足，并将创造追求更高生活质量。一旦公众对环境问题的兴趣出现，政府不得不开始重视这个问题。一般而言，政府的环境规制目的是将市场失败引起的外部成本内在化，从而改善社会福利，但是对于进行生产活动的企业来说，其目的是利润最大化。在平衡环境和经济利润时，从环境保护观点出发企业应该在进行生产活动时减少对环境造成的负荷，但是从企业自身利益出发，实施对企业利润影响较少的环境政策更为重要。如果生产活动主体的企业承担处理污染的费用，那么制造业生产费用会随之上升，在这样的情况下企业一旦将成本纳入销售价格中，那么企业的竞争力就会下降，生产效率也会下降［普里斯特等（Priest，et al.），1979］。因此，从短期来看，环境规制对企业是一种负担，损害其利益。然而，当企业面对国家新出台的强化环境规制的法律而不得不承担污染费用时，为了减少污染处理费用的成本，企业会选择提高生产的创新性，研究开发新的技术使生产效率提高，反而会增加其国际竞争力。根据波特（Porter，1991）的假说，环境规制会倒逼企业创新，提高市场竞争力。贾菲、帕尔梅（Jaffe & K. Palmer，1997）把环境法规能够诱发环境相关研发或专利的因果关系被称为"弱"波特假说，将环境法规最终可能导致更高生产力的因果关系称为"强"波特假说。权衡经济发展与环境保护两者的利害是国家不可避免要考虑的问题，最早将环境规制的得失进行量化分析的是美国，运用了成本—收益分析方法研究环境政策给经济带来的影响从而选择适当的规制方案。再者，实现绿色发展的过程不可或缺的角色是公众和企业，公众的监督与企业的自律能够推进整个过程朝积极面发展。除此之外，环保技术的开发与引进和法律法规的监管也同等重要。在这些方面的做法尤为突出的是日本、德国、法国和美国这些后工业国家。

第一节　日　本

20 世纪 50 年代水俣病在日本的出现唤醒了日本民众的环保意识，在民众的抗争以及舆论的引导下，日本政府意识到工业的发展对环境的破坏，提出了污染者付费原则（Polluter Pays Principle，PPP），可以说这对当时的日本工业发展是一个不小的打击，在这种情况下，日本工业领域不得不采取改变现状的措施，诸如政府出台的环保政策、企业的技术改进以及环保法的制定。结果，这些措施激发了新的污染防治技术的发展和传播，它还进一步提高了日本工业技术的能力。在整个环保体系中，民众、媒体、企业及政府的参与都不可或缺。

一、媒体与社会舆论

从 1965 年到 1975 年，日本总共投入了约 6 万亿日元的污染防治资金，1974 年的高峰期约为 970 亿日元（约占当年私人资本投资总额的 17%）。日本的环境污染问题最初得到重视的原因是由于危害了公众的健康。[①] 20 世纪 50 年代水俣病在日本出现，随即日本在 1967 年实行了《公害对策基本法》，之后的 70 年代经济高速成长时期也制定了许多环境规制条例作为公害应对措施。以空气污染为例，在有超过 10000 名经过认证的公共疾病患者身上，国家每年给予的补偿费用超过 1000 亿日元。可以说，水俣病的出现是日本环保政策的一个重要转折点，以此为开端，日本政府开始在经济发展过程中重视环境

---

①　《年次经济报告（经济白书）》（昭和 40 年度—昭和 50 年度），见 https://www5.cao.go.jp/keizai3/keizaiwp/index.html。

保护。

在日本民众的诸多环保抗争中，水俣病抗争是其中的一个经典案例。水俣病是指从工厂里排放的甲基汞化合物积蓄在鱼贝类的体内，人食用了这些被污染的鱼贝类而引起中毒性神经疾病。引发水俣病的原因已经查明是由于窒素公司排放的含汞废水。自20世纪20年代开始，窒素公司通过碳化方法制造各种有机化学物质，例如乙醛，而乙醛生产过程中作为催化剂的汞，正是水俣病的致病源。水俣病事件成为影响日本经济与社会长达数十年的事件，被称为是人类历史上"没有先例的公害"。宇井纯等（1985）指出，水俣病事件分为四个阶段，分别是：（1）民众开始注意到污染；（2）各界开始查找原因；（3）污染者混淆视听；（4）各种说法相互"中和"。从日本水俣病事件处理前后长达50多年的历程中可以发现，媒体在整个事件的作用十分突出，日本媒体从未停止关注和报道这一事件的受害者以及对此进行呼吁，从当时报道的文字和图片中都可以看出媒体发挥了极为重要的作用。

良好的生存环境与每个公民息息相关，政府、企业有责任与公民分享客观和科学的数据，有必要让公众了解公共事件的事实，在此之上促使政府和公司采取相应措施。环境问题中公民扮演的角色非常重要，污染问题在危害公众的健康后之所以能得到政府的重视并出台一系列应对措施，很大程度上是由于媒体的议程设置与公民的监督。因此，可以说日本政府开始重视环保问题并采取有力的应对措施是在大众媒体的大力支持和舆论要求下进行的。

二、企业作用

在日本，除了政府所扮演的角色外，还有一个独特的"企业角色"观点。企业最注重的是企业社会责任与当地社区之间的和谐，日本企业（特别是大型基础设施企业）具有重视其公共角色的传统，而不仅仅是过分追求利润的私人实体。这种精神传统可以作为一个积极面出现在大众视野，倡导全民福利与世界和谐，对人类社会做出贡献，而不仅是一种被称为"经济动物"的追求利润的态度。企业在承担其社会责任的环节采取了环保经营的模式，并以大企业为中心向四周辐射，各中小企业也开始重视环保经营的做法并对此给予支持，就连经团联也出面发布了环保自主行动计划（金子慎治，2011）①。

企业环保经营可以分为四个阶段：第一阶段主要是企业的基础措施建设，日本政府针对企业排放的大气污染物和水污染物等采取了一系列限制性措施并设定排放标准，日本企业在建设污染物排放设施前需要向地方政府申报，如果不达标将无法建成，此阶段更强调企业在法律层面上遵守相关环保规定。第二阶段是从法律遵守向生产过程的环境效率改善的转移。在这个阶段，环境限制的加强将引发相应的措施出台以改善资源利用的低效，带来企业创新，提高生产率和环境保护效率，提高国际竞争力。第三阶段是把产品设计阶段纳入环保进程。即通过制造、使用、废弃等产品的整个生命周期来降低环境负荷。这个阶段会逐步提高消费者和客户的环保意识，以至于对该企业的环保措施和对环保产品的需求增加。第四阶段是环保经营左右企业价值和品牌价值，即在企业品牌中融入环保理念，增强市场竞争力（金原达夫、藤井秀道，2009）。

如今在日本，与工业相关的环保解决重点已经从生产活动产生的环境负荷减少转向减少与消费活动相关的环境负荷，正在从"可持续发展"走向"可持续消费"，以钢铁和石化为代表的日本重工业拥有卓越的生产效率和环境规制技术。

三、环境法规

除此之外，日本还制定了《环境基本法》。日本环境政策的基本法反映的是以可持续发展为目标的"关于环境与发展的里约热内卢宣言"的精神。1993 年制定的《环境基本法》和 2000 年实行的《推进形成循环型社会基本法》一同作为环境理念法成为环境法体系的基点。在日本的环境行政机构中，推进《管辖环境基本法》的是环境省的综合环境政策局，但由于环境问题涉及领域广，经济产业省、厚生劳动省、国土交通省、农林水产省和文部科学省等机构也从各自立场出发进行了一定程度的参与。《环境基本法》的核心是在该法律体系下形成国家各个领域制定法律、政令、省令、条例和规则的保护

---

① 日本经团联（日本经济团体联合会）的各产业界为防止全球变暖，削减二氧化碳排放量，制定了环保自主行动计划（全球变暖对策），并从 1997 年开始执行。

伞。除了一般整体上的《环境基本法》及其相关法以外，也有与各类商品的特性相对应的法律，如容器包装再利用法、家电再利用法、建设材料再利用法、食品废弃物再利用法、汽车再利用法和绿色采购法，国家规定了对各类商品的限制，使得环境法及其相关法更加体系化和结构化。

对企业而言，根据各类商品特性设置的规定，直接影响到生产和销售商品，是企业活动和国家环境政策紧密联系的领域。环境法规把重点放在了循环再利用这一点上，对生产厂商的冲击很大，促使其加快推进环保商品进程，也对新商品开发时的方向定位产生了重大影响。

随着上述环境法规的出台，为了形成循环型社会，日本政府认为有必要完善和开发社会对商品的需求追踪的系统，为此，日本率先推进采购再生产品的"绿色采购法"。"绿色采购法"自 2001 年 4 月起全面实施，正式法律名为《有关推进国家机构等部门采购环保物品等的法律》，成为从消费者立场出发制定的与主体法律相配套的法律。绿色采购是指"在购买产品和服务时，充分考虑到必要性，不仅考虑价格、品质、便利性和设计，还考虑到环保问题，努力降低环境负荷，尽可能减小对环境造成的负荷"。该法律不仅是对国家各行政机关的要求，还有关于地方公共团体、经营者以及国家的义务相关的规定。在关于推进国会、法院、各省厅和独立行政法人等机构的采购方面制定基本方针并公布每年度采购计划，根据采购计划来实施采购活动，总结采购实绩后向社会公布并通知大臣。环保物品中的重点物品被认定为"特定筹措品"，规定了纸类、文具、办公家具、OA（office automation，办公自动化）仪器、家电产品、空调、温水器、照明、汽车、灭火器、制服（工作服）、室内装饰、工作手套、其他纤维制品、设备、公共工程和服务 17 个领域。另外，法律规定了国家行政机关要主动优先使用环境负荷少的商品，而企业和厂家实质上被要求有义务购买环保商品。通过普及绿色采购，环保型商品的市场逐渐扩大，企业的环保型产品的研发活动也在同步进行，环保型商品不断得到充实，形成了更好的绿色循环。为了向社会普及环保型商品，日本政府号召国家行政机关率先购买，需求的扩大一定程度上会使得价格下降，向普通消费人群普及。

第二节 德 国

在 19 世纪后期的第二次工业革命之后，德国成为欧洲主要的工业国家之一，特别是在拥有丰富煤炭资源的鲁尔工业区，工业实现了快速发展。第二次世界大战结束后，德国遭受重创，但在 1948 年德国货币改革后，德国工业逐渐走上复苏轨道并在 20 世纪 50 年代实现经济高增长。然而，经济衰退的浪潮在 60 年代中期开始到来，并且随着 70 年代初环境问题的出现，人们对环境保护产业的关注开始上升。在传统汽车、化学和制药工业以及机械工业的技术支持下，可再生能源等环保产业实现了快速增长。与此相呼应的是可再生能源法案的出台，规范了环保产业并促进其不断进步。

可再生能源法案是将德国大部分电力供应转换为可再生电力以实现环境保护和资源保护的重要法律。其中有一种机制，是电力传输公司优先以固定价格购买诸如太阳能灯和风能等可再生能源，并且将向电力消费者收取一般电费产生的成本。从 2012 年起，这种机制不再基于采购系统，而是鼓励在自由市场上销售电力，并采取措施将可再生能源整合到一般电力市场［洛舍尔等（Löschel, et al.），2013］。

可再生能源法案的官方名称是《可再生能源法》(Gesetz fuer den Vorrang der Erneuerbaren Energien)。从 1990 年《向公共电网供应可再生能源法》的出台，到 2000 年《可再生能源法》的形成，经过了多次修改和完善才得以形成。此外，德国政府还颁布了一系列关于法律实施细则的法令和附则。

《可再生能源法》的内容包括：（1）通过可再生能源将发电设施优先连接到一般电网。（2）电网运营商优先接收电力、输电、配电包括将电力供应系统整合到供电系统中的激励措施。（3）国家激励和平衡电力的收支。该法案的目的是促进气候和环保能源供应的可持续发展，包含通过长期施加外部影响以降低国家经济成本、保护化石能源以及促进可再生能源如发电技术的进步。条款规定，到 2020 年可再生能源与电力供应的比例应至少为 35%，到 2030 年为 50%，到 2040 年为 65%，最迟到 2050 年增加到 80% 以上。此外，到 2020

年，将可再生能源在总能耗中的份额提高到至少 18%。

其中定义为"可再生能源"的包括水力发电（波浪、潮汐）、风力发电、太阳能发电、地热能、沼气、生物甲烷以及来自可生物降解的家庭和工业废物的能源。此外，还有煤矿瓦斯（如煤矿产生的甲烷气体）。根据《可再生能源法》，电网有义务优先支付和购买使用可再生能源发电的供电运营商向电网供应的电力。在这种情况下，电网要在不与电力供应者签订合同的情况下无条件地购买并以优惠方式支付。

对于专门从可再生能源获得的电力以及可再生能源的类型、发电方法、位置条件等，法案分别精确地制定了补偿额度。与一般电费相比，电网补偿设定在较高水平，以提高可再生能源发电投资的盈利，并激励基础设施的扩建。德国政府对消费者每消费的一度电征收一定数额的可再生能源附加税，补贴给可再生能源电力生产商。可以看出，此种补贴作为"可再生能源溢价征税（EEG-Umlage，Erneubare Energien Gesetz Umlage）"，最终由电力消费者承担。可再生能源在电力领域的快速传播带来了使用率的提高，或将造成电费上升。但是需要认识到，随着技术的进步，发电的成本将会降低［巴特等（Bardt, et al.），2012］。

2010 年，《可再生能源法》详细规定了购买成本转移程序，特别是补偿机制法令（AusglMechV）。过去，四个大面积输电网络运营公司根据供应量将通过区域输电公司购买的电力分配给所有电力供应商（电力公司），但自 2010年以来，购买电力的方式变成了一个直接在电力交易所出售的系统。电网运营商支付给可再生能源发电厂的价格与电力交易所的销售费用和电力交换的销售收入之间的差额，通过可能的能源溢价（EEG 溢价）的形式表现出来。

从 2012 年起，《可再生能源法》增加了对太阳能电力的私人消费的新规定。也就是说，并非所有产生的太阳能高功率都被馈送到输电网中，如果它被私人消耗，不仅可以节省电费，而且可以从国家获得奖励。根据新规定，如果私人消费率在 30% 以内，将提供每千瓦时 12.36 美分的私人消费奖励。如果私人消费超过 30%，私人消费奖金将为 16.74 美分。因此，随着外部购买量的减少，家庭消费成本超过每千瓦时 8 美分，这也增加了投资者的盈利。假设私人消费太阳能的百分比为30%，如果连续20年使用屋顶安装的3kW的设施，回报率将达到10%或更高。如果私人消费可以提高到50%或以上，盈利水平将进一步攀升。

在固定价格购买保证体系下，无论电力市场的供求关系和价格趋势如何变化，可再生能源都会正常化供应。与此同时，随着可再生能源的比例增加，供应电力大量超过需求，有可能导致传输网络过载。为此，德国政府采取措施将可再生能源发电和供电与实际需求相结合，将其整合到一般电力市场中，并于2012年增设了以下新制度。

一、电力交易直接销售的激励制度

如果从可再生能源发电的企业选择直接在电力交易所出售电力的方法而不管固定价格购买系统，则电力交换的销售价格与固定价格之间的差价以作为"市场溢价"收取。客户可以每月决定是选择市场保费系统还是固定价格系统，每月市场保费金额根据当月电力交易所的平均价格和固定价格计算。因此，当电价高于平均值时出售，即当需求高时，保费价格比固定价格更有利。如果客户选择市场保费系统就必须提交供电量和供应时间的预测，以避免供应量的过度波动，如果客户超出了自己的预测将被处以罚款。

二、绿色电力特权

如果电力供应商的可再生能源供应超过总量的50%，则它们可以免除所有电力消耗的EEG附加费。随着EEG溢价的上升，这些公司获得的收益相对增加。因此，从2012年开始，这些公司的EEG优惠减少的上限为每千瓦2美分。为了应对这些减少，20%或更多的电力需要来自太阳能或风能［克里斯特、博思（Christ & Bothe），2007］。

第三节　法　国

法国虽然是一个老牌的欧洲工业国家，但却走出了"先发展后治理"的老路。在 20 世纪 90 年代召开的里约会议中，法国的生态工业作为一个涉及贸易商业领域的行业出现，从每个环境问题的产生到最终战略的制定都占据了十分重要的地位。

1992 年，法国投入了 1050 亿法郎（占国内生产总值的 1.4%）用于环境保护的。但是，饮用水生产设施、自然资源保护、城市环境改善和再利用（包括回收）这些环境项目的支出达到了约 1400 亿法郎（占 GDP 的 1.8%）。尽管法国当时面临着经济衰退，但这项支出在 1993 年依旧增加了约 2.4%。法国政府对整个工业领域的投资没有变化，但在环保产业方面增加了约 2%。1995 年，环境产业如水、天然气和电力等公共设施的雇员人数估计约为 450000 人（1994 年环境工业市场雇佣人数增长了 3%，1995 年增长了 5%）（小田宏伸，2001）。这些数据清楚地表明了"环境"在法国经济活动中的地位。在致力于发展经济的过程中，由于环境问题的恶化带来的不良后果致使法国不得不优先考虑制定兼顾环境因素的新经济措施。

在这样的背景下，法国掌握了广泛的环保技术，如设施中的污染预防和净化技术、回收、再利用、环境服务和相关咨询服务，以及新材料、空间技术和观测系统、微电子、生物技术等被用于环保的"生态技术"。热处理、热分解反应、超临界流体利用、流化床、热等离子体和电弧等新技术的发展以及节能和可再生能源的发展也是生态工业的重要内容。这些技术在商业领域得到推广，并带动了法国的生态工业迅速扩张。其结果是法国环保产业急剧扩大，持续增长并实现可持续开发条件下的目标。这种环保产业模式又被称为 BOT（build，operate，transfer），几乎涵盖所有生产环节。

以汽车行业为例，汽车可以说是运输和物流的重要工具，其大规模的使用也是释放各种有害污染物并造成城市空气污染的主要原因。在法国，一辆汽车达到使用期限时会被运送到废弃的停车场进行处置，但如果作为生产和配送的特殊车辆，将会被送至专用工厂进行二手车改装或回收，进一步创造经济效益。所谓特殊车辆，即重量更轻，燃料消耗更少，并且可以抑制氮氧化物、氢烃、一氧化碳和中等灰尘的释放，并且还适用于金属、玻璃、橡胶和用作材料的泡沫材料，这些车辆可以被称为"环保车辆"。此外，法国政府认为需要加大力度开发电动汽车，加大促销力度以激励消费者购买这种环保汽车，与此同时法国也将投入更多的经费用于电池研究。

法国生态工业的另一个重要领域是废水处理。在废水处理设施方面，法国凭借其研发能力和私营公司在该领域积累的专业知识，拥有自己独特的技术并已运行多年。欧盟城市排水所要求的标准中也需要这种技术。根据法国进行的城市净化设施中心建设的计划，将通过降低基础设施和集水成本来开发高速处理技术，目标是节省空间、能源和原材料。此外，确保了消除硝酸盐和磷酸盐（活性污泥和喷洒的滤床），并且还减少了令人不快的气味（没有露天系统），处理后的水不会对环境造成负担。同样，在改善饮用水设施，各种技术（新膜技术、新型高效生物过滤膜、臭氧和紫外线处理、活性炭、砂滤、层流沉淀）均已投入使用，它们在法国也被赋予了前所未有的高度优先权。保护自来水质量免受微生物污染是法国当前面临的最重要问题之一，该国已经开发了许多其他先进技术来解决水问题，例如，纳滤系统和反渗透模块。此外，法国在处理废水上使用太阳能与新的光化学催化剂，能有效控制有害物质如碳氢化合物的产生。

不仅如此，法国的生态工业还拥有消除空气污染物的技术（低 NOx 燃烧室、脱硫脱硝工艺、粉尘和气溶胶催化处理、高效过滤、静电除尘），目前已用于监测空气和水污染，其卓越性已得到证实。

在固体废物的处理上，法国制定了 EURECA（European Research Coordination Agency，欧洲研究协调机构）计划，又称尤里卡计划，致力于战略规划，以促进废物处理和回收、减少工业废物，并充分利用各种物理、化学和生物手段选择最合适的技术，它既高效又经济。为满足非常严格的排放标准，法国政府建造了 160 座的焚烧炉。法国在倡议建立欧洲尖端技术共同研究机构期间，曾大幅度推进废弃物的处理和回收战略计划，最大限度使用各种物理、化学、生物学等手段，选择最适合的技术。这个领域的新的技术是由于"必要性"的提高才得以促进。按照这个计划，法国政府在处理庭院废弃物以及提高产业废弃物、医疗废弃物的处理技术上也有很大的提升。另一方面，在庭院废弃物的处理场也进行了一定的分类，很大程度上提高了处理效率。如从回收再利用

（作为原材料或者实施化学处理），从堆肥化到焚烧，这些过程包括从碳化合物淀粉到甲烷气体的回收，法国在庭院废弃物中回收甲烷气体方面取得了良好的效果。最终，残留的废弃物只成为无害残渣而不致污染附近的任何资源。

第四节　美　国

美国是在经济发展过程中造成的环境破坏最为严重的国家之一。进入 20 世纪，人们的环保意识逐渐加强，随之而来的是美国政府加强对环境的监管。考虑到环境规制或成为阻碍经济发展的原因，美国政府率先引进了系统的"成本—收益分析"，研究环境规制带来的影响。第二次世界大战之后，美国经济增长率急剧下降，最为严峻的时期是 20 世纪 70 年代至 80 年代。1947 年至 1973 年，实际产出年均增长率为 3.7%，相比之下，1973 年至 1985 年的增长率仅为 2.5%，下降了 1.2 个百分点。此时，恰逢环境监管的出现和世界石油价格的上涨。受环境法规影响最严重的行业是汽车和煤炭开采行业，原生金属和石油精炼紧随其后。

在美国，1970 年的第一个地球日标志着现代环境运动的开始，从那时起，美国已花费超过 1 万亿美元用于防止或减少工业和商业活动造成的环境损害。在这个时期的后半段，美国经济已从长期近似贸易平衡的地位转变为长期贸易逆差的地位。这两大趋势使许多人怀疑环境管制可能影响美国企业的"竞争力"，会产生负面效应。传统观点认为，环境法规会带来巨大成本，生产率增长缓慢，从而阻碍美国公司在国际市场上竞争的能力。这种竞争力的丧失通常被认为反映在出口下降、进口增加以及制造能力从美国向其他国家长期转移等方面上，特别是在"污染密集型"产业中。然而，根据近年的研究观点，环境法规不仅对其对国际竞争力的影响是良性的，而且实际上是推动私营企业和整个经济在国际市场上变得更具竞争力的积极力量［波特（Porter），1991］。

1965 年美国开始认真制定污染控制立法，当时的《清洁空气法》修正案首次规定了国家汽车排放标准。随着《国家环境政策法案》和《清洁空气法》修正案的实施，1970 年的监管范围大幅增加。1972 年通过了《清洁水法》后又于 1977 年通过了该法案和《清洁空气法》的修订，一系列立法的后果是用于经济发展的资源大规模转向污染减少领域。

生产者对新环境法规的应对措施分为三种：第一种是用污染较少的投入替代污染较多的投入；第二种是加大用于清理废物的污染减排设备的投资；第三种是减少生产过程中的排放。比较而言，前期投入转换为清洁能源对现有的生产模式造成的负面影响最小，因为它不需要重新组织生产过程。一个典型的例子是美国在 20 世纪 70 年代在电力设施上用低硫煤替代高硫煤，以符合二氧化硫排放的标准，另一个例子是从含铅燃料转向无铅燃料，以清洁机动车排放。其中，对排放控制的第二种措施是使用特殊设备处理最终产生的有害物质，这通常被称为末端减排，并且一般是通过改造现有设施以满足新施加的环境标准的方案。典型的例子是使用静电除尘器来减少燃烧产生的微粒排放。美国环境保护署通过制定排放标准，有效地鼓励使用这种方法。

如果没有环境监管导致的运营成本，美国经济在 1973—1985 年的增长率将提高 0.034 个百分点。环境监管所产生的运营成本对 20 世纪 70 年代和 80 年代初的长期产量和经济增长率影响虽小，但对改善人们的生活环境至关重要。此外，这些成本影响了经济活动的分布，初级金属等行业的产量下降[泰坦伯格（Tietenberg），1990]。

但是，环境管制对产业竞争力的影响很小，而且难以察觉，原因有很多。根据成本—收益分析方法，第一，现有的数据在衡量环境调控的相对严格性方面受到严重限制，使得在回归分析调控对经济绩效的影响时很难使用这些指标。第二，对于除监管最严格的行业外的所有行业来说，遵守联邦环境监管的成本只占生产总成本的一小部分。根据美国环保署的数据，环境成本占美国工业的总份额平均约为百分之二，尽管在某些行业，如电力设施、化工制造商、石油精炼厂和基本金属制造商，这一比例肯定更高[约埃（Yohe），1979]。在这种情况下，环境监管强度不再被认为是影响大多数行业竞争力的重要决定因素。而劳动力、能源和原材料成本差异、基础设施质量和其他因素确实会超过环境影响。第三，虽然美国的环境法律法规总体上是世界上最严格的，但美国的要求与其他西方工业国家的要求差别不大，特别是在空气和水污染控制方面。即使在美国和其他地方的环境要求之间存在巨大差异的地方，美国公司也不愿意在外国建造低于最先进水平的工厂［贾菲等（Jaffe，et al.），1995］。因此，在成本—收益分析之下，美国的企业通常会选择采取相应的环保措施。

国家不可避免要考虑权衡经济发展与环境保护的问题，从政府层面看，政府制定相应环境规制政策以解决环境污染这种负外部性问题，其解决方案必然包括成本，即交易成本与政府干预的社会成本。只有当政府施行的环保政策的社会效益大于由规制所产生的社会成本，才意味着这一规制政策是有效率的。从企业层面看，企业加强环境保护的效益具有正外部性，企业负担成本，社会受益，因此其收益需要由代表社会的政府公共部门以税收优惠、财政贴息等方式补偿给企业，这样企业才会有进行环境保护的内生动力（林万祥、肖序，2003）。我国作为一个发展中国家，解决环境污染问题与经济发展之间要面临很多权衡取舍。在制定环境规制措施的同时需要兼顾经济平稳发展，尽可能减少成本和效率损失（赵红，2006）。将环境成本—收益分析工具更好地纳入环境政策的设计和实施过程中，使得环保政策置于科学量化分析的基础上，以效率原则作为一个重要的评价标准，可以提高政策制定的质量。基于以上发达国家的实践经验并结合我国的实际情况，可以构建以成本—收益为核心的环境政策评估技术方法框架，根据我国环保中出现的新问题、新要求和新特征，筛选出能够反映环境措施对经济带来影响的指标，构建我国的成本—收益分析体系。在此之上，加强政策评估能力建设，完善配套保障机制。同时，有效整合政府和社会数据，构建包含经济、人口、环境数据的成本收益评估基础数据库，建立资金保障机制，明确重大决策成本效益分析的资金来源，强化应用研究，科学分析结果与政策实施效果，及时反馈以便改进。

随着环境问题日益凸显，环境成本在企业的生产成本中所占的比重越来越大。只有将环境成本纳入企业产品成本才能反映产品的真实成本。无论从整个国家还是企业自身的经济利益来看，都需要将环境因素纳入成本核算的范畴内，寻找环境成本与收益的有效量化方式。

我国工业历经40多年的高速增长一跃成为世界第一制造大国，同时也带来了大气污染、水污染等诸多环境问题，经济发展不能以牺牲人类赖以生存环境为代价。立足世界，环境问题已不仅仅是各国自身的问题，而成为国际性组织、机构和会议关注的重要议题。工业革命之后，人类对自然的开采与利用几乎达到极限，随之而来的一系列环境与资源问题不禁使人反思，可持续发展已经成为全人类的共识。随着我国在全球地位和话语权的上升，自身的环境问题也构成影响竞争力的重要内容，合理借鉴发达国家的绿色发展经验并结合我国的实际情况，将会给我们提供更多有益的启示。

第 五 章

我国工业绿色全要素生产率的测算

改革开放 40 多年以来，我国工业的迅速发展常常伴随着严重的环境污染和巨大的能源消耗，这是一种典型的粗放型经济发展模式。在面对资源短缺和污染严重的情况下，学者们对我国工业经济未来发展的方向进行了深入思考，认为工业行业一定要由增加要素投入为主的粗放型发展模式转变为提升效率为主的集约型发展模式。与此同时，也要衡量要素投入数量和全要素生产率变化量之间的关系，尽最大可能提升要素的使用效率，提升全要素生产率。为此，不同的学者在测算全要素生产率的过程中引入了不同的约束指标来衡量非期望产出的占比，进而得到绿色全要素生产率这一概念。这种包含期望产出和非期望产出的测量结果更适合评估我国以绿色生态目标为导向的环境规制政策和工业发展绩效［钟等（Chung），1997］。如不考虑环境污染等外部性成本和非期望的额外产出，我国工业的生产率无疑会被高估，并且会误导环境政策的制定方向（蔡乌赶、周小亮，2017）。因此，在前人的研究基础上，本书对我国 1998—2016 年的工业企业数据进行研究，采用理论界普遍认可的 SBM 方向性距离函数和 Luenberger 生产率指标模型进行分析，研究我国各地区绿色全要素生产率的差别，并测算各省份各区域内包含的资源和环境问题的非期望产出值，从而进一步对我国工业企业未来发展模式提出合理的政策建议。此种测量方法可以更为准确地度量环境规制下的工业绿色发展绩效，使研究结论更具理论价值和现实意义。

第一节　文献回溯

改革开放以来，我国实现了举世瞩目的持续高速的经济增长和工业发展，工业化水平大幅提升。2017 年，我国国内生产总值按不变价计算比 1978 年增长 33.5 倍，年均增长 9.5%，这意味着平均每 8 年翻一番，远高于同期世界经济 2.9% 左右的年均增速。[①] 1978—2018 年，工业增加值从 1622 亿元增加到 305160 亿元[②]，按不变价格计算，增长 56.4 倍，年均实际增长 10.7%[③]。

由此可见，我国工业经济在过去 40 多年中发展十分迅速，但我国的资源消耗与环境污染也与日俱增。近年来，我国工业企业能源消耗量增长速度约 6.5%，二氧化碳排放量的增长率也达到 7.25%，排放量占全国总排放量的 83.08%。[④] 在我国的能源消耗中，工业能源消耗量为 67.89%，却只换来 40.1% 的 GDP 增长（陈诗一，2010），这种低效率的粗放式发展无疑是对资源和环境的巨大浪费。王兵等（2010）指出，我国在 2010 年世界环境情况指数（Environmental Performance Index）中仅仅得到了 49 分，在世界参加评比的国家中排名第 121 位。在这种严峻的环境形势下，我国政府认识到工业发展对环境污染的严峻程度，采取环境规制政策是刻不容缓的。为此，一方面，积极制定严厉的规章制度，以期可以促进企业进行技术革新，节能减排（张倩，2015）；另一方面，通过政府补贴的形式，为企业提供创新资金，达到生产最优效率水平（白俊红、李婧，2011）。

环境规制政策的作用是显而易见的，但为了探究规制政策是如何影响环境和经济的发展，学者们改变了传统计算全要素生产率的方法，将能源和污染因

---

① 《四十年，中国经济创造奇迹》，2018 年 12 月 18 日，见 https://www.sohu.com/a/ 282679665_ 100160785。

② 《2018 年全年全部工业增加值 305160 亿元 比上年增长 6.1%》，2019 年 2 月 28 日，见 http://www.ce.cn/xwzx/gnsz/gdxw/201902/28/t20190228_ 31585350.shtml。

③ 《制造业潜力依然巨大》，2019 年 8 月 3 日，见 https://www.sohu.com/a/331282630_ 624484。

④ 数据根据历年《中国环境年鉴》整理而来。

素作为研究工业发展的变量之一。1953 年，在探究消费者行为时，瑞典经济学家斯泰因·马尔姆奎斯特（Stein Malmquist）为了精确计算生产效率，首次提出了 Malmquist 指数，并将其应用于生产率的计算中来。1982 年卡夫等（Caves，et al.）首次提出了 Malmquist 投入、产出、生产率指数，并将 Malmquist 指数与索洛模型相结合，对技术进步率进行更加精确的计算，但这一方法在当时并未引起学术界的较大反响。直到 1997 年，法勒等（Fare，et al.，1997）将谢泼德（Shephard）在 1953 年提出的距离函数应用于全要素生产率的测度中，将距离函数划分为两个层面，第一个层面是生产过程中技术的变动，另一个层面是在生产过程中技术效率的变化。如钟等（Chung，et al.，1997）在提出方向性距离函数的基础上，构建了可用来精确测量环境因素（例如污染排放数据）的 Malmquist-Luenberger 生产率指数，并通过方向性距离函数和 ML（Malmquist-Luenberger）生产率指数测量瑞典纸浆厂的全要素生产率，钟等（Chung，et al.）将纸浆厂的污染值作为一种非期望产出变量加入核算方程中，第一次合理拟合了污染排放对经济增长的作用，得到了真正意义上的绿色全要素生产率（green total factor productivity）。虽然对绿色全要素生产率的研究方法并没有形成统一的定论，但是近些年来，国内外的经济学家们普遍采用 SBM（slack-based measure）方向性距离函数和 ML 生产率指数。

第二节　研究方法

一、绿色生产函数的构造

区别于传统的生产函数，在测量绿色全要素生产率的函数构造上，本书将环境和资源等因素纳入生产函数中。因此，本书将不同省份的工业企业作为不同的决策单位，例如，某省份的一个企业单位有 N 种投入，即 $x = (x_1, x_2, ..., x_N) \in R_+^N$；$M$ 种正向产出，即 $y = (y_1, y_2, ..., y_M) \in R_+^M$；$I$ 种负向产出，即 $b = (b_1, b_2, ..., b_I) \in R_+^I$。在 $t(1, 2, ..., T)$ 时期，第 k 个省份投入产出为 $(x^{t,k}, y^{t,k}, b^{t,k})$，由此，我们可以得到生产束 P^t。

$P^G = P^1 \cup P^2 \cup \cdots \cup P^T$，具体可以表示为

$$P^G = \{ (x^t, y^t, b^t): \sum_{t=1}^{T} \sum_{k=1}^{K} z_k^t x_{kn}^t \leq x_n^t, \sum_{t=1}^{T} \sum_{k=1}^{K} z_k^t y_{km}^t \geq y_m^t, \sum_{t=1}^{T} \sum_{k=1}^{K} z_k^t b_{ki}^t = b_k^t,$$

$z_k^t \geq 0, \forall k, n, m, i\}$

其中，$x^t = (x_1^t, \ldots, x_n^t)$，$y^t = (y_1^t, \ldots, y_n^t)$，$b^t = (b_1^t, \ldots, b_n^t)$。

在上述公式中，x_n^t 代表在 t 期时的第 n 种要素投入量；y_m^t 代表 t 时期第 m 种期望产出量；b_i^t 代表了 t 时期第 i 种非期望产出量；x_{kn}^t 代表了第 k 个省份在 t 期的第 n 种要素投入量；y_{km}^t 代表了第 k 个省份在 t 时期的第 m 种期望产出量；b_{in}^t 代表了第 k 各省份的 t 期的第 i 种非期望产出量。z_k^t 表示权重向量，工业企业生产过程中会面临不完全竞争以及外部性等特征，此时的生产规模并不是最优的生产规模。本书假定 $\sum_{k=1}^{K} z_k^t = 1$，该公式表示所有工业企业都是在最优的规模下进行生产，并且企业的非期望产出具有弱处置性。

同时，$P(x)$ 满足以下定理：

定理一：如果 $(y, b) \in P(x)$ 及 $b = 0$，则 $y = 0$。即任何生产过程都要同时产生着期望产出和非期望产出。

定理二：如果 $(y, b) \in P(x)$ 及 $0 \leq \theta \geq 1$，则 $(\theta y, \theta b) \in P(x)$。即要想减少非期望产出，就要伴随着期望产出的减少。

二、SBM 方向性距离函数和 Luenberger 生产率指标

（一）方向性距离函数

福山、韦伯（Fukuyama & Weber，2009）认为松弛是低效率的重要来源，而松弛并不会被方向性距离函数所捕获，为此，他们提出了一种基于定向松弛的技术无效率测量方法。本章在对这种测量方法进行分析研究，构建了本章的方向性距离函数：

$$\vec{S}_v^c = (x^{t, k'}, y^{t, k'}, b^{t, k'}, g^x, g^y, g^b)$$

$$= \max_{s^x, s^y, s^b} \frac{\dfrac{1}{N}\sum_{n=1}^{N} \dfrac{s_n^x}{g_n^x} + \dfrac{1}{M+I}\left[\sum_{m=1}^{M} \dfrac{s_m^y}{g_m^y} + \sum_{i=1}^{I} \dfrac{s_i^b}{g_i^b} \right]}{2}$$

$$\text{s. t.} \sum_{t=1}^{T} \sum_{k=1}^{K} z_k^t x_{kn}^t + s_n^x = x_{k'n}^t, \quad \forall n$$

$$\sum_{t=1}^{T} \sum_{k=1}^{K} z_k^t y_{km}^t - s_m^y = y_{k'm}^t, \quad \forall m$$

$$\sum_{t=1}^{T} \sum_{k=1}^{K} z_k^t b_{ki}^t + s_i^b = b_{k'i}^t, \quad \forall i$$

$$s_m^y \geq 0, \forall m, s_i^b \geq 0, \forall i$$

在上述公式中，$x^{t, k'}$ 代表第 k' 个省份在 t 期的要素投入量；$y^{t, k'}$ 代表了第 k' 个省份在 t 期期望产出量；$b^{t, k'}$ 代表第 k' 个省份在 t 期非期望产出。g^x 代表第 n 种要素投入量的方向向量，g^y 代表第 m 种期望产出量的方向向量和 g^b 代表第 i 种非期望产出量的方向向量，(s_n^x, s_m^y, s_i^b) 表示投入和产出的松弛向量，因为方向向量和松弛向量的度量单位相同，因此，在将两者进行标准化之后可进一步相加，可以得到无效率水平值，目标函数是使无效率值达到最大时候的函数，根据库珀等（Cooper, et al., 2007）在 *Data Envelopment Analysis* 一书中的研究，可以将无效率值分为

投入无效率：$IE_x = \dfrac{1}{2N} \sum_{n=1}^{N} \dfrac{s_n^x}{g_n^x}$

产出无效率：$IE_{y, b} = \dfrac{1}{2(M+I)} \left(\sum_{m=1}^{M} \dfrac{s_m^y}{g_m^y} + \sum_{i=1}^{I} \dfrac{s_i^b}{g_i^b} \right)$

（二）Luenberger 指数

分析全要素生产率时，不仅要从静态的角度对效率变化进行分析，更要从动态角度体现出其效率变化趋势以及前沿面相对变动，因此需要在静态效率的基础上进一步对 Luenberger 指数进行测算。Luenberger 生产率指数是钱伯斯等人（Chambers, et al.）在 1996 年提出的，这个指数不仅可以对投入值和产出值的变化进行分析，而且对测量角度没有严格的要求，因此，相比于 Malmquist 生产率指数和 Malmquist-Luenberger 生产率指数来说，Luenberger 指数更具有普遍性。参照钱伯斯等（Chambers, et al., 1996）的分析，定义了 t 时期到 $t+1$ 时期的 Luenberger 指数测算：

$$GL_t^{t+1} = \vec{S}_c(x^t, y^t, b^t; g) - \vec{S}_c(x^{t+1}, y^{t+1}, b^{t+1}; g)$$

本书总结国内外研究，对工业企业生产无效率值进行如下分解：

Inefficiency score(IE) = Input Inefficiency(IIE) + Output Inefficiency(OIE)

第三节　绿色全要素生产率

一、全要素生产率的理论演化

生产率这一反映经济发展状况的指标在产业经济学的研究发展过程中占据十分重要的地位，它不仅可以体现出特定时期的技术水平和生产能力，还能体现出要素配置状况。从古典经济学时期开始，学者们开始对生产率理论进行研究，亚当·斯密在 1972 年出版的《国民财富的性质和原因的研究》一书中针对简化劳动的机器是否会提升生产效率这一问题进行了详细描述。萨伊在 1803 年提出了生产三要素理论，即资本、产出和劳动，他又将资本和产出之比称为资本生产率，劳动与产出之比称为劳动生产率，这是从单要素的角度对生产率进行分析。

但是这种从单一要素角度对生产率变化分析的方法并不能全面地阐释影响生产率变化的因素。1957 年，索洛的研究拓展了衡量生产率水平的计算方法，他在《技术进步和总量生产》一文中，将技术进步加入核算方程中，并将在函数中得到的余值称为技术进步增长率，即索洛余值。

为了对除了投入要素以外的促进经济发展的因素进行分析，全要素生产率被广泛地应用于新古典增长方程中，学者们认为，通过增加要素投入量所导致的经济粗放型增长是极其不稳定的，要想让经济达到长期持续稳定的增长状态，必须要提升效率，维持经济的内涵型增长模式。

二、全要素生产率的决定因素

库姆巴卡尔（Kumbhakar）在 2003 出版的 *Stochastic Frontier Analysis* 一书中表明，各个行业全要素生产率的决定因素都可以分为生产技术提升和生产效率改进这两个层面，其中，技术进步可分为要素质量提高和技术知识进展两个角度，效率改进又可细分为技术效率的改进、规模效率的改进、配置效率的改进。即提高全要素生产率的方法有两种：第一种是通过技术创新来提升生产效率，如提升微观企业要素配置的合理性等；第二种是除了技术创新等生产要素导致的生产效率提升外，还可以通过优化要素配置和组织管理等方法来提升生产效率。特别是对于经济发展相对落后的发展中国家来说，促进经济发展最有效的方法就是提升效率，若仅仅将全要素生产率的提升归因于技术的发展，而忽略了由于现有技术水平潜力被深度挖掘所引起生产率的增长是没有意义的［费利佩（Felipe），1999］。因此，要想提升全要素生产率，促进经济发展，就要从技术创新和提升效率这两个角度来分析。

三、绿色全要素生产率的提出

改革开放以来，我国经济的高增长是以一定程度的高耗能、高污染为代价实现的，这一问题在工业部门的表现尤为明显。虽然长期以来，工业经济的发展极大地推动了我国经济发展，但是近些年来，由于工业经济发展带来的环境和资源问题却阻碍了工业经济的进一步发展。因此，为探究如何转换工业发展模式，促使工业向绿色化、集约化转变，学者们开始寻找一种可以衡量期望产出和非期望产出比率的计算生产率的方法，如何更加精确测算绿色全要素生产率这一问题被广泛关注（李斌等，2013）。通过比较研究发现，许多已有文献在利用时间序列数据从生产函数的角度来估算工业经济的生产率时只考虑了传统意义上的资本和劳动这两个投入因素，但是并没有将包含环境污染在内的众多非期望产出因素考虑在内，这会严重低估环境规制政策下的全要素生产率。因此，为了使生态和经济均衡发展，对工业企业生产率进行分析时，应采用绿色全要素生产率这一指标。

四、绿色全要素生产率的影响因素

总结国内外文献可以发现，关注绿色全要素生产率的研究文献并不多，对其运行机制和影响因素的分析更是寥寥无几。现有的对绿色全要素生产率的分析大多是在研究全要素生产率的基础上进行简单描述。王志鹏、李子奈（2003）对万德数据库 2000 年的 500 家工业企业的外资参股率数据进行研究，分析结果表明外资参股多的企业生产效率会显著高于外资参股较低的企业，并且行业内部的外溢效应表现最为明显。涂正革（2008）认为结构因素对工业环境技术效率至关重要，禀赋结构（即资本有机构成）每上升 1%，环境技术效率显著下降 24%；外资、港澳台资本和民营企业的发展壮大从总体上对环境技术的提升是有利的；而地区大型企业产值比重每提升 1%，环境技术效率会显著增加 0.2%。岳书敬、刘富华（2009）在分析促进经济增长因素时的分析时，发现如果行业中存在竞争性市场，那么会在一定程度上抑制该行业经济的发展，而企业的市场化水平，自主研发程度以及外资参股数量对企业的经济增长的影响是正向的。沈可挺、龚健健（2011）在对耗能较高的工业企业进行分析时发现：首先，深化能源利用效率，降低资源投入强度是提升绿色全要素生产率的关键步骤；其次，调整国有企业制度、增加外商投资是促进全要素生产率增长的重要方法；最后，建立健全环境规制制度是促进全要素生产率增长的重要保障。庞瑞芝、李鹏（2011）对波特假说进行验证，发现环境规制之所以可以提升绿色全要素生产率，是通过提升企业的技术创新完成的。而通过他们的研究，发现"污染避难者假说"并不成立。

目前已有文献对于包含了能源投入和污染排放的我国工业生产率影响因素的研究只是在对工业全要素生产率测度的基础上进行辅助测算。这种测算方法存在两个缺点：其一是并没有对生产率的相关因素进行实证分析；其二是没有系统分析环境规制政策对绿色全要生产率的影响，分析结果存在片面性。

第四节 工业企业绿色全要素生产率的实证研究

一、工业企业全要素生产率实证研究

对全要素生产率的研究包含两个关键问题：一个问题是如何划分研究对象的不同层面，另一个问题是如何选择合适的测度方法。国内外现有文献对各个

行业全要素生产率的实证研究分析基本从两个角度出发，其一是分析同一行业不同省份的生产率差别，通过对比不同省份的全要素生产率的高低来分析不同地区的经济发展现状［瓦塔纳贝、田中（Watanabe & Tanaka），2007；李征，2016；袁小慧、范金，2019）］；其二是分析不同行业同一省份的生产率差别，如胡永泰（1998），李小平、朱钟棣（2005），陈勇、李小平（2007），杰斐逊等（Jefferson，et al.，2008）对我国工业全行业的全要素生产率变化进行实证研究分析；孔翔等（1999）、王小鲁（2000）、张军等（2003）等对国有企业和集体企业的全要素生产率进行分析；张军（2009）等主要研究的是轻工业和重工业的生产率变化；涂正革、肖耿（2005），夏良科（2010）等的主要研究对象是我国省级以上大型工业企业。

对于如何选择测度方法，国内外学者们并没有得出统一的结论。伯杰、汉弗莱（Berger & Humphrey，1997）以参数作为划分标准，将生产率分为参数法和非参数法。参数法包含了自由分布分析法（DFA）、厚边分析法（TFA）和随机前沿分析法（SFA）；非参数法包含了数据包络分析法（DEA）和自由处置壳分析法（FDH）。而国内的经济学家们则在参数法中加入了生产函数分析法，在非参数法中加入了指数法。在早期对生产率的实证分析中，应用最为广泛的是以超越对数生产函数为主的生产函数法。如李小平、朱钟棣（2005）通过柯布道格拉斯生产函数对1986—2002年的36个工业行业的全要素生产率进行分析，发现全要素生产率的变化并不会对经济变化产生过多的影响；杰斐逊等（Jeffersonet，et al.，2008）对1998—2005年工业企业全要素生产率的数据进行分析，研究发现，当样本的全要素生产率增长了6.4%时候，全部样本的全要素生产率增长了10.3%，两者相差将近4%；袁堂军（2009）在分析中国上市公司的财务报告时将企业分为劳动密集型企业和资本密集型企业，利用超越对数生产函数法对1999—2004年的财务报表数据进行整合分析研究表明：劳动密集型企业的生产率呈下降趋势，而资本密集型企业的生产率呈上升趋势。随机前沿分析法（SFA）是对技术效率进行单独设定并分析的一种经济分析法。如孔翔等（1999）利用随机前沿分析法对1990—1994年的几十个工业行业的700多家国有企业的全要素生产率进行分析，研究发现化工等行业的全要素生产率呈现负增长的趋势，而机械行业的生产率变化方向则相反。王志刚（2006）将数据包络分析法（DEA）与指数分析法相结合，使用数学规划的方法对多项输入、输出的决策单元间的有效性进行评估。指数分析法最初是由肯德里克、丹尼森（Kendric & Dennison）研究开创的，后经过约根松（Jorgenson）等人的研究不断充实，该方法主要包括 Laspeyres 指数、Divisia 指数、Torn-qvist 指数、Fisher 指数和 Malmquist 指数等（吴明明，2011）。如颜鹏飞、王兵（2004）应用数据包络分析法对我国经济变化进行分时发现，通过对我国 1990 年以后各省份的 ML 生产率指数和技术进步率进行分析，发现1992 年以前我国各省份的经济保持同步发展，而 1997 年以后全国的全要素生产率的增长速度减慢，这主要是由于这一时期的工业技术进步幅度变慢，由此可以判断，技术进步是推动全要素生产率加速发展的关键因素。夏良科（2010）整理了万德数据库中 2000—2007 年我国大中型工业企业的全要素生产率数据，并对这些企业的全要素生产率按年份进行分析，发现工业企业全要素生产率呈现逐年增长的趋势。

目前，国内外的研究文献在分析传统的全要素生产率时，投入面板数据大部分只包含了资本和劳动这两部分［涂正革、肖耿，2005；陈勇、李小平2007；杰斐逊等（Jefferson, et al.），2008］，也有部分学者将中间投入品纳入投入面板（夏良科，2010），还有学者将已经修正的资本和投入作为投入数据（袁堂军，2009）。并且大部分文献都是以工业增加值［杰斐逊等（Jefferson, et al.），2008］或工业总产值（李小平、朱钟棣，2005）作为产出数据。这些文献都没有考虑到对工业企业经济发展影响深远的能源消耗和污染排放等因素，并且现有文献对于工业分行业的全要素生产率的测量较多，而很少有文献区分不同省份区域进行生产率的测算。

二、工业企业绿色全要素生产率实证研究

对工业绿色全要素生产率的研究是在核算工业全要素生产率的方程中加入资源消耗作为一种投入量，并将污染排放和能源消耗作为非期望产出加入生产率核算方程中所得到的生产率。由于传统测量全要素生产率的方法并没有对期

望产出和非期望产出进行合理划分，从而会高估或低估企业的经济效率和福利水平，并且会产生误导性的经济政策［海卢、威曼（Hailu & Veeman），2000］。因此，近些年来，学者们普遍通过测量绿色全要素生产率对工业企业的经济变化进行分析，并提出更加合理的环境规制政策。

由于市场上存在不完全信息，环境和资源因素的价格信息又较难获得，因此不能简单地通过在传统全要素生产率计算方法（例如 Tornquist 指数和 Fisher 指数等）来计算生产率。钟等（Chung，et al.，1997）针对传统的距离函数不能准确计算非期望产出（例如 CO_2 和 SO_2 的排放）这个问题，提出了一种新的距离函数和指数：即方向性距离函数（Directional Distance Function）和 ML 生产率指数（Malmquist-Luenberger）。应用方向性距离函数和 ML 指数对绿色全要素生产率进行测度的方法在近几年中被学者们广泛应用，如涂正革（2008）对不同区域生产率变化进行分析时，应用 DDF 法对 1998—2005 年 30 个工业部门绿色全要素生产率进行分析，研究表明在这 8 年期间，东部地区任何一个行业的生产率都要明显高于西部地区；吴军（2009）应用 DDF 法对 1998—2005 年工业企业部门数据进行测算，研究表明全国平均绿色全要素生产率为 1.085%；岳书敬、刘富华（2009）应用逆产出法、倒数法和 DDF 法对《工业统计年鉴》中 2001—2006 年间 36 个工业部门生产率数据进行实证分析，结果表明，逆产出法生产率的结果为 0.55%，倒数法的结果为 0.49%，DDF 法的结果为 0.68%；杨俊、邵汉华（2009）根据 1998—2007 年的工业部门数据，应用 DDF 法对我国东部、西部、中部地区的全要素生产率的增长率进行分析，实证研究表明，东部、中部、西部地区的增长率逐渐下降，东部地区的增长率为 0.89%，中部地区的增长率为 0.7%，西部地区的增长率为 0.69%；周建、顾柳柳（2009）应用 DDF 法对 1997—2004 年上海大中型工业企业数据进行整理分析，发现重工业的绿色全要素生产率平均每年增长 0.664%，轻工业的绿色全要素生产率平均每年增长 0.74%；陈诗一（2010）应用 DDF 法对 1980—2008 年工业行业数据分析，发现不考虑工业 CO_2 的排放量而测出的绿色全要素生产率会高于真实值。

由于传统的数据包络分析法（Data Envelopment Analysis）不需要应用假设

函数来分析全要素生产率，因此，在对生产率进行测算时，许多经济学家都会选择径向的（radial）、角度的（oriented）DEA 分析法。但是如果工业企业存在过度投入或者产出不足的情况下，径向的数据包络分析法在测算研究对象效率的时候会存在误差，径向的 DEA 测算会高估效率，角度的 DEA 测线会遗漏变量。为了解决这两个问题，法勒、格罗斯科普夫（Färe & Grosskopf, 2009）和福山、韦伯（Fukuyama & Weber, 2009）改善了托恩（Tone, 2001）的非角度、非径向的基于松弛的（slack-based measure, SBM）生产率测算方法，进而得出了一种具有非角度的、相加结构的距离函数，为了更好地配合这个距离函数，钱伯斯等人（Chambers, et al.）在 1996 年引入了一种新的生产率指数测算方法，即卢恩伯格生产率指标（Luenberger productivity indicator）。庞瑞芝、李鹏（2011）将这种非角度、非径向的距离函数与指数相结合，对 1998—2008 年东部、西部地区的绿色全要素生产率进行测算，结果表明东部、西部地区生产率差异明显，东部地区生产率较高。

与全要素生产率不同的是，测算绿色全要素生产率时在原本的面板数据中加入了资源和污染等生态环境数据（周建、顾柳柳，2009；涂正革，2008；陈诗一，2010；沈可挺、龚健健，2011），而在对产出数据的分析上，除了原本存在的期望产出之外还增加了非期望产出（例如 CO_2 等），如岳书敬、刘富华（2009），周建、顾柳柳（2009），沈可挺（2011）在对绿色全要素生产率研究时加入了非期望产出 SO_2；陈诗一（2010）将污染排放物中的 CO_2 气体列为主要的非期望产出项；吴军（2009），王兵等（2010）和庞瑞芝、李鹏（2011）根据前人的经验分析，认为空气污染排放物中的 CO_2 和 SO_2 应一同作为非期望产出的观察指标。

综上所述，目前国内外针对工业绿色全要素生产率的研究主要是将资源和环境因素加入全要素生产率核算函数公式中，应用非径向、非角度的距离函数和指数对不同时期、不同地区的生产率进行对比分析。

第五节　变量与数据选取

我国工业企业规模庞大，在通过加工组装实现经济增长的同时，高污染、高排放等问题也严重影响到我国生态环境（张涵、张宇涵，2019）。生态环境的警钟提醒我国要转变生产方式，走可持续发展道路。全要素生产率亦可称为系统生产率与技术进步率，是指一个系统的总产出量与全部生产要素真实投入量之比，代表任何现实的生产率，是用来判断经济发展方式的重要指标。就目前来看，学术界对全要素生产率的测算指标并未得出统一标准，不同学者采用不同的指标测算全要素生产率。李唐等（2016）主要使用工业相关数据，包括工业总产值、工业增加值、工业中间投入以及员工收入等指标测算全要素生产率。而卢培培（2010）则使用了三项宏观数据：国内生产总值、劳动投入和资本产出弹性 α。总体看，多数学者都会用到实际产出、劳动力数据以及资本存量三项指标测算全要素生产率。

当前，环境污染在经济发展中的问题日益突出，国外学者开始将资源环境因素纳入全要素生产率中，形成对经济增长预测更为科学准确的绿色全要素生产率。绿色全要素生产率是评价工业生产率与绿色化程度的主要测评指标（林新文、章雅婕，2019），考虑到环境影响和排放因素等影响，故采用环境生产函数方法来衡量生产效率。基于投入产出逻辑评估法，可以通过动态分析法和静态分析法两种方法分析绿色全要素生产率。其中，静态分析法侧重于从截面变化、差异角度来评估绿色全要素生产率，充分考虑到分省差异，以及各区域、省际的空间异质性对绿色全要素生产率的影响。具体来看，投入与产出数据的选择和准确度对于绿色全要素生产率的测度极为重要。由于现行的统计年鉴提供了相对完整的行业投入与产出数据，因而大多数关于绿色全要素生产率的分析研究都是基于行业层面，而统计年鉴中并没有提供完整的行业投入与产出数据，大部分数据必须进行估算，影响绿色全要素生产率度量的准确性。虽然从省际层级研究绿色全要素生产率的文献为数不多，但分省面板数据既能体现分省的年度趋势，又能体现各省差异的原因，能够较好地适用于研究涉及的分省绿色全要素生产率（谭政，2016）。

指标的选取对实证分析至关重要，本书在指标选取时遵循了以下几项原则，以保证实证分析的结果更具说服力。第一，科学性原则。绿色全要素生产率的测算一定要有科学依据，并与我国经济发展特点相吻合、相适应，以保证测度结果的准确性。需要有对绿色全要素生产率全面而科学的认知、对工业指标数据的科学处理与测算模型建立的科学性。第二，真实性原则。绿色全要素生产率的实证研究目的是根据指标数据测算与分析发现问题，进而提出相关建议。指标数据的真实性对绿色全要素生产率的测算结果至关重要，只有保证其真实性，才能提出客观有效的政策建议。因此，有必要在进行测算之前，充分分析并借鉴以往学者们的研究，客观选择具有代表性的指标，保证测算结果的真实可靠。第三，可操作性原则。在对绿色全要素生产率测算前，应选择适当的指标数目，尽量避免因选取的工业投入指标数据过多产生测算效率偏低等问题（郝丛卉，2019）。

随着我国经济发展中环境污染问题的日益凸显，越来越多的学者重视并研究绿色全要素生产率的测算。从已有的文献中可以看出，对绿色全要素生产率的测算指标选取，大致围绕投入与产出两大模块进行分类。不同学者选择不同的思路将环境因素纳入生产率研究框架中。一方面，有些学者将环境污染因素作为投入要素进行分析。海卢、威曼（Hailu & Veeman，2000）分析加拿大造纸行业企业生产率时，将环境污染因素作为投入要素进行测算。法勒等（Fare，et al.，2001）站在企业角度上，为节约企业资金，实现节能减排，将环境污染因素作为投入要素引入生产模型来测算企业全要素生产率。另一方面，其他学者将环境污染变量作为工业生产活动带来的"坏"产出。皮特曼（Pittman，1983）在企业案例分析时，首次将环境污染的治理成本作为企业"坏"产出引入全要素生产率的测算体系。法勒等（Fare，et al.，2007）在实际测算美国发电厂全要素生产率时，以 SO_2、NO_X 排放作为"坏"产出，并用环境方向距离函数测算全要素生产率。

本书结合我国制造业发展情况，使用省级面板数据分析绿色全要素生产率，并根据中国工业分省投入与产出的实际统计情况，在已有文献研究的基础上，将投入与产出两个模块进行研究。依据上述理论方法，本书采取我国各个省份 1998—2016 年投入、"好"产出与"坏"产出数据，并且以制造业从业人员数、能源、资本存量作为投入数据，以 1990 年的工业销售产值数据作为"好"产出，工业 SO_2、工业 COD 和工业固体废物产生量作为"坏"产出。对于省份范围的确定，由于存在制度差异，本书未加入香港、澳门特别行政区和台湾地区的数据。因为西藏自治区的数据缺失严重，根据数据的可得性，本书选择西藏以外的中国大陆 30 个省区市标本，力图科学而准确地核算 1998—2017 年中国工业绿色全要素生产率。投入、"好"产出与"坏"产出数据主要来源于《中国统计年鉴》《中国环境年鉴》《中国工业经济统计年鉴》《中国能源统计年鉴》及各省份统计年鉴。

一、投入数据

（一）资本存量

资本存量是研究全要素生产率中的一个重要的投入数据，但国家统计局官方公布的统计年鉴中没有提供有关资本存量的详细数据，因而需要估算。估算是经济领域研究的重点与难点，本书采用的是目前国内外绝大多数学者公认的计算方法，即 1951 年由 Goldsmith 开创的永续盘存法，其公式为

$$K_n = I_n + (1 - \delta) K_{n-1}$$

其中，K_n、K_{n-1} 分别是第 n、$n-1$ 期期末资本存量，I_n 是第 n 期的投资额，δ 为资本折旧率（辛相宇等，2019）。上述公式可以看出，永续盘存法主要涉及当期投资指标的选择、基期资本存量的计算、投资平减与折旧率选择四个问题。

首先，基期资本存量的确定。多数学者研究时将 1952 年和 1980 年作为基年进行研究，但是因对基期资本存量存在不同假说，数据结果存在较大差异。本书参照王兵等（2010）的研究方法，将工业固定资产净值根据同年工业总产值占全部口径的比例换算成全部工业口径的工业固定资产净值，接着利用固定资产投资原价格指数折算为 1990 年为基年的可比价固定资产净值，得到的数据作为基年资本存量。其次，折旧率的确定。对于折旧率的计算，不同的学者会采用不同的折旧率估算资本存量，因而学术界相关研究存在较大出入。多数学者会采用固定的折旧率估算资本存量：樊纲（2000）和秦朵、宋海岩（2003）各采用 5% 和 4% 的折旧率计算资本存量。其他学者则采用不同的折旧率进行研究估算：吴延瑞（2008）使用各个省份的不同折旧率估算资本存量。本书则采用吴延瑞（2008）的研究方法，采用各个省份的不同折旧率估算资

本存量。再次，当年投资的计算。经济学者们对此指标的计算各有不同，张军等（2004）选择固定资本形成的总额作为当年投资指标。而邹至庄（1981）用积累数额的加总作为新增资本。本书则借鉴李小平（2009）的研究方法，把相邻两年的固定资产净增加值作为当年投资额。最后，投资价格指数的确定。本书选取 1998—2016 年《中国统计年鉴》与《中国工业经济统计年鉴》的固定资产投资价格指数，以 1990 年为基期进行调整，得到所需固定资产投资价格指数。综上所述，本书根据 Goldsmith 开创的永续盘存法，估算出我国30 个省区市 1998—2016 年的资本存量数据。

（二）劳动投入

对于劳动力作用的衡量，劳动力效率抑或劳动时间是较为理想的衡量指标，但限于该方面的数据难以获得，本书则选择 1998—2016 年 30 个省区市的工业从业人员作为劳动投入指标，采用中国各省份的规模以上工业企业雇佣人数，其数据更容易在绿色全要素生产率的测算与分解中衡量各要素所占的比例。数据来源于《中国统计年鉴》《中国工业统计年鉴》。

（三）能源投入

能源指数能更为科学而全面地衡量我国工业绿色全要素生产率，本书采用1998—2016 年《中国能源统计年鉴》中各省份的能源消耗总量进行计算。

二、产出数据

（一）"好"产出

本书所指的"好"产出是期望产出指标，即衡量整个工业产出的指标。本书选取的是按市场价格计算的规模以上工业企业销售产值，这项指标可以直接从相关统计资料中得到。各省份每年的工业企业销售产值包含了价格变动的因素，不能准确反映实物数量，因此需要去除价格变动的影响。本书以 1990年为基期，根据国家统计局官网公布的平减指数，对各省份工业产值进行平减，得到的数据为 1990 年不变价的工业企业销售产值。数据选自 1998—2016年的《中国统计年鉴》《中国工业统计年鉴》以及万德数据库。

（二）"坏"产出

"坏"产出用于更全面的度量中国工业的绿色生产率和绿色全要素生产率，其选择具有较大弹性。原毅军、谢荣辉（2016）依据各省的煤炭、石油及天然气三种主要能源的 CO_2 排放量作为非期望产出。程丹润、李静（2009）选择"三废排量"（即废水、废气和固体废物）作为"坏"产出。王兵等（2010）根据我国"十一五"规划纲要，将工业中的主要污染物 SO_2 和 COD 作为"坏"产出指标。本书通过对不同学者"坏"产出指标选取的分析与研究，选取工业废水中主要污染物之一的 COD、废气中的 SO_2 排放量、工业固体废物产生量作为"坏"产出指标。

至此，本书详细介绍了计算工业绿色全要素生产率过程中投入产出数据的来源及估算方法，各个数据统计特征如表5-1所示。

表5-1　绿色全要素生产率测算所需变量的描述性统计

变量符号	变量名称	Obs	Mean	Std. Dev.	Min	Max
Human	劳动投入量（万人）	540	0.246	0.095	0.065	0.51
Inv	资本存量（亿元）	540	1573.614	2290.27	80.29	19373.48
Energy	能源投入量（标准万吨煤）	540	3650.755	6752.79	80.07	53312
Output	工业销售总产值（亿元）	540	3515.455	6867.95	35.6	73171.37
Cod	化学需氧量（万吨）	540	17.84	15.67	0.17	131.24
SO_2	二氧化硫排放量（万吨）	570	44.377	153.27	0.003	1204.1
Solid	工业固体废物（万吨）	540	2972.66	6335.75	2.00	461.39

第六节　实证结果分析

一、工业企业绿色生产无效率值及其分解值

表5-2　CRS假设下分省份1998—2016年工业绿色生产无效率值及其分解值

省区市	IE	IIE	OIE	省区市	IE	IIE	OIE
安徽省	0.43869	0.23594	0.20275	江西省	0.58142	0.19145	0.38997

续表

省区市	IE	IIE	OIE	省区市	IE	IIE	OIE
北京市	0.14197	0.11085	0.03111	辽宁省	0.42139	0.22421	0.19718
福建省	0.33033	0.21735	0.11297	内蒙古自治区	0.70339	0.18335	0.52004
广西壮族自治区	0.76097	0.11745	0.64622	宁夏回族自治区	0.80433	0.15330	0.65103
广东省	0.16751	0.10479	0.06272	青海省	0.91530	0.14580	0.76950
甘肃省	0.77357	0.10898	0.66459	山东省	0.32580	0.21323	0.11257
贵州省	0.91142	0.11025	0.80116	山西省	0.71723	0.15663	0.56059
海南省	1.03050	0.16394	0.86657	陕西省	0.63195	0.11371	0.51825
河北省	0.55943	0.21875	0.34068	上海市	0.10983	0.06376	0.04671
河南省	0.47850	0.23911	0.23938	四川省	0.59949	0.20399	0.39551
黑龙江省	0.55079	0.18255	0.36824	天津市	0.19145	0.12100	0.07045
湖北省	0.47017	0.22498	0.24519	新疆维吾尔自治区	0.92058	0.14610	0.77448
湖南省	0.57845	0.21167	0.36678	云南省	0.97558	0.07258	0.90300
吉林省	0.41235	0.26957	0.14278	浙江省	0.22273	0.15712	0.06561
江苏省	0.16908	0.10243	0.66655	重庆市	0.06235	0.13846	0.04851

表 5-3　VRS 假设下分省份 1998—2016 年工业
绿色生产无效率值及其分解值

省区市	IE	IIE	OIE	省区市	IE	IIE	OIE
安徽省	0.44267	0.22084	0.20359	江西省	0.55922	0.17928	0.37994
北京市	0.11905	0.08153	0.03752	辽宁省	0.39825	0.21588	0.18237
福建省	0.31176	0.20807	0.10369	内蒙古自治区	0.66855	0.17369	0.49485
广西壮族自治区	0.73948	0.10101	0.63847	宁夏回族自治区	0.56418	0.12002	0.44416
广东省	0.11077	0.05448	0.05628	青海省	0.56872	0.06162	0.50711
甘肃省	0.73485	0.09552	0.63932	山东省	0.28081	0.14400	0.13681
贵州省	0.85872	0.09569	0.76303	山西省	0.67302	0.16327	0.50975
海南省	0.59180	0.08629	0.50551	陕西省	0.61476	0.10633	0.50843
河北省	0.54361	0.26096	0.28265	上海市	0.09436	0.05254	0.04176

省区市	IE	IIE	OIE	省区市	IE	IIE	OIE
河南省	0.46510	0.23397	0.23112	四川省	0.58727	0.22864	0.35684
黑龙江省	0.52751	0.16947	0.35804	天津市	0.16095	0.09623	0.06472
湖北省	0.46153	0.22559	0.23594	新疆维吾尔自治区	0.83540	0.14051	0.69489
湖南省	0.56877	0.21658	0.35219	云南省	0.92131	0.05516	0.86615
吉林省	0.37759	0.24391	0.13368	浙江省	0.19161	0.12055	0.07106
江苏省	0.12782	0.05369	0.07413	重庆市	0.59792	0.11412	0.48381

根据本书后续分析中对生产率和分解项的需求，本书选择在规模报酬不变和规模报酬可变的假设下分别测算分省份绿色生产无效率值。同时，为分析生产无效率的原因，分别对两种假设下的无效率值进行分解，分解为投入无效率值和产出无效率值。由于 CRS 是以每个企业都处于最优生产规模为条件所测算的无效率值，而 VRS 是不考虑生产规模的条件下测算的无效率值，因此各省区市的无效率值在 CRS 假设条件下要更大些，对比表 5-2 和表 5-3 也印证了这一结论。

表 5-2 是在规模报酬不变的假设条件下，各省区市 1998—2016 年工业企业绿色生产无效率值及其分解值。可以看出，海南省的绿色生产无效率值最高，达到 1.0305，其次是云南省，达到 0.97558。而上海市、北京市和广东省的无效率值最低，分别为 0.10983、0.14197 和 0.16751。结果表明，经济越发达地区的生产效率越高，无效率值越低，反之，经济发展缓慢地区的生产效率越低，无效率值越高。与此同时，根据研究结果可以发现，投入无效率和产出无效率对生产无效率值的影响程度近乎相同，在无效率值较高地区发现投入无效率的比率稍低于产出无效率，而无效率值较低的地区，投入无效率的比率稍高于产出无效率。

表 5-3 是在规模报酬可变的假设条件下，各省区市 1998—2016 年工业企业的绿色生产无效率值及其分解值。上海市、北京市和广东省的无效率值仍然是最低，而无效率值最高的省由海南省变为云南省，高达 0.92131，由此可以

得出与规模报酬不变假设时相似的结论，即在经济越发达地区的生产效率越高，无效率值越低，反之亦然。同时，可以看到，无效率值较高地区投入无效率的比率低于产出无效率，反之亦然。

对比表5-2和表5-3可以发现，黑龙江、云南、甘肃、宁夏、新疆的无效率值甚至达到了0.5以上，可见其较高的无效率是造成这些地区经济发展缓慢的重要原因，而这些省区市中有一半以上属于西部地区，这个结果可以充分体现我国不同地区工业技术发展的差异。根据表格还可发现，西部地区的无效率值相对较高，这在很大程度上是由于西部地区的粗加工行业较多，技术发展缓慢造成的。工业结构不均衡，并且与东部地区相比，西部的人才引进政策差，工业技术落后，能源利用率低，工艺设备陈旧等问题都会导致其环境无效率水平的下降速度远不及东部地区。

二、区域工业绿色全要素生产率差异的演化趋势

图5-1和图5-2是应用stata软件分析出的在1998—2016年各省区市的绿色无效率值趋势变化图。从区域来看，无论是在CRS下还是VRS的假设下，除云南省、海南省、新疆维吾尔自治区和青海省这四个地区之外，其余省区市的无效率值都是处于逐渐下降趋势的。由此可见，新常态下，我国工业发展已经越来越意识到节能减排的重要性，各区域工业对于绿色技术和清洁工艺设备的使用也取得了长足的发展。而从区域的角度来看，东部地区的工业绿色效率水平要更高，这一定程度上是由于东部地区经济发展迅速，大量科研人才以及高新技术企业在东部地区汇集所导致的，绿色环保技术在东部地区具备明显的发展优势。

辽宁省、海南省、云南省在2010年以来的无效率值呈现显著上升趋势。这是因为这些地区的原材料和能源占比重，工业技术发展缓慢，能源利用率过低造成的。其中，辽宁省在中华人民共和国成立初期是工业化最早的省份，但随着时代的发展，虽其重工业涵盖全面，但结构老化，管理落后，先进的工艺技术推广应用缓慢，致使其无效率值居高不下。而北京市、上海市、江苏省等地区，在维持较低的绿色无效率值的同时都有下降的趋势，可以看出这些地区

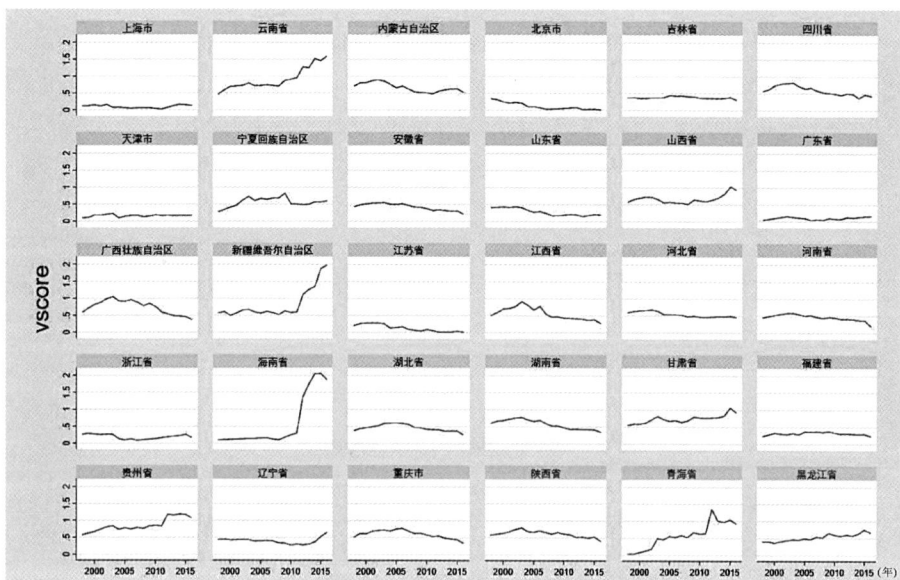

图 5-1　各省区市 VSCORE 值随时间变化趋势

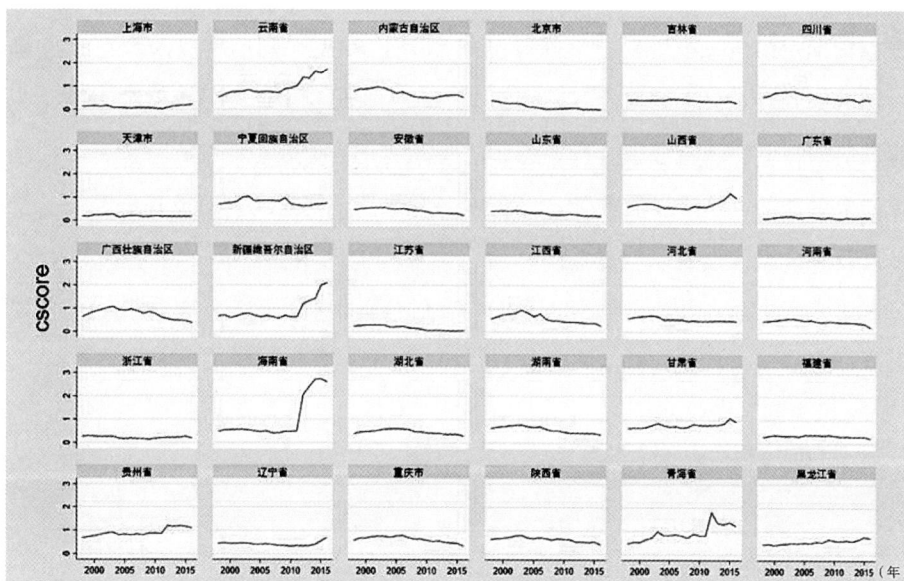

图 5-2　各省区市 CSCORE 值随时间变化趋势

的能源利用效率较高。

通过对两种假设条件下的无效率值进行对比发现，各省区市无效率值随时间变化的趋势是一致的，但是可以看出，CRS 条件下的数值比 VRS 条件下的大，即在规模报酬可变时，绿色生产无效率值更低，即生产效率相对更高。由于规模报酬不变这一假设没有考虑到不完全竞争、外部性等可能导致非最优规模生产等因素，根据郑等（Zheng, et al., 1998）的观点如果在分析生产率变化趋势时，规模报酬不变假设下和规模报酬可变假设下的数值不同，应该以规模报酬可变的结果为主。

第七节　小　结

为寻求促进工业经济由高能耗、低效率的发展模式转变为绿色化、集约化发展模式的途径，本书对中国大陆 1998—2016 年的 30 个省区市的工业企业绿色全要素生产率进行实证分析。在参考国内外有关经济增长和生产率测算的理论分析的基础上，采用了最广泛应用的 SBM 方向性距离函数和 Luenberger 生产率指标对绿色全要素生产率进行测度。由于 SBM 方向性距离函数可以准确估计数据并且不会遗漏变量，同时，本书对工业绿色生产无效率值的来源及分解均值的行业整体特征以及行业总体的时间变化趋势做了详细的分析，以期测算结果更加贴近经济发展实际。尽管本书对绿色全要素生产率及其分解值的特征进行了详细的描述，但是并没有从总体和均值的角度对其进行分析，因此，将在第六章中引入绿色全要素生产率的收敛分析，对我国工业各行业绿色全要素生产率的演化趋势进行深入研究。

第 六 章

我国工业绿色全要素生产率的区域收敛性研究

第五章基于 SBM 方向性距离函数测算了我国 30 个省区市的工业绿色全要素生产率并对其客观变化规律进行描述，但是仅从省际层面分析工业绿色全要素生产率的演化趋势无法判断其随时间变化的收敛情况。地区之间以及各地区内部省份之间的差异是否会随时间的推移而逐渐收敛？空间地理位置因素对工业绿色全要素的收敛性具有抑制还是促进作用？当前的经济政策和环保水平是否有助于缩小省际、区域间效率差距？这些问题仍有待深入研究。收敛趋势或者说收敛性研究是工业经济绩效增长理论中关注的一个重要的概念，在经济增长理论分析中占有中心地位。因此，本章在第五章分析的基础上，利用经济收敛的相关理论和分析方法厘清我国省际及区域工业绿色全要素生产率差异的动态演变趋势和收敛（发散）情况。

第一节　全要素生产率收敛研究概述

一、收敛假说

20 世纪 60 年代，以索洛（Solow，1956）和斯旺（Swan，1956）为代表的新古典经济增长理论认为，生产要素存在边际递减的特性，即资本劳动比率较低的经济体拥有较高的资本边际收益，会使落后的经济体拥有较快的增长率，所以，经济收敛就是指长期内，在封闭的经济范围中，国家或者地区等经济主体在不同的期初静态指标下，由于经济增长速度不同，各经济区域内的差异会不断缩小，甚至有可能消失，也就是说平均资本存量低的国家或地区，随着经济水平的不断提升，其资本收益率可能高于平均资本存量高的国家或地区，引起经济增速加快，从而出现落后地区向发达地区收敛的状态（胡晓琳，2016）。根据伊斯兰（Islam，2003）的解释，收敛即是"低效率经济体"对"高效率经济体"的"追赶效应"。

而以罗默（Romer，1986）和卢卡斯（Lucas，1988）为代表的内生经济增长理论认为经济增长特征可能是发散的，原因是：该理论强调以分工、知识累积为基础的内生手段的边际报酬不变或递增，而内生的技术进步是经济保持持续增长的动力，因此资本雄厚、资源要素禀赋丰富的地区通过内生累积作用具有更高的经济增长潜力，由此造成地区间经济增长差距不断拉大。但这是以地区间不存在贸易活动和要素流动为假定前提的，如果突破该限制则地区收敛可能发生。

收敛假说强调了区域间经济水平差距缩小的一种动态平衡关系，是国家实行区域协调发展战略的重要理论依据，对政府制定宏观经济政策能够发挥重要作用。从长期看，如果地区间经济水平存在收敛的动态衍化趋势，表明地区间经济状态逐渐趋向平衡；如果存在发散趋势，则政府部门有必要通过合理的政策引领，充分发挥政府的主导作用和市场经济作用，加强地区间要素流动，促进区域协调发展。

二、收敛性检验方法分类

根据索洛模型，在假定资本边际产出递减，生产要素自由流动，生产技术相同时，因为存在一些资源如资本劳动贸易等，初始较为落后的经济体增长速度将快于初始较为先进的经济体，最终将达到各经济体人均资本存量趋于一致的状态。然而在实证研究中，经济体初始条件与理论假设相差较大，所以有学者又提出将经济增长划分为 σ 收敛、β 收敛与俱乐部收敛。β 收敛是 σ 收敛的必要非充分条件［萨拉·伊·马丁（Sala-I-Martin），1996］。

（一）绝对收敛

绝对收敛包括 σ 收敛和绝对 β 收敛。标准差或者变异系数是衡量经济主体

（国家、地区等）是否存在 σ 收敛的主要手段，如果标准差值或者变异系数伴随时间变化呈现不断减少的趋势，则认为该经济体存在 σ 收敛。

绝对 β 收敛是指假定初始经济条件相同的经济系统内部，存在某一变量，经过长时间演化最终趋向某一稳定的增长状态。

（二）条件收敛

条件 β 收敛则是考虑到不同系统之间技术、制度、文化等偏好不同，经济基础条件不同，具有不太稳定的经济状态，而仅当控制住这些稳态后才可以达到收敛。

（三）俱乐部收敛

加勒（Galor）在 1996 年提出"俱乐部收敛"，是指在经济基础、治理制度、自然条件、城市区位等条件相似，而且期初经济水平又接近的不同经济系统内部，不断收敛于自身某一经济水平的情况。简单而言，就是发达地区和不发达地区分别表现出内部收敛，但二者之间没有收敛的现象。

三、我国工业绿色全要素生产率收敛机制分析

工业绿色全要素生产率的提升与区域环境基础、发展的软环境密切相关，区域经济发展的差异会造成不同的生产要素、资源禀赋累积情况，从而导致区域工业绿色全要素生产率出现差异，这种差异会逐渐收敛。本书从微观、中观和宏观三个层面分析我国工业绿色全要素生产率区域收敛机制。

从微观层面来看，可以从两个方面来分析我国工业绿色全要素生产率的收敛机制。一方面是基于生产者角度。随着资源要素成本提高和环境规制程度加强，工业企业为实现公司利润最大化，会以技术水平的提高增加产出水平提高收入效益来弥补因为环境规制而增加的成本支出，所以，环境规制在某种程度上促使企业提升科技创新水平，增加研发投入，完善公司治理能力，充分发挥资源配置效率和资源利用效率，从而对工业绿色全要素生产率起到积极的正向作用。另一方面是基于消费者角度。由于国家对环保产品的大力宣传，居民环保意识也在逐步增强，而生活水平提高也为消费者使用环保产品提供物质基础，所以，消费者对高生活质量的追求增加了对清洁型产品的消费倾向，这也

有助于工业绿色生产率的提高。

从中观层面来看，我国工业绿色全要素生产率的收敛效应主要源于产业结构的优化升级。特别是坚持绿色发展理念、以效率变革为导向的产业结构的优化升级可能引起的效率趋同化。随着走新型工业化道路要求的提出，我国逐渐实现"一、二、三"三次产业结构的优化，不断从第一产业为主向以第二、第三产业为主转变，在此基础上再在产业结构内部实现产业结构的优化。工业处于第二产业，重点发展绿色全要素生产率高的企业淘汰低效能企业，从而整体提高工业绿色效率水平。

从宏观层面来看，我国工业绿色全要素生产率的收敛机制主要受益于政府的宏观调控政策，如绿色发展、区域协调、人才兴国等。政府在环境规制和效率提升过程中发挥着不同的作用。首先是约束作用。对于工业企业生产造成的环境污染问题，迫使政府采取更加严格和强制的环境规制手段，制定相应的环保政策，从而促进工业企业加大对"资源节约型和环境友好型"工业技术的开发及创新。其次是激励作用。政府也会通过给予更多补贴，鼓励工业企业和相关的科研机构从事高效率、低污染、少排放的工业技术开发、创新和推广，利用新技术提升资源利用效率从而促进绿色全要生产率的提高。最后是资源配置作用。经济发达地区对资本、劳动力、先进的生产技术产生"虹吸效应"，尤其是对高端人才的吸引，造成生产要素的过度集中，超过环境本身的承载能力，政府通过发挥资源配置作用，积极引导区域间生产要素的自由流动，实施必要的功能疏解，缓解"拥挤效应"，促使各种创新要素、高端人才向经济发展落后地区集聚，激发区域发展潜力，这也是促进生产效率收敛的重要因素之一。

另外，区域间学习能力、吸收创造新知识能力的差异性可能成为地区间工业绿色全要素生产率水平拉大的原因，但是由于学习效应和扩散效应，有可能导致经济效率出现收敛态势。欠发达地区通过对发达地区先进技术的学习和引进，形成的技术扩散效应让落后地区赶超发达地区成为可能，这种带动相邻区域经济发展的行为可能引起经济增长的收敛。但同时必须考虑到，欠发达地区是否会因此失去创新能力，长期以低技术含量的产品作为主要生产产品，使得区域间技术差距持续存在，甚至继续扩大，无法形成收敛状态。所以，区域间工业绿色全要素生产率的差异会因要素流动、政策引导、学习效应和扩散效应的影响而逐渐收敛，但是收敛结果取决于各方力量的综合效果。

基于以上三个层次的分析，即随生产者管理水平提升、生产科技水平的提升、消费者环保意识的增强、"三产"结构优化升级以及政府规制强度提高，从理论上我国工业绿色全要素生产率具有收敛效应。

四、工业全要素生产率收敛研究

国外学者对经济收敛的早期研究领域主要集中在人均收入和人均 GDP［鲍莫尔（Baumol），1988；巴罗（Barro），1991；伊斯兰（Islam），1995］。研究范围一般基于国家层面进行对比分析（Islam，2003）。随着生产率指标在经济发展中居于越来越重要的地位，对生产率的研究也逐渐深入收敛领域。沃尔夫（Wolff，1991）是最早使用生产率收敛这一术语展开研究，随后伯纳德、琼斯（Bernard & Jones，1996），米勒、乌帕德亚（Miller & Upadhyay，2002）对全要素生产率进行了深入研究。

国内学者对经济收敛的初期研究也主要集中在对收入的研究（蔡昉、都阳，2000；沈坤荣、马俊，20002；林毅夫、刘培林，2003 等），但是国内对生产率收敛的研究与国外相比起步较晚，彭国华（2005）较早从全要素生产率角度进行深入研究，指出在全国和三大地区只通过条件收敛检验，没有出现绝对收敛，只有东部地区存在俱乐部收敛。

随后有学者将全要素生产率的收敛研究深入行业中。谢千里（2008）利用 1998—2005 年规模以上工业企业数据，探讨了沿海、东北部、中部和西部等四个主要经济区的生产率水平的收敛情况，发现研究期间内，企业进入和退出样本加快了内陆省份生产率对沿海地区的追赶，工业全要素生产率的绝对收敛只存在于沿海和中部地区，东北和西部地区并不存在。李健等（2015）利用非参数随机前沿生产函数分析了 1998—2011 年我国各地区的工业全要素生产率及收敛趋势，发现全国及三大区域工业全要素生产率增长均不存在 σ 收敛和绝对 β 收敛但是存在条件收敛。

此后，环境因素被纳入全要素生产率的分析框架，吴军（2009）测算了环境约束下我国1998—2007年工业全要素生产率并进行收敛分析，结果表明，东部和西部地区工业全要素生产率存在俱乐部收敛，但是中部地区仅存在条件收敛。杨龙、胡晓珍（2010）通过测度1995—2007年我国29个省区市的绿色经济效率并对其增长差异进行了收敛性分析，得出我国总体绿色经济效率不存在收敛趋势，但东部与中部地区绿色经济效率表现出俱乐部收敛的结论。钱争鸣、刘晓晨（2014）通过测算我国各省份绿色经济效率静态水平和动态变动，发现东部、中部、西部三大区域间的绿色经济效率差异性有所下降，绿色经济效率具有条件β收敛性，而各地区收敛速度以1996年为分界线发生明显变化，在此之前中部地区绿色经济效率水平和收敛速度明显低于其他地区以及全国水平。而在此之后，全国以及东部、西部的收敛速度缓慢回升。相比之下，中部地区的趋同性更明显，速度更快。肖挺（2020）将二氧化碳排放量纳入了非期望产出体系中，得到了制造业之间以及分行业的能源生产率，在此基础上进行了敛散性实证分析，发现除重工业外，其他分经济体均出现了明显的绝对β收敛和条件β收敛，但是各分经济体的σ收敛特征均不显著。王裕瑾、于伟（2016）在考虑了资源环境和空间互动因素的基础上分析了绿色全要素生产率的收敛情况，发现东部、中部、西部三大地区的绿色全要素生产率存在条件β收敛。汪克亮等（2016）以长江经济带11个省份9年的生态效率指标值为基础，采用σ收敛与绝对β收敛两种收敛分析方法检验生态效率的敛散性，结果表明，长江经济带及长江上、中、下游三大地区的生态效率并没有表现出收敛特征，相反，各省市之间的生态效率值差距逐年拉大，扩散现象明显。张毅（2016）对我国1998—2013年绿色经济效率的收敛性进行检验，发现全国及东部、中部、西部地区均不存在β收敛和条件β收敛，σ收敛随时间和地区变化而有所不同。李卫兵、涂蕾（2017）对我国274个地级以上城市的绿色全要素生产率进行了测量，并从总体、三大区域以及五大城市群三个维度进行了实证分析。结果表明全国总体和三大区域均不存在绝对σ收敛，但存在绝对β收敛和条件β收敛，五大城市群均存在条件β收敛；不同城市圈的绿色全要素生产率虽趋向自身稳态水平，但是城市之间的差距仍然存在。

从梳理相关文献来看，已有文献对区域工业绿色全要素的研究主要是基于东部、中部、西部三大地区进行分析，但由于我国东西南北跨度较大，各区域的自然禀赋不同，致使各地经济发展水平以及技术水平存在较大差异，所以对地区进行合理细致划分对区域收敛性研究具有重要意义，本书在前人研究基础上把 30 个省区市划分为八个地区，研究其区域收敛性。

第二节　我国工业绿色全要素生产率的区域收敛性分析

根据收敛类型可将我国工业绿色全要素生产率收敛分为 α 收敛，绝对 β 收敛和条件 β 收敛。α 收敛表示不同省份的工业绿色全要素生产率差异会随着时间的推移而逐渐减小。绝对 β 收敛检验是在忽略不同省份（区域）间结构差异时，判断低效率省份（区域）对高效率省份是否出现"追赶效应"，使工业绿色全要素生产率值沿着某种路径趋向一个均衡的稳态值。条件 β 收敛则是既考虑期初效率水平值，同时认为经济体受到宏观经济政策、外部环境、资源水平以及产业结构多种因素的影响而产生不同的增长速度，但是每个经济体都能沿着自身发展路径达到各自的稳态值。两种形式的 β 收敛最主要的区别就是，绝对 β 收敛是特定区域内的所有省份的工业绿色全要素生产率最终达到同一稳定水平，而条件 β 收敛是每个省份各自达到自身的稳态水平。

一、σ 收敛性检验

工业绿色全要素生产率的 σ 收敛性检验一般用标准差或者变异系数等反映离散程度的统计指标判断效率值随时间推移的变动趋势，验证指标值是否逐渐缩小。由于变异系数能够避免平均收入规模的影响，所以，本章通过测算工业绿色全要素生产率的变异系数进行验证，如公式 6.1 所示。

$$变异系数公式为 \ CV = \frac{1}{\overline{ETFP_t}} \sqrt{\frac{1}{N} \sum_{i=1}^{N} (ETFP_{i,\,t} - \overline{ETFP_t})^2} \qquad (6.1)$$

其中，N 为省（自治区、直辖市）的个数，$ETFP_{i,\,t}$ 表示我国第 i 个省（自治

区、直辖市）第 t 年的工业绿色全要素生产率，$ETFP_t$ 为该年的效率平均值。如果标准差或变异系数随时间变化呈现递减趋势，则该时期内，工业绿色全要素生产率呈现 σ 收敛态势。

表 6-1　全国及八大地区工业绿色全要素生产率变异系数值

变异系数	全国	东北地区	北部沿海地区	东部沿海地区	南部沿海地区	黄河中游地区	长江中游地区	西南地区	大西北地区
1998 年	0.4752	0.0752	0.5660	0.3888	0.7302	0.1795	0.2003	0.0950	0.7119
1999 年	0.4773	0.0866	0.5957	0.4090	0.7000	0.2038	0.1793	0.0729	0.6872
2000 年	0.4743	0.0961	0.5650	0.3259	0.6931	0.1790	0.1965	0.1098	0.5586
2001 年	0.4851	0.0879	0.6051	0.4199	0.5258	0.1897	0.1946	0.1021	0.4908
2002 年	0.4775	0.0860	0.5697	0.2881	0.4242	0.1750	0.2095	0.1346	0.4511
2003 年	0.4798	0.1154	0.5433	0.5417	0.5031	0.1734	0.2369	0.1481	0.2047
2004 年	0.5193	0.0973	0.7955	0.2559	0.4790	0.1653	0.2009	0.1248	0.1855
2005 年	0.5012	0.1054	0.7304	0.3834	0.6632	0.1226	0.1307	0.1303	0.1075
2006 年	0.5149	0.0686	0.7429	0.5627	0.8244	0.1560	0.1781	0.1390	0.1100
2007 年	0.5269	0.1705	0.8583	0.2169	0.8641	0.1421	0.1007	0.1533	0.0835
2008 年	0.5448	0.2211	0.9341	0.2793	0.9317	0.1280	0.0888	0.1559	0.1503
2009 年	0.5610	0.3704	0.9064	0.5361	0.6075	0.1667	0.0925	0.2199	0.1268
2010 年	0.5460	0.3980	0.7719	0.5312	0.5823	0.1475	0.0952	0.2491	0.1728
2011 年	0.5508	0.3365	0.7325	0.9576	0.5742	0.1678	0.1297	0.3148	0.1675
2012 年	0.7220	0.4086	0.7211	0.9639	1.0948	0.1758	0.1070	0.4746	0.4076
2013 年	0.7721	0.3544	0.9470	0.8530	1.2312	0.2284	0.1194	0.5078	0.3688
2014 年	0.8319	0.3458	0.8896	0.8022	1.2745	0.3203	0.1239	0.6460	0.3474
2015 年	0.8373	0.3382	0.8604	0.7523	1.2561	0.4419	0.1147	0.6008	0.4761
2016 年	0.9380	0.3694	0.9019	0.8004	1.2780	0.5943	0.2135	0.7281	0.5416
平均值	0.5913	0.2174	0.7493	0.5404	0.8020	0.2135	0.1533	0.2688	0.3342

资料来源：根据第五章测算结果，通过 excel 测算得出。

为更全面、准确地观察出我国工业绿色全要素生产率区域差异的收敛情况，本章将 30 个省区市划分为八大地区，表 6-1 和图 6-1 分别为全国及其内部八大经济区绿色全要素生产率增长水平的变异系数统计值和变化趋势。

根据图 6-1，从全国层面来看，1998—2011 年各省区市无效率水平差距较

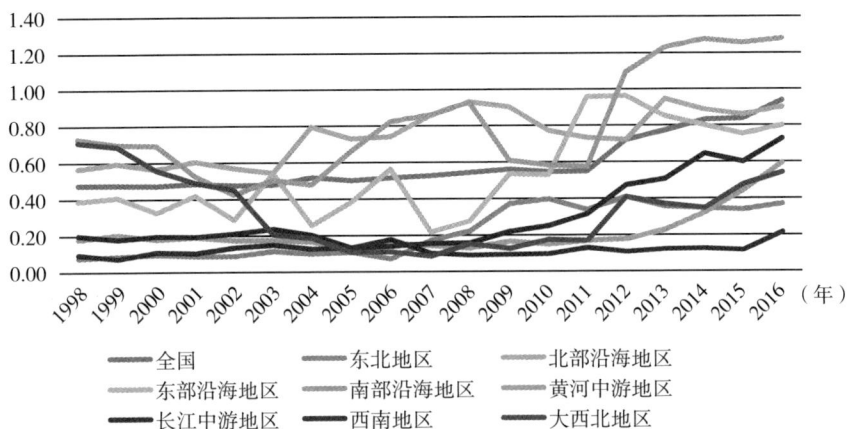

图 6-1　1998—2016 年全国及八大地区变异系数变化趋势图

小，基本维持在 0.50 上下波动，而 2011 年出现了一个比较明显的上升，随后呈现不断扩大趋势，说明在 2011 年之后全国无效率水平呈现 σ 发散趋势，分析原因可能是由于经济周期影响和"十二五"规划政策性因素造成全国各省份之间的差距拉大。整体来看全国不存在 σ 收敛。

分区域来看，东北地区的变异系数曲线在 2006 年之前比较稳定，随后逐年增加，到 2012 年达到历史最高点（σ 发散），随后一直处于下降趋势（σ 收敛），但下降幅度较小。

大西北地区曲线变化整体呈现大 U 形，在 2007 年达到最低值，说明在 2007 年之前表现为 σ 收敛，之后为 σ 发散。

黄河中游地区变异系数曲线在 1998—2012 年呈现小幅波动下降趋势，变化较小，2012 年之后出现逐年上升趋势，表现为明显的 σ 扩散特征，黄河中游地区内部各省份在 2012 年之前无效率值无明显差距，之后差距逐年拉大。

西南地区除在 2004 年小幅下降之外，整体表现为逐年增加趋势，且在 2008 年之后上升幅度明显拉大。整体表现为 σ 发散趋势，不存在收敛。

北部沿海地区在 2003 年出现急剧上升，在 2008 年达到高点之后又出现下降趋势，并在 2013 年再次达到历史最高点，随后小幅降落后有所回升。整体收敛趋势表现为以五年为间距 σ 扩散和 σ 收敛交替进行。

南部沿海地区整体来看变化幅度比较明显，整体走势呈现 W 形，1998—2002 年和 2008—2011 年均呈现 σ 收敛，说明地区内部差距有缩小的趋势，在 2012 年之后其内部差距逐渐扩大且明显高于其他地区。

东部沿海地区的变异系数整体波动较频繁，1998—2006 年变异系数在 0.400 上下波动，在 2007 年达到最低值之后出现 V 字反弹，到 2012 年到达最高点，由此可见，在 2007—2011 年呈现 σ 发散趋势，表明东部沿海地区内部各省份之间内部的效率水平的差距越来越大，但在 2012 年之后一直处于不断缩小的趋势，呈现 σ 收敛特征，各省份差距在逐渐缩小。

长江中游地区的变异系数曲线变化比较平稳，在 2003—2009 年表现为波动下降趋势，说明具有 σ 收敛趋势，随后出现小幅上升，但总体来看，在 2008 年之后，长江中游地区相比较全国和其他七大地区，其内部差距是最小的。可以认为存在微弱 σ 收敛趋势。

从全国以及八大地区比较来看，南部沿海地区内部省份的相对差异最大（平均变异系数为 0.802），表明南部沿海地区内三个省（福建、广东和海南）之间的经济、环境发展水平差距相对较大，经济水平和环境发展并不协调，这三个省的主要特点是对外开放程度高，海外社会资源丰富，所以可能会因为获取外部资源能力不同，造成明显的差距。长江中游地区内部四省相对差异最小，从工业生产条件来看，该地区对外开放程度较低，人口密集，工业生产面临较高的产业转型和结构升级压力。东北地区和黄河中游地区的相对差异比较接近。这两个地区虽然地理位置有差异，但都具有丰富的自然资源尤其是煤炭和天然气，属于比较典型的资源型省份，但是都面临着资源枯竭、工业环境污染和产业结构升级换代的问题。

为进一步验证利用变异系数得出的我国工业绿色全要素生产率不存在 σ 收敛的结论，为确保结论可靠，采用公式（6.2）检验其 σ 收敛。

$$\sigma_{it} = c + \lambda \cdot t + \mu_{it} \tag{6.2}$$

其中，σ_{it} 表示工业绿色全要素生产率的变异系数，c 为常数项，t 为时间，μ_{it} 为随机扰动项。如果 λ 小于 0 且能够通过显著性检验，则表明工业绿色全要素生产率省域间的差异随时间逐渐缩小，有收敛趋势，存在 σ 收敛；如果 λ 大于 0

且能够通过显著性检验，则表明工业绿色全要素生产率省域间的差异随时间逐年扩大，为发散趋势；如果 λ 等于 0，则表明工业绿色全要素生产率省域间的差异维持稳定，差异既未扩大也未缩小。

表 6-2　1998—2016 年中国工业绿色全要素生产率 σ 收敛性的 λ 值检验

地区	全国	北部沿海地区	东北地区	东部沿海地区	南部沿海地区	黄河中游地区	长江中游地区	西南地区	大西北地区
λ 值	0.0228 *** (7.16)	0.0201 *** (5.57)	0.0212 *** (7.83)	0.0321 *** (4.51)	0.0379 *** (4.39)	0.0120 ** (2.88)	-0.0048 ** (-2.76)	0.0334 *** (8.01)	-0.0101 (-1.19)

注：括号内为 t 值；*、**、*** 分别代表在 10%、5%、1% 的水平下显著。

根据公式（6.2），分区域进行相关回归检验，根据表 6-2（限于验证目的，仅列举 λ 值和 t 值）数据显示，全国及八大地区中只有大西北地区没有通过显著性检验，其他地区都通过显著性检验，其中长江中游地区 λ 值为负，说明有收敛趋势；其他地区 λ 值均为正，说明无效率值呈现发散趋势，即不存在 σ 收敛。进一步证明了我国绿色工业发展的区域非均衡性。

二、绝对 β 收敛性检验

工业绿色全要素生产率绝对 β 收敛检验的本质就是判断相关系数 β 值的正负，当系数为负，也就是期初效率值和增长速度呈反向变化，则可证明存在绝对 β 收敛，最终，所有省份都会达到相同的某一个稳态值。借鉴巴罗、萨拉·伊·马丁（Barro & Sala-i-Martin，1992）的研究，采用固定效应模型，构建绝对 β 收敛为

$$\ln\left(\frac{GTFP_{i,\,t+T}}{TFP_{i,\,0}}\right)/T = \alpha + \beta\ln GTFP_{i,\,0} + \varepsilon_{i,\,t} \tag{6.3}$$

式中，ln 代表取自然对数，$GTFP_{i,\,0}$、$GTFP_{i,\,t+T}$ 分别表示初期和 $t+T$ 期第 i 个省份的工业绿色全要素生产率，T 为时间区间，α 为常数项，β 为收敛相关系数，$\varepsilon_{i,\,t}$ 为随机扰动项。若公式（6.3）中 β 值为负，表明各地区工业绿色全要素生产率的增长差异长期内逐渐消失，即存在绝对 β 收敛。

借鉴曼丘等（Mankiw，et al.，1992）的研究，设定 β 收敛速度 λ 如下：

$$\beta = -(1 - e^{-\lambda T}) \tag{6.4}$$

其中，T 为时间跨度，β 为参数。

表6-3　全国及八大地区绝对 β 收敛结果（固定效应）

	(1) y	(2) y	(3) y	(4) y	(5) y	(6) y	(7) y	(8) y	(9) y
x	-0.0540***	-0.0636*	-0.0661***	-0.0176	-0.0503***	-0.0160	-0.0526***	-0.156***	-0.0984***
	(-10.25)	(-2.00)	(-7.86)	(-1.03)	(-3.58)	(-1.43)	(-8.23)	(-5.39)	(-8.33)
_cons	-0.0273***	-0.0524*	-0.109***	-0.0678**	-0.0160	0.00880	-0.0116**	-0.0444**	-0.0267
	(-4.61)	(-1.80)	(-10.80)	(-2.33)	(-0.50)	(1.42)	(-2.40)	(-2.46)	(-1.54)
N	540	54	72	54	54	72	72	90	72

注：括号内为 t 值；*、**、*** 分别代表在10%、5%、1%的水平下显著；x 代表 $lnGTFP_{i,0}$，y 代表 $\ln\left(\dfrac{GTFP_{i,t+T}}{TFP_{i,0}}\right)/T$。（1）—（9）分别代表全国、东北地区、北部沿海地区、东部沿海地区、南部沿海地区、黄河中游地区、长江中游地区、西南地区、大西北地区。

　　表6-3为全国及八大地区的工业绿色全要素生产率的绝对 β 收敛的固定效应回归结果，所有地区 β 系数值均为负，但是东部沿海地区和黄河中游地区并未通过显著性检验。从全国来看，工业绿色全要素生产率在接近1%的显著水平上收敛，收敛速度为5.55%，这说明各省份的工业绿色全要素生产率水平的内部差距在逐渐减小，各省份最终将达到一个趋于稳定的水平。分地区来看，北部沿海地区、南部沿海地区、长江中游地区、西南地区、大西北地区的收敛显著性水平均达到了1%，说明都具有 β 收敛，其中收敛速度最快的为西南地区，达到16.96%，说明西南地区后进潜力较大，与其他地区的差距正在逐渐缩小。其次为大西北地区，收敛速度为10.36%；东北地区达到了10%的显著性水平，且具有 β 收敛，收敛速度为6.57%；东部地区和黄河中游虽然具有绝对收敛，但是不显著，由此可以证明除了东部地区和黄河中游地区的其他六个地区中工业绿色全要素生产率的差异会随着时间的推移逐渐缩小，而东部地区和黄河中游地区除了特定性的因素外，可能存在阻碍工业技术传播和扩散的因素，如表6-4所示。

表 6-4　全国及八大地区条件 β 收敛速度

（单位：%）

地区	全国	东北地区	北部沿海地区	东部沿海地区	南部沿海地区	黄河中游地区	长江中游地区	西南地区	大西北地区
收敛速度	5.55	6.57	6.84	1.78	5.16	1.61	5.40	16.96	10.36

三、条件 β 收敛检验

条件 β 收敛研究的是在各自特定的经济条件下，不同的经济体能否趋近于各自不同的稳态水平。

根据已有文献，检验条件 β 收敛主要包括两种方法。一种方法是在绝对 β 收敛回归模型中加入控制变量，在此基础上检验 β 值的正负，如果 β 值为负，说明具有条件 β 收敛趋势，公式如下：

$$g = \alpha + \beta ln\, y_0 + \gamma X + \varepsilon$$

其中，X 为控制变量，包括产业结构、环境规制、科技水平等。该方法的缺点在于可能会遗漏变量以及 X 与随机扰动项自相关等。另一种方法是 Panel Data 的固定效应模型，相比于第一种方法，该方法具有以下优点：（1）无须再加入解释变量，避免了选取变量时主观性问题和变量遗漏；（2）可以避免因为加入了多种控制变量而出现多重共线性；（3）它能够设定个体和时间固定效应。根据米勒、乌帕德亚（Miller & Upadhyay，2002）的研究，由于 Panel Data 的固定效应项对应着不同经济单元各自不同的稳态条件，所以无须添加其他的控制变量。因此，本书在进行条件 β 收敛检验时没有加入多余的控制变量，构建如下条件 β 收敛检验模型：

$$\ln\left(\frac{GTFP_{i,\,t+1}}{GTFP_{i,\,t}}\right) = \alpha + \beta \ln G\, TFP_{i,\,t} + \varepsilon_{i,\,t} \tag{6.5}$$

其中，$\ln\left(\dfrac{GTFP_{i,\,t+1}}{GTFP_{i,\,t}}\right)$ 表示工业绿色全要生产率的平均增长率，β 为模型回归系数，当 β 小于 0 且能通过检验，说明存在条件 β 收敛趋势，第 i 省的工业绿色

全要素生产率逐渐向自身稳态值趋近。α 是面板数据固定效应项，对应不同经济体各自的稳态水平。

设定 β 收敛速度 λ 计算公式如下：

$$\beta = -(1 - e^{-\lambda T}) \tag{6.6}$$

其中，T 为时间跨度，β 为参数。

根据 1998—2016 年我国 30 省区市工业绿色全要素生产率的面板数据，采用公式（6.5）进行条件 β 收敛性检验，结果如表 6-5 所示。

表 6-5　全国及八大地区条件 β 收敛结果

	(1) y	(2) y	(3) y	(4) y	(5) y	(6) y	(7) y	(8) y	(9) y
x	-0.0678**	0.0116**	0.0279	-0.098	-0.00632	0.152*	-0.0662	-0.109***	-0.187*
	(-2.33)	(-2.40)	(-0.44)	(-1.03)	(-0.16)	(-1.76)	(-1.08)	(-6.48)	(-2.10)
_cons	-0.00171	0.0276	-0.012	-0.277	0.0676	0.0648	-0.0776*	0.0424*	-0.0249
	(-0.07)	(-0.55)	(-0.12)	(-1.31)	(-1.07)	(-1.45)	(-1.82)	(-1.83)	(-0.49)
N	540	54	72	54	54	72	72	90	72

注：括号内为 t 值；*、**、*** 分别代表在 10%、5%、1%的水平下显著；x 代表 $\ln GTFP_{i,0}$，y 代表 $\ln\left(\dfrac{GTFP_{i,t+T}}{TFP_{i,0}}\right)/T$。（1）—（9）分别代表全国、东北地区、北部沿海地区、东部沿海地区、南部沿海地区、黄河中游地区、长江中游地区、西南地区、大西北地区。

表 6-5 为工业绿色全要素生产率的条件 β 收敛的固定效应回归结果，根据收敛系数的符号可以发现，东北地区和北部沿海地区以及黄河中游地区收敛系数为正，说明不存在条件收敛，也就是不能达到自身的稳态水平，绝对差距仍然存在其余地区收敛系数为负，均存在条件 β 收敛。从显著性水平来看，西南地区为 1%水平下显著，全国和东北地区为 5%水平下显著；黄河中游地区和大西北地区为 10%水平下显著。从收敛速度来看，全国、东部沿海地区、南部沿海地区、长江中游地区、西南地区、大西北地区分别为 7.02%、10.31%、0.63%、6.85%、11.54%、20.70%，如表 6-6 所示。

表 6-6　全国及八大地区条件 β 收敛速度

地区	全国	东北地区	北部沿海地区	东部沿海地区	南部沿海地区	黄河中游地区	长江中游地区	西南地区	大西北地区
收敛速度（%）	7.02	1.17	-2.75	10.31	0.63	-14.15	6.85	11.54	20.70

第三节　结论与政策建议

本章以第五章测算的 30 个省区市的工业绿色全要素生产率为基础，将 30 个省区市划分为八大经济区，进一步研究了区域间收敛性。第一部分介绍了收敛假说和收敛检验的三种类型，然后从宏观、中观、微观三个层面对工业绿色全要素生产率的收敛机制进行梳理。在此基础上，第二部分实证检验了八大经济区的 σ 收敛、绝对 β 收敛、条件 β 收敛，得到表 6-7 的统计情况，并由此得出如下主要结论。

表 6-7　中国工业绿色全要素生产率区域收敛性检验结果统计

收敛性	全国	东北地区	北部沿海地区	东部沿海地区	南部沿海地区	黄河中游地区	长江中游地区	西南地区	大西北地区
σ 收敛	不收敛	不收敛	不收敛	不收敛	不收敛	不收敛	微弱收敛	不收敛	不收敛
绝对 β 收敛	收敛	收敛	收敛	收敛	收敛	收敛	收敛	收敛	收敛
条件 β 收敛	收敛	不收敛	不收敛	收敛	收敛	不收敛	收敛	不收敛	收敛

（1）本章采用变异系数作为 σ 收敛检验衡量标准，分别测算了全国和八大区域的变异系数，结果发现，1998—2016 年，全国层面上工业绿色全要素生产率的差异随时间变化呈现扩大趋势，即不存在 σ 收敛；从区域层面看只有长江中游地区存在微弱收敛，且检验结果比较显著，而其他地区均没有出现 σ 收敛现象。

（2）根据绝对 β 收敛检验结果可知，无论是全国层面还是区域层面均存在绝对 β 收敛，也就是说当假定各省份经济基础等条件类似时，处在低效率水平的地区对高效率地区存在"追赶效应"，地区间工业绿色全要素生产率的差异不断减小，最终趋向于某个稳定值。根据实证结果，八大地区中除东部地区和黄河中游地区不显著，所有地区均显著通过检验。

（3）为进一步检验各地区的工业绿色全要素生产率是否有向各自的稳态水平趋近的特征，本章继续采用面板固定效应，对全国及八大地区进行条件 β 收敛检验。结果表明，全国、西南地区、大西北地区存在显著的条件 β 收敛趋势，也就是说，地区内部各省份在各自特定经济基础下，能够趋向自身的稳定水平。在此基础上，综合 σ 收敛分析结果可以发现，长江中游地区不仅 σ 收敛显著，且同时通过 β 收敛检验，所以，西南地区也具有"俱乐部收敛"的特征。

由以上分析可知，我国省际工业绿色全要素生产率的省际差异以及地区差异仍然长期存在，为此建议各地政府在制定引领工业企业发展政策时，鼓励企业以提高绿色全要素生产率和保护环境为前提，同时依据当地比较优势产业实施差异化政策，鼓励绿色生产技术创新发展，加大研发资金投入和绿色环保企业的扶持力度。同时适当引进国外生产技术，加强各省份之间的绿色生产技术交流合作，逐渐淘汰高耗能低效率产业，促进低生产效率行业向绿色高效率行业转变，加快促进产业优化升级，实现我国工业绿色全要素生产率的区域收敛。

本章对我国八大地区工业绿色全要素收敛性进行了详细的验证和分析，发现各地区收敛性水平存在明显差距。那么，究竟是什么原因导致上述研究结论？又是哪些因素对我国工业绿色全要素生产率水平产生了主要影响？本书将在第八章与第九章进一步对这些问题进行研究。

第 七 章

环境规制对我国工业绿色
全要素生产率影响的实证分析

前文通过实证研究测算出工业绿色全要素生产率。接下来，基于工业绿色全要素生产率的实证分析结果，本章将引入我国现有的主要环境规制类型，通过实证分析研究环境规制对我国工业绿色全要素生产率的影响。本章的内容结构如下：第一节主要介绍环境规制的概念和我国环境规制的类型；第二节简要论述环境规制与工业绿色全要素生产率之间的逻辑机理；第三节主要阐述本书在实证研究中所涉及的理论及实证分析模型和相关工业变量的选取；第四节主要运用 Stata14.0 实证研究分析环境规制对绿色全要素生产率的影响；第五节则对本章的实证研究结果进行总结，并简要提出政策建议。

第一节　环境规制的概念与分类

一、环境规制的概念

已有学者（廖进球、陈富良，2001；李雯，2002；魏婧，2013）在文献中将"规制"一词最早定义为"政府管制"，即政府与市场的协调配合以达到社会管理和调节的一种方式。此后，规制的概念得到不断深入和完善，克里斯坦德尔等（Christandl, et al., 2004）认为政府主要通过公共机构在特定方面对社会参与主体的行为进行限制，目的是实现社会公平。而史普博（1999）认为"规制"特指政府机关所采取的、直接或间接干预市场的政策。王俊豪

（2001）在以往学者对规制概念界定的基础上分析归纳出规制的三个特点：第
一，规制的制定者和实施者是政府的相关部门；第二，规制的作用对象为市场
经济活动的参与者；第三，规制能够产生作用建立在政府部门颁布相应法律法
规及排放标准等并强制企业执行。规制通常划分为公共规制和私人规制，环境
规制则属于公共规制的范畴。

公共规制一般包括经济性规制和社会性规制。经济性规制涉及经济主体的
经济行为，具体包括市场商品的数量、价格、质量以及进口和出口。而社会性
规制与社会主体的日常生活行为相关，这里包括消费者的食品安全、环境卫生
等，环境规制属于社会性规制，政府规制的具体分类如表 7-1 所示。

表 7-1　政府规制的具体分类

类别	目的	具体内容
经济性规制	限制虚假信息	公开企业相关信息
	限制垄断	依据相关法律约束企业不当行为
社会性规制	保护环境	制定环境保护相关法律法规防止企业对环境的过度破坏
	保护环境质量	依照消费者权益保护的相关法律对企业的不正当销售及制假行为进行规范

环境规制最早是被当作政府限制环境资源使用者行为的一种行政手段。企
业在利用环境资源进行生产过程中的生产成本远低于社会成本，因此会造成环
境污染，对社会产生负外部性影响。为促使我国经济和环境的均衡发展，政府
有必要对企业生产过程所消耗的环境资源进行行政调节，将企业生产过程中的
外部成本考虑在内，最优化企业的生产行为组合。随着环境规制问题研究的深
入，学者们开始在考虑经济因素的情况下，采用市场手段对企业进行环境规
制，例如排污费、企业补贴、环境税等。本书所涉及的环境规制主要包括三方
面：第一，政策型环境规制。主要包括政府制定的环境污染治理相关政策法规
和污染排放标准，主要借助政府干预的强制性对社会经济主体的生产活动进行
限制。第二，市场型环境规制。该制度有一定的市场灵活性，企业作为规制主
导者，有一定的选择及行动自由。此外，企业基于自身环境领先战略的思虑，

会主动通过技术创新控制污染（成德宁、韦锦辉，2019）。第三，公众参与型环境规制。主要依靠引导生产主体向着更少消耗、更少排放的目标发展，同时鼓励公众自觉、自愿参与到环境保护与监督一系列政府管理活动当中，目的是维护生态环境与经济发展的和谐，实现绿色的、可持续的经济增长。

二、环境规制的分类

政策制定者在结合地区情况确定问题的基础上，明确制定环境规制政策目标，以达到治理环境污染的效果。此外，确定环境规制相关规定的设计标准及使用何种环境规制工具是取得治理污染最佳效果的重要环节。

因此，为制定合理的环境标准，最大限度地体现环境污染治理的效果，政策制定者必须充分了解不同环境规制工具的特点、适用情况以及规制工具之间的差别，选择适当的环境规制工具。张嫚（2005），江珂、卢现祥（2011）认为，环境规制工具只是政府制定的强制性标准和基于市场机制的环境税征收。早期，环境规制工具的分类是依据政府与市场的作用被分为"命令规制工具"和"市场工具"两类，但这样的分类方法并不完善。随着学者们（沈虹、彭盈，2018；王雪宇、刘芹，2019；李腾，2019）对相关理论的完善与拓展，以及环境规制在实践中的诸多尝试，一系列新型环境规制工具陆续出现，如自愿协议、信息手段等。一些学者尝试依照环境规制工具的政策属性将其分为三种类型，即经济激励、法律规定和信息工具，比较经典的分类方法还有经济合作与发展组织（OECD）的三分法与世界银行依照环境规制作用途径而制定的四分法。当然，也有学者将环境规制工具分为管制型、市场型、网络信息型和道德规劝型这四类。此外，有学者提到环境规制工具的设计与选择应该结合现实状况综合考量物质、组织、法律、经济和信息这五个方面，如表7-2所示。

表 7-2　环境规制的具体类型与分类方法

分类	具体类型		
两分法	命令控制型	市场型	
三分法	政府规制	经济工具	道德教育手段

续表

分类	具体类型			
世界银行	政府直接规制	创建市场	利用市场	公众参与
四分法	管制型	市场型	网络信息型	道德规劝型
五分法	法律层面	组织层面	物质层面	经济层面	信息层面
本书划分	行政型	市场型	公众参与型	

由上文分析可知，学者们对于环境规制的分类不尽相同，国内多数学者将环境规制划分为行政型环境规制和市场型环境规制两类。本书将环境规制分为行政型、市场型和公众参与型三类，以下便对三种环境规制政策的概念与内涵进行简单阐释。

（一）行政型环境规制

行政型环境规制政策是政府用以控制污染排放的传统手段，是指政府机构为了达到环境规制的目的，不考虑污染控制的执行成本，通过制定环境相关的政策法规，强制生产厂商必须达到一定的污染排放标准和技术标准，完成相应的污染治理目标，实现企业生产过程中造成的环境污染成本内部化。由于行政型环境规制在政策制定过程中与市场存在信息不对称问题，故无法考虑到每个企业的具体情况而进行差别对待，只能制定统一的政策标准且该标准并不具备灵活性。企业对此没有自由选择的权利，否则将受到法律的严厉制裁。

行政型环境规制政策的优点有：第一，政策制定具有很强的针对性，改善环境质量、减少污染排放的目的明确，在解决严重污染等环境问题方面效果显著。第二，改善环境质量具有立竿见影的效果，且这种作用是持续的、可测量的。政府的网络管理系统将各个地区联结起来，环境规制相关规定能够迅速上传下达，企业按规定必须限时达到减排要求，完成环保任务，故环境污染质量可以迅速得到改善，而且政府的规定是具有持续性的，企业必须长期执行，若违反法律规制就会遭到相应的惩罚。此外，由于该类规制工具是针对企业制定统一标准，不涉及企业的差异性，各个企业都将承担相同或相似的污染控制任务，故企业进行污染减排的量是可测的。第三，其他类型环境规制工具需要在行政型规制工具的配合下更好地发挥污染治理的效果。由于其他类型环境规制工具不具有政府强制性执行的特点，企业可能出于自己的利益选择不去执行，将行政型环境规制配合其他规制工具使用可以加强对企业的约束力，从而使企业的违法成本增加，自然会减少其违规行为。

同时，行政型环境规制也存在缺陷和不足。第一，行政型环境规制政策的制定与政策实施效果的监督成本过高。由于政府与市场信息的不对称，且企业没有动力去主动提供真实数据，政府在制定环境规制政策时势必要花费大量的人力物力去搜寻企业真实数据信息，由此便产生了信息搜寻成本，导致政府的监督成本相对较高。第二，存在寻租行为。政府在制定和执行行政型环境规制政策时，被规制企业出于维护自身利益而逃避规制的动机，可能会对政府工作人员进行贿赂，导致政策执行过程产生障碍，执行效率低下，政府规制失灵。第三，导致社会经济效率降低。行政型环境规制政策的制定没有考虑到企业的差异性，不同规模性质的企业为达到同一个环境标准所需的环境治理成本是不同的，导致污染控制边际成本较高的企业面临沉重的负担，而污染控制边际成本较低的企业又不能发挥最大的激励效应使整个工业企业减少环境污染排放，由此将不利于全社会经济效益的提升。

（二）市场型环境规制

市场型环境规制政策是利用市场机制引导、调节经济主体的行为，即谁污染、谁付费，该类型环境规制通过给予企业充分的自主权来激励企业反思自己的生产行为，积极寻找利益最大化条件下的技术水平和污染排放程度。排污费征收在我国各省区市应用广泛，覆盖率达 91%，是市场型环境规制的主要工具，即根据企业排放污染物的浓度和总量来收取费用（潘勤华等，2016）。市场型环境规制政策赋予企业在环境污染治理方面更多自主选择权，这有利于企业在充分的利益权衡后做出最优选择，企业因此有动力进行节能减排，并主动参与到环境污染治理中。

（三）公众参与型环境规制

公众参与型环境规制的主体是社会公众，是通过社会道德、社会舆论、宣传教育等措施引导公众积极参与到环境污染治理活动当中，对企业是否达到规定的排污标准和污染治理效果起到监督作用（王红梅等，2016）。

公众参与型环境规制依照行为主体的不同大致分为两类：一类方式是以政府相关管理部门为主导，具体包括政府对企业污染排放现状的信息公开、发布地区环境质量的实时监测、环保部门对社会公众进行保护环境的宣传教育及征求意见等；另一类是公众主动积极地寻找渠道，通过网络媒体、信访等向政府部门反映环境事件，维护自身的利益。公众通过多种渠道参与到环境污染治理过程当中，其实在一定程度上反映了社会各阶层、各群体的需求和意见，减少了政府的调查及管理成本。但是公众参与型环境规制是公众间接作用于污染治理绩效，其作用效果的发挥需要借助政府部门政策措施的强制执行，并且具有一定的时滞性，后续还需要法律法规与环境标准的辅助。

第二节　环境规制对绿色全要素生产率的影响及其路径

绿色全要素生产率增长是衡量一国经济高质量发展、技术进步以及管理效率提升的重要指标，已然成为现代经济增长的核心（李玲，2012）。现代经济增长理论大致可分为四种：新古典增长理论、结构主义发展理论、新增长理论及制度变迁理论。其中的三条理论从不同角度诠释了经济增长的影响因素：第一，新古典增长理论认为技术进步是经济增长的唯一动力。第二，结构主义发展理论认为结构因素与经济增长相互牵制、相互关联。第三，制度变迁理论认为制度是影响经济增长的根本原因，环境制度是推动绿色全要素生产率可持续发展的重要制度因素，对绿色全要素生产率发展具有根本性的促进作用。基于不同的理论假设与不同数据模型，学者们开始从行业和区域等不同视角研究环境规制对绿色全要素生产率的影响。通过梳理不同学者的研究分析发现，环境规制在技术创新、产业结构、外商直接投资以及区域差异化发展四个方面影响绿色全要素生产率。

一、技术创新

（一）环境规制阻碍技术创新

新古典经济学派针对环境规制与科技创新的关系，提出"遵循成本说"，并认为环境规制对绿色全要素生产率产生负面影响，如图 7-1 所示。一方面，随着环境规制力度的加大，企业污染治理成本增加，会对企业内部生产性投资和创新研发资金产生挤出效应，影响企业技术进步；另一方面，环境规制一般是政府对企业生产决策的一种约束条件，会增大企业管理、生产和销售等不同环节的难度，对企业产生约束效应。以上两种效应的实质是环境外部成本内部化，企业增加了环境治理成本，使得工业企业科技研发投入降低，导致绿色全要素生产率下降（郝丛卉，2019）。

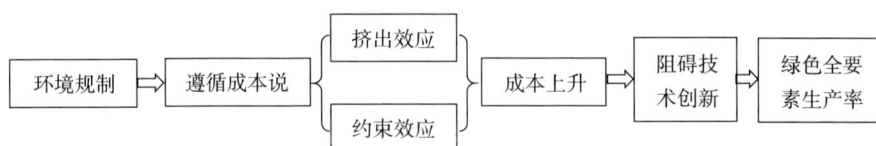

图 7-1　环境规制、技术创新对绿色全要素生产率的阻碍

国内外学者采用实证分析的方法验证了环境规制对技术创新的阻碍作用。蒋伏心等（2013）从静态视角研究发现，环境规制会推高企业生产成本，促使企业将生产转移到周围环境规制较为宽松的地区，有效规避因环境规制而投入的生产成本与研发投入。阿鲁里等（Arouri, et al., 2012）与阿克林（Aklin, 2016）认为，环境规制提高了企业的管理费用与生产成本，且随着环境管制门槛的逐步提高，企业往往会做出牺牲长远利益的错误决策，即减少对技术研发的投入，降低企业技术创新率，绿色全要素生产率也会随之降低。但是，上述学者以企业生产达到均衡状态为基础进行分析，忽略了企业生产的具体变化过程。因此，萨拉特-马尔科、瓦莱斯-希门尼斯（Zárate-Marco & Vallés-Giménez，2012）、陈超凡等（2018）等使用动态面板数据，通过研究企业生产过程中对政府环境规制的具体变化过程，更为科学地分析出环境规制政策会降低企业绿色全要素生产率的结论。此外，李春米、毕超（2011）通过运用 DEA-Malmquist 方法测度我国西部地区工业绿色全要素生产率，结果表明：环境约束下的西部地区工业技术进步缓慢，间接制约了西部地区绿色全要素生产率的提升。进一步，孙玉环等（2018）延长时间维度，利用长期均衡模型来检验环境规制对绿色全要素生产率的影响，验证结果表明环境规制标准

的逐渐提高会增加企业环境治理投入，相应会挤出技术创新投入，进而使得绿色全要素生产率有所下降。

（二）环境规制激励技术创新

以波特（Porter）为代表的修正学派质疑前人提出的环境规制政策阻碍技术创新这一观点，认为环境保护政策从长期来看会对绿色全要素生产率产生积极影响。一方面，虽然环境规制会在短期内抬升企业生产成本，但是环境规制的长期存在会激励企业进行技术创新；另一方面，企业通过技术革新的推动而提高生产效率，通过"干中学"的氛围改进效率，进而提升产业竞争力，实现绿色全要素生产率的提高，如图 7-2 所示。

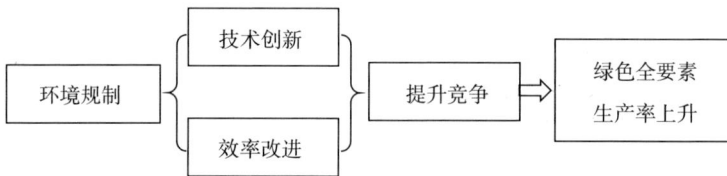

图 7-2　环境规制、技术创新对绿色全要素生产率的提升

波特（Porter，1991）提出"创新补偿说"，认为合理的环境规制政策能够倒逼企业进行技术革新，推动企业形成创新补偿效应，间接提高企业绿色全要素生产率。1991 年他通过对比日本、德国与美国三国政府环境规制与工业发展状况，分析得出日本和德国拥有相对严格的环境规制，并且两国生产率增长速度已经赶超美国。后期的学术研究较多地支持上述观点。塞帕帕迪亚斯、德泽乌（Xepapadeas & de Zeeuw，1999）尝试采用规范的研究方式研究波特假说，通过提出 X-Z 模型，从产出与利润两方面考察环境规制对企业的影响，通过分析得出环境规制有利于企业技术革新。接着，莫尔（Mohr，2002）在 X-Z 模型的基础上，将假定条件更贴近客观事实，通过验证得出：环境规制能够推动企业创新，提升企业生产率的同时，也带来企业的节能减排。郭等（Guo，et al.，2015）从微观角度研究问题，将美国某一城市的炼油厂作为研究指标，结果证明环境政策的标准性对企业绿色全要素生产率呈正相关关系。郭等（Guo，et al.，2015）的实证检验将研究范围缩小，微观校验结果更为准

确。上述学者对环境规制和绿色全要素生产率的研究仅限于从技术革新方面研究，而郝丛卉（2019）采用昆巴卡尔（Kunbhakar）的全要素生产率分解模型，将绿色全要素生产率分解为四个方面，深入剖析环境规制对绿色全要素生产率的影响范围和程度。

二、产业结构

（一）环境规制推动产业结构升级

绿色经济的发展面临趋紧的转型压力与环境规制，产业结构转型升级成为节能减排、保持经济高质量发展的关键路径（原毅军、谢荣辉，2014）。环境规制区分为正式环境规制和非正式规制，徐常萍、吴敏洁（2012）从正式环境规制的基础上，实证分析出环境规制与产业结构调整呈正相关关系。李强（2013）在以上分析的基础上，利用非线性整数规划模型（即 Baumol 模型）论证出在经济发展较为先进的地区，环境规制对产业结构升级具有正面影响。环境规制的高标准，一方面会倒逼污染企业加大研发投入，增强绿色管理，努力实现工业绿色化生产；另一方面会提升资本有效利用率，将劳动与物质资本充分利用到产业技术升级上去，提升高附加值的服务与产品质量，进而提升绿色全要素生产率，如图 7-3 所示。

（二）环境规制导致产能过剩

环境规制是政府通过行政手段对工业企业的生产行为的管制，减少企业在生产过程中对环境的破坏。然而，克罗珀、奥茨（Cropper & Oates，1992）通过经验研究发现，对于经济相对落后的地区，其企业生产过程中的技术水平与投资水平基本处于平稳状态。并且他从静态角度分析环境规制与工业企业问题，研究发现若短期内实行环境规制，不仅不能够改善污染密集型企业根深蒂固的生产模式，而且打击企业技术革新的积极性，降低企业竞争力，阻碍整个产业系统升级，降低该地区绿色全要素生产率。另外，拉诺伊等（Lanoie，et al.，2008）转换研究角度，从生产与投资的角度研究发现，环境规制实施以后，随着企业生产成本的增加，企业为追逐利润减少对企业投资，引发企业生产过程中产能过剩，环境污染进一步加剧，如图 7-3 所示。

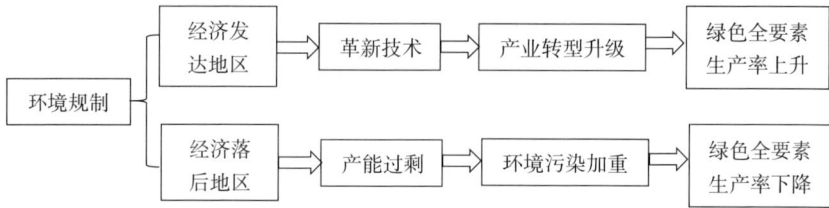

图 7-3 环境规制、产业结构与绿色全要素生产率

三、外商直接投资

(一) 污染天堂效应

关于外商直接投资与环境污染的关系上，学术界在深入剖析过程中形成一些具有创新性的理论。瓦尔特、乌格罗 (Walter & Ugelow，1979) 通过研究外商直接投资对发展中国家污染排放的影响，提出"污染天堂"假说。他认为，东道国会利用自由贸易的契机，以低标准的环境规制吸引发达国家的外商直接投资，污染企业为躲避发达国家严格的环境规制，将把企业转移至东道国，从而导致东道国环境恶化，下降，成为污染企业的"避难所"。接着，埃斯蒂、杜瓦 (Esty & Dua，1997) 在"污染天堂"假说的研究基础上，提出"向底线赛跑"假说，他们从宏观角度分析，认为各国为吸引外商直接投资流入，会以较低的环境约束政策与其他国家形成竞争，导致国内的污染排放严重，环境质量恶化，使得绿色全要素生产率下降。在上述假说的研究基础上，尹等 (Yin，et al.，2015) 将研究范围缩小至我国，通过对"污染天堂"假说进行检验发现，我国的污染企业利用区域间环境管制的强度差异，将企业由东部沿海转移至中部、西部地区，导致中西部地区环境污染加重，并且绿色全要素生产率随之下降，如图 7-4 所示。

(二) 污染光环效应

有些学者对"污染天堂"假说提出质疑，并提出"污染光环"假说。该假说认为跨国公司在对外直接投资时，会将先进的清洁技术引入东道国，带动东道国经济的发展，并对其环境带来有利影响。随着外商直接投资的不断投入，东道国的企业会相继进入企业技术革新行列中去，一方面实现国内经济水平的上升，另一方面改善国内环境，有效降低东道国外商直接投资（王晓娟，2019）。此外，张伟（2012）认为，环境规制标准越高的东道国，越能够吸引外商投资将高端环境技术转移至该国，并且经技术溢出会出现创新"乘数效应"，降低该国的环境污染指数，工业企业外商直接投资也会随之下降。学术界对外商直接投资是否对东道国具有"污染光环"效应这一问题存在争议，一些学者采取实证研究的方法以证实以上观点。埃斯克兰（Eskeland，1997）采用类比法，对科特迪瓦、委内瑞拉、墨西哥和摩洛哥四个发展中国家的外商投资数据进行对比，分析发现跨国企业将创新与清洁技术带入四国，并且提高四国的能源使用效率。然而，上述研究结论依赖于专家主观判断，缺乏一定的客观性。而李光龙、范贤贤（2019）则选用更为客观的固定效应模型，对我国 30 个省区市的动态面板数据进行分析，其结果显示贸易开放环境下，环境规制较为宽松，而外商直接投资对我国东部沿海地区的绿色全要素生产率具有显著的促进作用，如图 7-4 所示。

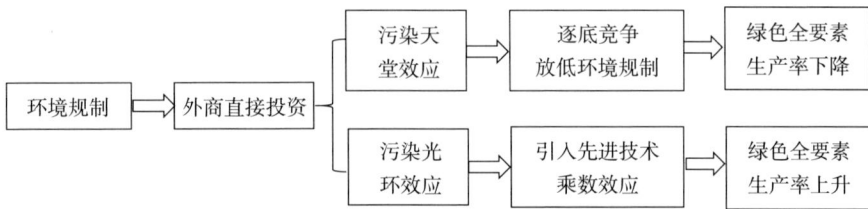

图 7-4　环境规制、外商直接投资与绿色全要素生产率

四、区域差异

（一）污染共治

环境污染具有较强的外部性，相邻区域若经济水平相当，则联合治理可以达到事半功倍的效果，即相邻区域间的环境污染共治能够实现整个片区的环境改善，提升该片区绿色全要素生产率。埃塞尔（Ethier，1998）针对区域环境跨境污染的现象提出新区域主义理论，该理论倡导跨境区域环境污染共同治理机制，多元主体共同参与环境治理以实现跨界区域绿色全要素生产率同步提高。后期学者基于新区域主义视角，将区域跨境环境规制与企业升级这种政府

间关系与非政府组织的关系相结合，实现区域治理中的帕累托最优，共同推进片区内不同区域的绿色全要素生产率提升（全永波，2012）。近几年，学者们开始运用计量模型验证污染共治理论，如宋爽（2017）基于动态空间杜宾模型实证研究了环渤海经济区2003—2014年环境规制强度在污染密集产业投资的空间外溢效应，发现区域之间环境治理的互联互通能够对环保起到更为明显的效果，如图7-5所示。

（二）污染转移

朱金鹤、王雅莉（2018）基于环境治理外部性原理，认为我国受到不同区域之间的经济发展水平、企业相机决策与政府工作人员执行程度之间差异的影响，环境规制目前已经存在地区污染梯度差，导致污染密集的产业由东部地区转移至邻近的中部地区，污染由东部地区向中西部地区转移，使得东部地区绿色全要素生产率上升而邻近的中部地区绿色全要素生产率下降。朱金鹤、王雅莉（2018）的污染转移论分析引起污染转移的因素较为全面，但其研究停留在理论分析层面，未进行实证研究，而陆立军、陈丹波（2019）基于我国30个省区市数据，利用空间自滞后模型对政府工作人员执行程度这一影响因素进行实证研究，结果显示不同地区间环境规制的治理效果存在梯度差，东部地区污染企业开始向中西部地区转移，导致东部地区绿色全要素生产率上升，而中西部地区绿色全要素生产率下降，如图7-5所示。

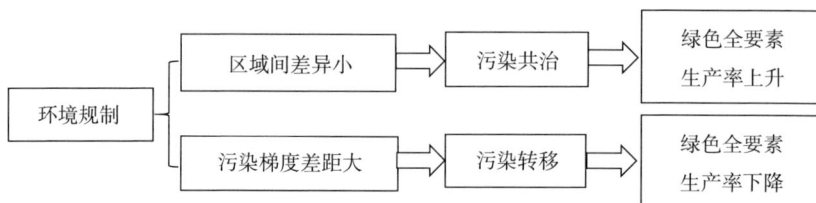

图7-5 环境规制、区域差异与绿色全要素生产率

第三节 环境规制对绿色全要素生产率的影响

由环境规制影响绿色全要素生产率的因素分析可知，环境规制主要通过环

境成本和技术创新对绿色全要素生产率产生影响，且该影响正、负效应并存，故环境规制对绿色全要素生产率的作用效果是不确定的，需要结合具体情况及各种效应产生的大小进行判断。国内外学者对环境规制与绿色全要素生产率之间的关系进行了较为全面的研究，但这些研究通常不区分环境规制类型，而是将环境规制视为一个整体，以一个综合变量笼统地反映环境规制强度。越来越多的学者开始对环境规制的作用持审慎态度，张平等（2016）、汪海凤等（2018）认为环境规制类型的发挥与监管强度有关，有关环境规制不同类型实施效果的实证验证也日益细化。不同类型环境规制工具对全要素生产率的作用机制和作用效果存在较大差异，主流经济学从环境规制效果角度出发，通过理论论证了市场型环境规制相比于命令控制型环境规制能够更好地发挥环境污染治理的作用。韦茨曼（Weitzman，1974）最早证明得出，当企业预期边际减污成本曲线比预期边际减污收益曲线更陡峭时，企业采用税收为主的市场型环境规制工具比单独采用命令控制型规制工具取得的效果好。米利曼、普林斯（Milliman & Prince，1989）发现排污收费或排污权交易许可证等市场激励型环境规制相比于政府颁布环境法案或设立环境标准而言，更能有效倒逼企业进行绿色清洁技术的创新。

国内对环境规制与工业绿色发展的探讨起步较晚，从不同类型环境规制工具对绿色全要素生产率产生的作用效果来看，大多数学者表示命令控制型环境规制的作用非常有限，对技术创新经济绩效和生态绩效的影响都不显著（马富萍等，2011；占佳、李秀香，2015；彭星、李斌，2016）。但申晨、林沛娜（2017）在相关理论分析的基础上，检验得出命令控制型环境规制与我国工业绿色全要素生产率的变化表现为 U 形结构的结论。张江雪等（2015）则认为，某地区命令控制型环境规制的实行明显正向推动当地绿色全要素生产率。短期来看，市场激励型环境规制不利于企业技术创新，但这种抑制效果会随时间逐渐减弱并转而促进技术创新，而且这种激励作用是长期有效的，能够更大程度地推动产业升级（占佳、李秀香，2015；申晨、林沛娜，2017；韩晶等，2019）。也有学者认为市场激励型环境规制虽然可以促进企业自主进行技术革新与进步，并降低企业政策执行成本，但面对复杂的环境问题时，政府管制型规制工具在短时间内更能起到明确和显著的规制效果（曾冰等，2016；王班班、齐绍洲，2016）。关于公众参与型环境规制的效果，彭星、李斌（2016）发现自愿意识型环境规制可明显促进工业绿色转型，张江雪等（2015）则通过实证分析证明公众参与型环境规制对绿色全要素生产率的作用并不显著，而占佳、李秀香（2015）则提出在短时间内公众参与型环境规制明显有利于技术创新，但长期来看这种正向作用不存在甚至会抑制创新。

还有一些研究将环境规制工具分为费用型和投资型两类进行探讨，发现费用型环境规制会显著增加企业环境成本，在短期内能有效促进企业污染减排和环境治理，但长期来看效果并不可观。投资型环境规制的长期实施可激励企业进行技术引进与创新，但需要借助市场机制相关的环境规制工具的配合，而且政府投资力度需要限定在一个合理的范围内。所以说，环境规制对绿色全要素生产率的作用效果不能一概而论，这与规制工具的选择有关。环境规制政策对绿色全要素生产率的作用效果不仅会受到环境规制类型的影响，其监管强度的不同也可能带来不同的政策效应，环境规制的强度并非越高越好，它对绿色全要素生产率的影响可能具有非线性结构（陈玉龙、石慧，2017）。

已有研究中关于环境规制强度的衡量方式有：（1）环境规制法律政策的颁布数量；（2）依照基于市场机制对企业征收的排污费金额来衡量；（3）采用政府环境污染治理投资总额来衡量；（4）用地区人均生产总值衡量环境规制强度；（5）根据环境污染物排放体积或密度来衡量，可知环境规制强度的测量方法多种多样。合理的环境规制强度是保证地区经济发展与环境改善双赢的关键，很多学者的相关研究表明，环境规制强度与绿色全要素生产率的关系存在拐点。环境规制的强度并非越高越好，只有当该强度结合地区状况处在一个适当的范围内时，才能通过优化升级工业结构来提高地区绿色全要素生产率；若盲目提高环境规制的强度，使其超过一个临界值时，很有可能产生资源配置失效，造成绿色全要素生产率的下降。蔡乌赶、周小亮（2017）从规制分类的视角出发，将环境规制工具分为命令控制型、市场型和自愿型规制工具，基于全国整体实证检验三种环境规制与绿色全要素生产率的关系，结果显示命令控制型规制工具对绿色全要素生产率的作用不显著，市场型规制工具对绿色全要素生产率的影响呈倒 U 形结构，而自愿型规制工具对绿色全要素生产率的影响呈 U 形。刘和旺、左文婷（2016）首先对市场激励型环境规制影响绿色全要素生产率的相关理论进行分析，进一步通过实证证明了二者变化之间表现为倒 U 形结构。

第四节　理论分析与研究假设

本书在借鉴 Mohr 模型思路的基础上，构建理论模型，将绿色全要素生产率的工业无效率值纳入研究，并引入 GMM 模型和门槛模型深入测算环境规制与无效率值间的非线性关系，更加全面地探究工业环境规制对绿色全要素生产率的影响。

本节将借鉴 Mohr 模型的思路，根据波特假说中适当的环境规制能够提升环境质量、增加整个企业产出的结论，实证检验行政型、市场型和公众参与型环境规制与工业绿色全要素生产率的关系。此外，本书增加了新的假设，以期使环境规制对绿色全要素生产率变化的作用机制更加清晰。

一、初始 Mohr 模型

假设存在 N 个同质的生产者，即所有的生产者都使用相同的生产技术，每个人每一段时间被赋予 l 个劳动单位，这些劳动会被投入生产期望产出 c 中去，总劳动供给为 $L = Nl$。其中小写字母表示人均量，而大写字母表示总量。期望产出 c 的产量得益于积极的生产外部性，即任何的劳动生产依赖于资本 K。因此，本书定义 K 是在一段时间内（τ，从 0 至 t）使用同种技术的劳动量：

$$K_t = \int_0^t L_\tau d\tau \tag{7.1}$$

期望产出 c 在生产时会排放一种对环境有害的废物 w，生产者往往不会因排放废物存在个人损失。在相同的生产技术条件下，单位时间产出为

$$c_t = f(l_t, w_t, K_t) \tag{7.2}$$

其中，t 为时间约束，不论有多少企业，只要进行产品生产，就会存在 l_t、w_t、K_t 三种投入，并且也一定存在产出 f。假定当 w 趋于 0 时，$df/dl>0$，$d^2f/dl^2<0$；$d^2f/dw^2<0$；$df/dK>0$，$d^2f/dK^2<0$。假定生产产品 c_t 时，非期望产出即废物的排放量达到最大量 $\bar{w}$，即非期望产出的边际生产量为 0，即若 $w=\bar{w}$，那么 $df/dw=0$。企业生产效用取决于期望产出 c 与非期望产出（即废物产生量）$W=Nw$。企业生产决策时根据未来消费的贴现率 β，因而剩余时间内企业生产效用为

$$u = \int_t^\infty \beta^{(\tau-t)} (c_\tau - \gamma W_\tau) \, d\tau \qquad (7.3)$$

其中，γ 为总污染边际效用成本参数。

总人口和技术是固定的，政府和企业唯一可以改变的是非期望产出 w，即废弃物排量，因而政府在每个时期需要解决的是环境质量下降产生的负效应等于消费上升的边际正效应。

$$\gamma N = \frac{df}{dw} \qquad (7.4)$$

全体厂商非期望产出为 $W=N\bar{w}$。与政府相比，企业更注重利益最大化，其会选择生产到其非期望产出的边际产量为 0 为止，即 $df/dw=0$。

二、考虑环境规制后的 Mohr 模型

当存在环境规制时，假定企业要承担污染排放的治理成本，即缴纳一种污染税，企业需缴纳的税额为 γN。政府征收污染税能减少非期望产出 c 排放，改善环境质量，但增加了企业生产中的环境治理成本。波特假说认为合理的环境规制在后期能够推动企业进行技术创新。

假定企业将技术创新为 g，则对于任何的 l、w、和 K，都有：

$$f(l, w, K) < g(l, w, K) \qquad (7.5)$$

公式（7.5）表明，l、w 和 K 投入相同的条件按下使用技术 h 的产出更多。

定义生产函数 $g(l, w, K)$ 为企业在受到政府环境规制时，会使用创新

技术 h 以减少生产时非期望产出 w 的排放。政府的环境规制强制要求企业降低一定量的非期望产出 w，且 $0 < f < g(l, w_h, K)$，则企业在每个时点上必须选择 w_h 并解决：

$$max\int_t^\infty \beta^{t-1} [g(l_{h\tau}, w_{h\tau}, K_{h\tau}) - \gamma w_{h\tau}] d\tau \qquad (7.6)$$

约束条件：对于所有的 τ，$w_{h\tau} \le (\bar{w} - w)$。

由于政府对企业的污染排放量规定了一定的减少标准，且 $w>0$，因而环境质量得到改善。企业的技术创新在前期会受到各种因素的限制，如果环境规制过于严格，超出企业的承受能力，或者是企业技术创新无法达到环境规制的标准，则会再次降低绿色全要素生产率。基于波特假说理论，本书对环境规制和绿色全要素生产率的关系提出以下假设：初期，环境规制会降低工业企业的绿色全要素生产率，而后随着企业技术的创新与发展，其工业效率和绿色全要素生产率也在逐步提高。总而言之，本书假定行政型环境规制对绿色全要素生产率的影响呈倒 U 形结构。接着，本书将利用面板数据验证环境规制与绿色全要素生产率之间的关系。根据以上的理论分析，本书提出以下研究假设：

假设 1：在其他条件相同的条件下，适当的环境规制有利于工业绿色全要素生产率的提升。

假设 2：环境规制关于假设的问题对绿色全要素生产率的影响呈倒 U 形结构，并且在不同的环境规制类型和强度之下，环境规制对绿色全要素生产率之间存在门槛效应。

第五节　研究设计

一、面板数据模型

面板数据也称平行数据，指的是在一段时间序列内对一组个体数据变化情况的观测，是界面上个体在不同时点的重复观测数据。自面板模型被引入计量经济学以来，就受到众多学者的关注，其可以利用面板数据建立模型，能够增加估计量的抽样精度，并且可以获得更多的动态信息。面板数据既有横截面的维度（n 位个体），又有时间维度（T 个时期）。同横截面数据模型和时间序列模型相比，面板数据模型具有显示个体差异、控制涉及地区和时间为常数的情况，并且可对同一界面单元集进行考察等优点（李玲，2012）。此外，面板数据样本容量较大，可以提高精确的准确度，其包含时间和横截面两个维度，可以提供更多个体动态行为的信息。在实证分析中，模型设定对于面板数据模型的建立起着至关重要的作用，如果起初模型设定有误，则后面的测算会出现较大偏误，导致结论的错误（安宁宁、韩兆洲，2014）。因此，建立面板数据模型的首要工作是找到与样本数据相符合的面板模型形式，以避免模型设定的偏差。本书以我国 30 个省区市 1998—2016 年的数据为样本，样本数据符合面板数据模型的要求，选用的面板数据回归模型的一般形式为

$$y_{it} = \alpha_0 + \sum_{k=1}^{k} \beta_{ki} x_{kit} + u_{it} \qquad (7.7)$$

其中，i 表示横截面数量，$t = 1，2，3，…，T$ 表示时间，表示已知的 T 个时点。Y_{it} 是被解释变量对个体 i 在 t 时的观测值，x_{kit} 是第 k 个非随机解释变量对于个体 i 在 t 时的观测值，β_{ki} 是待估计的参数，u_{it} 是随机误差项。

二、基于环境绩效测度模型的实证分析

（一）环境绩效测度模型的构建

在环境规制下，本书需要考虑的目标为投入一定的情况下实现去往产出的最大和非期望产出的最小，即通过增大期望产出、削减非期望产出的同时进行达到期望的企业生产，本书借鉴郝珍珍等（2014）对环境高绩效的测度方法，采用环境方向距离函数测算环境规制下的环境绩效。在方向向量 $h = (h_c，-h_w)$ 下，本文设定的方向距离函数为

$$\vec{D_0}(x，c，b；h_c，-h_w) = sup\{\beta：(c + \beta h_c，u - \beta h_w) \in P(x)\} \qquad (7.8)$$

其中，$x = (x_1，x_2，…，x_N) \in R_+^N$ 为 N 种投入，$c = (c_1，c_2，…，c_M) \in R_+^M$ 为 M 种期望产出（即"好"产出，如工业总产值等），$w = (w_1，w_2…，w_T) \in R_+^T$ 为非期望产出（即"坏"产出，如污染物排放）；$P(x) = \{(c，w)：x 能生产(c，w)\}$，

$x \in R_+^N$。并且闭集、凸集、有界集 $P(x)$ 满足以下条件：

第一，强可处置性。投入和期望产出是可以自由处理的，即期望产出在相同投入和环境约束下，其产出数量的可变的，可多可少，产出数量的差异反映了环境规制下企业技术效率水平的高低。

第二，零结合性，即期望产出的生产一定伴随着"坏"的产出。

第三，联合弱可处置性。在一定的技术条件下，期望产出和非期望产出具有同比例增减性，即生产中将投入的一部分用于购置污染治理设备，期望产出因投入减少而减产。

（二）环境绩效测度模型设定

本书在非参数前沿方向和环境方向距离函数方法，建立环境规制下的环境绩效测度模型，并通过测度环境绩效得到环境无效率值。控制非期望的产出量需要一定的投入，环境规制下对非期望产出是弱可处置性，并且满足上述所列出的零结合性条件，因而非期望产出的减少伴随着期望产出投资的缩减。根据以上分析，本书设定的环境规制下的方向距离函数为

$$\vec{D}_0^R(x, c, w; c, -w) = sup\{\beta: [(1+\beta)c, (1-\beta)w] \in P^R(x)\}$$

$$(7.9)$$

其中，上标 R 表示非期望产出具有弱可自由处置性。

接着，本书根据毕加索-塔德奥等（Picazo-Tadeo, et al., 2005）的研究思路，通过 DEA 模型取得评价决策单元环境绩效的方向距离函数最优值 β^*，且列出的模型如下所示：

$$\vec{D}_0^R(x, c, w) = \max_{\beta \geq 0} \beta$$

$$s.t. \sum_{i=1}^N \lambda_i c_i \geq (1+\beta)c_k, \quad k = 1, 2,..., N \quad (7.10)$$

$$\sum_{i=1}^N \lambda_i w_i = (1-\beta)w_k, \quad k = 1, 2,..., N \quad (7.11)$$

$$\sum_{i=1}^N \lambda_i xi_i \leq x_k, \quad k = 1, 2,..., N \quad (7.12)$$

$$\sum_{i=1}^N \lambda_i = 1 \quad (7.13)$$

$$\lambda_i \geq 0, \quad i = 1, 2,..., N$$

其中，不等式约束集（7.10）、（7.12）分别表示期望产出、投入是强可处置性的，等式约束集（7.9）表示非期望产出是弱可处置性的，约束集（7.13）表示产出集是凸集且满足规模报酬可变。λ 是活动向量，其目的是让各决策单元的有效点连接起来形成有效的生产前沿面，最优值 β^* 是环境规制下生产决策单元的环境无效率值。若 $\beta^* = 0$，则表示决策单元位于生产前沿面上，达到环境效率的帕累托最优；若 $\beta^* < 0$，则表示决策单元位于生产前沿面外，且 β^* 的值越小，则表示决策单元距离生产前沿面越近，环境效率越高；反之，若 β^* 越大，则环境效率越低（全良等，2019）。

（三）环境绩效测度结果分析

本书以 1998—2016 年我国 30 个省区市工业面板数据为数据源，采用非参数前沿分析法和方向距离函数法测算我国环境规制下我国各省环境无效率值。其中，以资本存量、能源消耗量和从业人员数作为投入变量，以工业销售产值作为期望产出（即"好"产出），以 SO_2、CO_2、工业固体废弃物作为非期望产出（"坏"产出）。在方向向量 $h = (h_c, -h_w)$ 下，模型 I 得到环境规制规模报酬可变和规模报酬不变情况下工业分省份的方向距离函数最优值 β^*，如表 7-3 和表 7-4 所示。

由以上的分析结果可得出以下结论：通过对表 7-3、表 7-4 的对比，规模可变和规模不变无效率值的发展状况大致相同，上海、广东和北京三个省（市）的无效率值最低，表明这三个省（市）的技术效率最高，并且东部沿海地区的无效率值普遍低于中西部地区，说明东部地区的技术效率高于中西部地区，地区之间的技术效率水平存在较大差距。从时间维度上看，全国 30 个省区市的无效率值波动幅度较小。通过对比表 7-3、表 7-4 的平均值来看，我国规模可变无效率数值普遍低于规模不变无效率数值。

三、基于 GMM 模型的实证分析

前文测算了我国工业绿色全要素生产率和工业无效率值，接下来，本书将用工业无效率值实证分析环境规制与工业绿色全要素生产率之间的关系，以前文测算的工业无效率值为因变量，以环境规制指标为自变量，并且引入相关控

表7-3　我国30个省区市工业环境规模报酬可变无效率值（Vscore）测算结果（1998—2016年）

省份	1998	1999	2000	2001	2002	2003	2004	2005	2006	2007	2008	2009	2010	2011	2012	2013	2014	2015	2016	平均值
北京	0.341	0.307	0.244	0.217	0.233	0.210	0.101	0.107	0.075	0.031	0.038	0.044	0.059	0.074	0.085	0.023	0.029	0.034	0.010	0.119
天津	0.100	0.109	0.180	0.178	0.200	0.225	0.098	0.145	0.168	0.173	0.131	0.150	0.183	0.167	0.176	0.165	0.171	0.170	0.170	0.161
河北	0.594	0.633	0.654	0.665	0.678	0.642	0.541	0.537	0.536	0.529	0.480	0.502	0.468	0.463	0.473	0.486	0.485	0.496	0.465	0.544
山西	0.575	0.658	0.700	0.724	0.721	0.659	0.558	0.578	0.553	0.551	0.515	0.646	0.618	0.591	0.643	0.704	0.818	1.036	0.937	0.673
内蒙古	0.714	0.806	0.814	0.878	0.900	0.868	0.769	0.660	0.716	0.623	0.529	0.511	0.506	0.482	0.557	0.602	0.625	0.628	0.516	0.669
辽宁	0.429	0.447	0.423	0.427	0.436	0.432	0.394	0.401	0.413	0.399	0.337	0.332	0.278	0.304	0.280	0.299	0.367	0.522	0.647	0.398
吉林	0.369	0.376	0.357	0.360	0.372	0.370	0.375	0.440	0.424	0.429	0.406	0.397	0.367	0.361	0.359	0.355	0.362	0.382	0.313	0.378
黑龙江	0.461	0.408	0.363	0.410	0.431	0.466	0.452	0.495	0.469	0.546	0.521	0.656	0.597	0.567	0.604	0.573	0.638	0.752	0.674	0.528
上海	0.114	0.120	0.145	0.113	0.157	0.075	0.081	0.064	0.043	0.059	0.060	0.060	0.041	0.021	0.080	0.122	0.161	0.149	0.126	0.094
江苏	0.205	0.260	0.277	0.283	0.277	0.259	0.127	0.139	0.166	0.092	0.067	0.042	0.092	0.052	0.012	0.013	0.015	0.038	0.012	0.128
浙江	0.264	0.293	0.274	0.256	0.270	0.266	0.135	0.092	0.128	0.083	0.100	0.118	0.136	0.167	0.193	0.209	0.223	0.264	0.172	0.192
安徽	0.434	0.485	0.515	0.538	0.543	0.556	0.503	0.493	0.516	0.467	0.423	0.418	0.372	0.319	0.336	0.319	0.310	0.312	0.207	0.424
福建	0.225	0.278	0.329	0.304	0.287	0.320	0.284	0.367	0.359	0.366	0.353	0.371	0.337	0.304	0.313	0.299	0.296	0.300	0.231	0.312
江西	0.504	0.592	0.693	0.715	0.776	0.917	0.805	0.667	0.780	0.548	0.464	0.471	0.427	0.421	0.413	0.397	0.374	0.385	0.275	0.559
山东	0.412	0.419	0.430	0.418	0.437	0.409	0.327	0.274	0.297	0.243	0.172	0.177	0.187	0.207	0.194	0.156	0.180	0.204	0.192	0.281
河南	0.459	0.492	0.530	0.553	0.585	0.589	0.548	0.513	0.527	0.476	0.444	0.471	0.454	0.413	0.417	0.402	0.384	0.373	0.207	0.465
湖北	0.374	0.444	0.466	0.491	0.519	0.590	0.598	0.603	0.593	0.564	0.470	0.465	0.421	0.410	0.407	0.363	0.369	0.367	0.255	0.462
湖南	0.597	0.656	0.682	0.724	0.753	0.773	0.704	0.653	0.686	0.595	0.525	0.524	0.470	0.429	0.433	0.423	0.422	0.412	0.346	0.569

续表

省份	1998	1999	2000	2001	2002	2003	2004	2005	2006	2007	2008	2009	2010	2011	2012	2013	2014	2015	2016	平均值
广东	0.051	0.081	0.107	0.143	0.166	0.145	0.125	0.104	0.048	0.066	0.056	0.111	0.082	0.077	0.139	0.124	0.146	0.165	0.169	0.111
广西	0.589	0.715	0.819	0.879	0.987	1.052	0.921	0.913	0.955	0.886	0.783	0.849	0.757	0.595	0.541	0.492	0.480	0.460	0.376	0.739
海南	0.096	0.104	0.113	0.121	0.130	0.142	0.141	0.157	0.165	0.122	0.104	0.181	0.252	0.307	1.366	1.748	2.051	2.060	1.884	0.592
重庆	0.506	0.616	0.613	0.679	0.708	0.717	0.685	0.747	0.771	0.686	0.621	0.627	0.575	0.533	0.551	0.484	0.461	0.441	0.339	0.598
四川	0.566	0.620	0.740	0.784	0.802	0.818	0.712	0.640	0.664	0.584	0.527	0.510	0.493	0.454	0.501	0.486	0.362	0.471	0.423	0.587
贵州	0.568	0.620	0.666	0.739	0.804	0.837	0.735	0.782	0.738	0.787	0.761	0.833	0.849	0.834	1.180	1.152	1.187	1.172	1.073	0.859
云南	0.466	0.599	0.697	0.712	0.737	0.796	0.726	0.729	0.751	0.731	0.714	0.880	0.913	0.957	1.279	1.250	1.517	1.460	1.590	0.921
陕西	0.576	0.604	0.629	0.677	0.741	0.793	0.680	0.671	0.698	0.662	0.607	0.661	0.612	0.590	0.518	0.524	0.498	0.528	0.411	0.615
甘肃	0.549	0.586	0.584	0.616	0.713	0.810	0.727	0.669	0.692	0.636	0.680	0.796	0.770	0.760	0.771	0.778	0.828	1.066	0.932	0.735
青海	0.031	0.031	0.081	0.130	0.180	0.486	0.456	0.551	0.529	0.576	0.525	0.668	0.626	0.636	1.352	1.007	0.970	1.041	0.930	0.569
宁夏	0.283	0.341	0.415	0.470	0.620	0.729	0.603	0.673	0.644	0.683	0.686	0.824	0.514	0.506	0.488	0.499	0.573	0.573	0.595	0.564
新疆	0.577	0.607	0.499	0.565	0.658	0.671	0.601	0.562	0.623	0.578	0.527	0.636	0.585	0.603	1.112	1.267	1.346	1.879	1.978	0.835
平均值	0.399	0.444	0.468	0.492	0.527	0.554	0.484	0.481	0.491	0.459	0.421	0.464	0.435	0.420	0.526	0.524	0.555	0.605	0.548	

表7-4 我国30个省区市工业环境规模报酬不变无效率值（Cscore）测算结果（1998—2016年）

省份	1998	1999	2000	2001	2002	2003	2004	2005	2006	2007	2008	2009	2010	2011	2012	2013	2014	2015	2016	平均值
北京	0.399	0.365	0.299	0.270	0.285	0.255	0.134	0.126	0.082	0.039	0.046	0.054	0.066	0.078	0.087	0.029	0.033	0.037	0.015	0.142
天津	0.189	0.173	0.237	0.237	0.258	0.273	0.141	0.174	0.203	0.199	0.153	0.165	0.199	0.171	0.177	0.168	0.175	0.173	0.191	

续表

省份	1998	1999	2000	2001	2002	2003	2004	2005	2006	2007	2008	2009	2010	2011	2012	2013	2014	2015	2016	平均值
河北	0.597	0.641	0.676	0.698	0.720	0.681	0.544	0.552	0.544	0.547	0.483	0.506	0.478	0.485	0.492	0.505	0.498	0.500	0.483	0.559
山西	0.616	0.698	0.737	0.756	0.748	0.678	0.571	0.580	0.561	0.554	0.523	0.647	0.622	0.612	0.704	0.823	0.957	1.222	1.020	0.717
内蒙古	0.794	0.879	0.882	0.939	0.973	0.932	0.814	0.695	0.761	0.649	0.547	0.525	0.518	0.492	0.565	0.608	0.630	0.636	0.523	0.703
辽宁	0.442	0.460	0.434	0.442	0.451	0.445	0.404	0.405	0.420	0.400	0.354	0.356	0.321	0.352	0.335	0.347	0.396	0.544	0.696	0.421
吉林	0.432	0.440	0.419	0.422	0.430	0.425	0.424	0.477	0.467	0.459	0.432	0.420	0.387	0.375	0.372	0.367	0.374	0.396	0.315	0.412
黑龙江	0.440	0.449	0.401	0.451	0.472	0.498	0.484	0.512	0.493	0.560	0.531	0.660	0.600	0.579	0.619	0.574	0.652	0.769	0.721	0.551
上海	0.132	0.136	0.160	0.126	0.169	0.082	0.086	0.067	0.047	0.072	0.068	0.063	0.044	0.025	0.093	0.140	0.179	0.182	0.219	0.110
江苏	0.247	0.271	0.291	0.298	0.297	0.291	0.202	0.217	0.243	0.181	0.153	0.126	0.056	0.065	0.062	0.055	0.048	0.052	0.059	0.169
浙江	0.272	0.300	0.280	0.261	0.272	0.271	0.189	0.174	0.193	0.172	0.165	0.136	0.181	0.206	0.224	0.228	0.235	0.276	0.196	0.223
安徽	0.471	0.516	0.544	0.564	0.566	0.575	0.515	0.499	0.524	0.484	0.436	0.430	0.379	0.322	0.339	0.321	0.310	0.312	0.228	0.439
福建	0.283	0.330	0.372	0.346	0.324	0.347	0.305	0.379	0.374	0.376	0.361	0.378	0.341	0.306	0.315	0.300	0.300	0.302	0.236	0.330
江西	0.569	0.654	0.748	0.772	0.817	0.945	0.821	0.669	0.788	0.554	0.483	0.488	0.440	0.431	0.421	0.404	0.379	0.390	0.275	0.581
山东	0.417	0.422	0.431	0.418	0.440	0.426	0.369	0.341	0.355	0.317	0.263	0.262	0.270	0.292	0.276	0.231	0.223	0.231	0.205	0.326
河南	0.473	0.498	0.531	0.557	0.597	0.607	0.561	0.516	0.540	0.476	0.455	0.480	0.470	0.441	0.442	0.427	0.408	0.386	0.225	0.478
湖北	0.392	0.463	0.486	0.504	0.531	0.592	0.599	0.603	0.596	0.574	0.479	0.472	0.425	0.411	0.408	0.366	0.371	0.369	0.292	0.470
湖南	0.624	0.683	0.704	0.741	0.765	0.780	0.706	0.672	0.697	0.599	0.525	0.529	0.476	0.431	0.435	0.425	0.423	0.413	0.362	0.578
广东	0.120	0.131	0.172	0.204	0.225	0.221	0.158	0.190	0.200	0.178	0.148	0.182	0.144	0.123	0.167	0.141	0.150	0.168	0.160	0.168
广西	0.645	0.768	0.865	0.943	1.028	1.079	0.944	0.919	0.966	0.892	0.785	0.850	0.768	0.610	0.551	0.496	0.489	0.470	0.390	0.761

续表

省份	1998	1999	2000	2001	2002	2003	2004	2005	2006	2007	2008	2009	2010	2011	2012	2013	2014	2015	2016	平均值
海南	0.483	0.538	0.553	0.562	0.576	0.541	0.506	0.476	0.506	0.411	0.425	0.486	0.486	0.512	2.048	2.398	2.721	2.737	2.617	1.031
重庆	0.571	0.677	0.679	0.734	0.759	0.756	0.713	0.763	0.790	0.698	0.634	0.638	0.581	0.533	0.559	0.493	0.474	0.453	0.343	0.624
四川	0.582	0.633	0.750	0.790	0.803	0.831	0.745	0.676	0.703	0.599	0.535	0.515	0.494	0.454	0.502	0.487	0.382	0.472	0.438	0.599
贵州	0.676	0.724	0.761	0.827	0.884	0.917	0.806	0.838	0.801	0.838	0.803	0.869	0.879	0.857	1.201	1.166	1.195	1.172	1.103	0.911
云南	0.523	0.647	0.740	0.758	0.779	0.836	0.756	0.744	0.773	0.744	0.726	0.882	0.928	1.020	1.387	1.347	1.642	1.581	1.723	0.976
陕西	0.630	0.656	0.676	0.716	0.772	0.815	0.693	0.672	0.704	0.664	0.611	0.661	0.631	0.619	0.520	0.525	0.499	0.529	0.413	0.632
甘肃	0.632	0.666	0.655	0.682	0.773	0.866	0.771	0.707	0.733	0.666	0.707	0.821	0.790	0.777	0.791	0.795	0.846	1.088	0.932	0.774
青海	0.465	0.528	0.513	0.637	0.707	0.978	0.818	0.819	0.853	0.808	0.712	0.880	0.812	0.810	1.817	1.345	1.292	1.376	1.223	0.915
宁夏	0.702	0.748	0.770	0.821	1.005	1.049	0.852	0.870	0.872	0.866	0.842	0.987	0.725	0.687	0.643	0.642	0.719	0.726	0.758	0.804
新疆	0.674	0.712	0.600	0.668	0.764	0.792	0.704	0.633	0.692	0.642	0.580	0.699	0.635	0.644	1.194	1.339	1.421	1.995	2.104	0.921
平均值	0.483	0.527	0.545	0.571	0.606	0.626	0.544	0.532	0.549	0.507	0.465	0.506	0.471	0.457	0.592	0.583	0.614	0.665	0.615	

制变量，利用动态面板数据模型验证行政型环境规制对绿色全要素生产率的影响呈倒 U 形结构。

（一）GMM 模型的提出

GMM（generalzed method of moments）估计又称广义矩估计，其估计方法由汉森（Hansen，1959）首次提出，其基本方法是利用矩条件估计模型参数，即在随机抽样中，利用样本矩构造方程求得总体的未知参数。经过 30 余年的发展与应用，广义矩估计已被广泛应用于计量经济学研究中。GMM 模型是基于模型实际参数满足一定矩条件而形成的一种参数估计方法，是矩估计方法的一般化。且只要模型设定正确，则总可以找到该模型实际参数满足的若干矩条件而使用 GMM 估计。与传统的计量经济估计方法（如极大似然估计法和工具变量法）相比，GMM 估计具有显著优势，能够有效解决动态模型中的内生性问题，其允许随机误差项存在序列相关与异方差，并且也无须知道模型中随机误差项的准确分布（李群峰，2010）。

（二）GMM 估计的发展与应用

自广义矩估计思想提出以后，学术界开始对其思想进行实证检验，其估计方法依次经过差分 GMM、水平 GMM 和系统 GMM 估计等不同程度的升级与发展，形成当前以 BOD 变换为工具变量的系统 GMM 估计。起初，阿雷利亚诺、邦德（Arellano & Bond，1991）在汉森（Hansen）思想理论基础上提出差分 GMM 估计思想。而后，邦德（Bond，1998）通过一阶差分 GMM 估计研究科布道格拉斯生产函数时，发现因其使用的面板数据时间期比较短而导致估计结果指出一阶差分 GMM 估计是有偏的，因而邦德（Bond）对 GMM 模型进行了改进，采用滞后一阶差分变量作为方程的工具变量进行过估算，得到了渐进有效的估计量。后期，阿雷利亚诺、邦德（Arellano & Bond，1991）在差分 GMM 估计中增加了均值平稳过程的假设，形成水平 GMM 估计。而邦德（Bond，1998）发现水平 GMM 会因方差大而产生弱工具变量，因而通过结合上述两估计方法的优点，形成方差更为准确的系统 GMM 估计。系统 GMM 估计虽然自回归系数更趋近于 1，但早川等（Hayakawa，et al.，2007）发现在选择面板数据中若存在高度连续序列则会导致估计存在较大偏差。因而早川等

（2007）采用 BOD 转换代替差分 GMM 估计的工具变量，使得显著性异方差具有稳健性。

为更好地解释日益复杂的经济现象，学者们开始广泛运用 GMM 估计法对动态面板数据进行估算，且纵观国内外研究成果，GMM 模型大多用来研究区域经济增长、风险管理、FDI、研发创新与 R&D 等问题。汉森、辛格尔顿（Hansen & Singleton，1983）致力于将 GMM 估计方法应用在消费和股票市场回报的随机性模型中。埃斯波斯蒂、布索莱蒂（Esposti & Bussoletti，2007）研究农业政策与区域经济增长的关系时，采用 GMM 模型对欧洲 206 个地区动态面板数据进行估计，以获取趋同参数 β 的一致估计量，其结果显示经济增长率显著跟随趋同参数改变而变化。为更好地管理商业银行扩大业务的风险，宋清华等（2019）基于 GMM 模型对我国 96 家商业银行的动态面板数据进行实证测算分析，其结果显示商业银行的风险承担随着业务规模的扩大而显著递增。采用 GMM 方法对 FDI 的相关问题研究方面，不论选择就业还是进出口贸易，其结果都显示 FDI 对我国不同地区具有显著性效果。如王领、陈芮娴（2019），郑月明、董登新（2008）等学者使用 GMM 估计时，首先基于选用的动态面板数据选取合适的工具变量及适当的加权阵，以保证其估计的假设检验具有稳健性。彭建平、张建华（2007）测算我国研发投入效果时，采用 GMM 模型对各省市及自治区动态面板数据进行估计，他们将模型首先进行一阶差分，并对差分中解释变量进行分析选取合适的工具变量，接下来用怀特逐期协方差矩阵为加权矩阵，经估计与验证得出研发投入效果显著。

中华人民共和国成立的 70 多年里，我国经济发展速度迅猛，但经济快速发展的同时，也引发一些生态环境问题，面对严峻的环保问题，我国实施可持续发展战略，提出相关环境规制政策。因而为更好地掌握我国绿色转型轨迹，经济学者们开始用绿色全要素生产率衡量环境规制下我国工业绿色发展情况。李平、慕绣如（2013）基于我国地区企业动态面板数据，采用 GMM 估计方法检验"波特假说"的存在性及存在的最优条件，利用系统 GMM 方法一阶差分确定工具变量，并用水平随机项的正交矩解决内生性问题，其结果显示环境政策对企业的创新具有正向促进作用，但存在一定的滞后性，其实证分析有效地验证了波特假说。舒扬、孔凡邦（2019）通过 GMM 模型估计环境规制与绿色全要素生产率之间动态关系的门槛效应的显著性，其结果显示绿色全要素生产率对环境政策具有显著的促进作用，且与阿尔布里齐奥等（Albrizio, et al., 2017）测算的企业生产率提高能激发企业的创新科研投入，以适应推陈出新的环境规制这一研究结果相一致。

（三）GMM 模型设定与变量选取

目前，从生产率角度研究环境规制对全要素生产率影响的研究比较丰富，并且有些文献已经验证了环境规制与全要素生产率之间的关系，但全要素生产率忽略了资源和环境因素的影响，导致测算结果出现偏差。绿色全要素生产率是将能源消耗和污染排放纳入全要素生产率核算框架得到的，其可以分解为技术进步指数、规模效率指数和纯技术进步指数，且指数大于 0 就意味着技术进步、效率改进和规模效率提高。然而，鲜有文献通过研究无效率值与绿色全要素生产率之间的关系探讨环境规制与绿色全要素生产率之间的关系，工业无效率值是对环境绩效的测度值，能够将环境规制对工业生产的影响直观反映到生产效率中去。本书认为：从工业无效率值角度验证波特假说，需要通过研究环境无效率值与绿色全要素生产率之间的关系，在工业无效率值与环境规制之间的负相关关系中间接分析环境规制与绿色全要素生产率之间的关系。

前文的理论分析中，通过综合分析环境规制的直接与间接效应可知，环境规制对绿色全要素生产率的影响可能并非简单的线性关系，为检验环境规制对无效率值的非线性影响假设，本书在计量模型中引入环境规制中废水排放达标率的二次项进行检验。此外，为了避免异方差对结果的影响，提高模型估计的准确度，本书将构建的模型中的变量进行了对数化处理，且为减少变量内生性问题，本书采用工业无效率值的滞后一期作为解释变量，构建模型如下：

$$\ln Vscore_{it} = \alpha_0 + \beta_{1i} \ln Vscore_{it-1} + \beta_{2i} ER_{jit} + \beta_{3i} (ER_{jit})^2 + \beta_{5i} \ln Industry_{it} + \beta_{6i}$$
$$\ln Gdp_{it} + \beta_{7i} \ln Energy_{it} + \varepsilon_{it} \tag{7.14}$$

$$\ln Cscore_{it} = \alpha_0 + \beta_{1i} \ln Cscore_{it-1} + \beta_{2i} ER_{jit} + \beta_{3i} (ER_{jit})^2 + \beta_{5i} \ln Industry_{it} + \beta_{6i}$$
$$\ln Gdp_{it} + \beta_{7i} \ln Energy_{it} + \varepsilon_{it} \tag{7.15}$$

其中，$i=1, 2, ..., 30$ 表示我国 30 个省区市，j 代表不同类型的环境规制；t 代表年份，样本期为 1998—2016 年；Vscore 为被解释变量，代表 i 省份第 t 年工业无效率值；ε_{it} 是经典的随机扰动项。

为研究环境规制与无效率值之间的关系，本书利用所估算的 1998—2016 年我国 30 个省区市工业面板数据进行计量分析。通过对现有文献的梳理，本书选取了 7 个指标作为变量：（1）被解释变量为无效率值的滞后一期（$Vscore_{t-1}$ 和 $Cscore_{t-1}$）。（2）核心解释变量为环境规制，根据"波特假说"，适当的环境规制会刺激企业技术革新，用更为先进高效的生产技术抵消环境治理下企业排污治理成本。环境规制的管制在一定程度上会提升企业绿色全要素生产率。按照前文的分类方法，本书从行政型（ER1）、市场型（ER2）和公众参与型（ER3）三种环境规制角度分别探究环境规制的效力。（3）产业结构（Industry）通过第二产业与三大产业之间的比值来反映。（4）经济发展水平（GDP），通过 GDP 来反映，并利用地区生产总值指数将其折算为 1990 年不变价。（5）能源结构（Energy），通过原煤和焦炭与主要能源的投入比值来反映；本书所有用到的解释变量数据分别从国家统计局、万德数据库、国研网和《中国统计年鉴》中取得。上述投入与产出数据的描述性分析，如表 7-5 所示。

表 7-5　投入数据与产出数据的描述性统计

变量	符号	样本数	平均值	标准差	最小值	最大值
规模可变无效率值	lnVscore	540	0.489	0.310	0.010	2.059
规模不变无效率值	lnCscore	540	0.550	0.349	0.015	2.737
行政型环境规制	lnER1	540	68.009	27.111	1.68	99.99
市场型环境规制	lnER2	540	0.523	0.280	0	0.995
公众参与型环境规制	lnER3	540	11238.4	12662.93	110	50998
产业结构	lnIndustry	540	0.387	0.078	0.191	0.517
经济发展水平	lnGDP	540	12005.09	13155.64	239.38	80854.91
能源结构	lnEnergy	540	3.302	2.240	0.314	9.153

（四）GMM 模型的实证结果分析

本书使用的动态面板数据是短面板数据，而我国各省区市的发展情况有所不同，影响我国各省区市绿色全要素生产率的因素存在显著的地域差异，需要通过 Hausman 检验来确定模型形式，结果如表 7-6 所示。

表 7-6　Hausman 检验

检验指标	Vscore			Cscore		
	Chi2-statistic	Chi-Sq. d. f	P	Chi2-statistic	Chi-Sq. d. f	P
检验结果	52.15	7	0.0000	41.72	7	0.0000

从表 7-6 的结果得出，规模可变和规模不变无效率值的结果拒绝原假设，因此选择固定效应模型。此外，本文使用的是动态面板短数据，因而采用估计结果更为一致的广义矩估计（GMM）进行测度。广义矩估计分为差分 GMM 和系统 GMM 两种方法，相较而言，系统 GMM 可以处理弱工具变量问题，因而本书使用系统 GMM 进行测算。利用 Stata14.0 估计公式（7.14）和公式（7.15），得到的测度结果如表 7-7 和表 7-8 所示。

表 7-7　环境规制对规模可变无效率值的估计结果

变量	OLS			系统 GMM		
	（1）	（2）	（3）	（4）	（5）	（6）
	Vscore	Vscore	Vscore	Vscore	Vscore	Vscore
L.Vscore	0.960***	0.953***	0.964***	0.612***	0.593***	0.613***
	(35.86)	(36.36)	(38.89)	(22.65)	(21.93)	(22.59)
ER1	0.0381			−0.0142***		
	(0.70)			(−8.24)		
$(ER1)^2$	−0.0370			0.0175***		
	(−0.66)			(7.30)		

续表

变量	OLS			系统 GMM		
	（1）	（2）	（3）	（4）	（5）	（6）
	Vscore	Vscore	Vscore	Vscore	Vscore	Vscore
ER2		-0.00264			-0.00581***	
		（-1.41）			（-3.04）	
（ER2）²		0.000140*			0.000259***	
		（1.65）			（6.17）	
ER3			-0.00000235***			-0.00000267**
			（-2.84）			（-3.34）
（ER3）²			4.39e-11***			5.35e-11**
			（2.65）			（4.07）
Industry	-0.319***	-0.287***	-0.294***			
	（-3.94）	（-3.33）	（-3.75）			
GDP	-0.0311***	-0.0262***	-0.0267***			
	（-3.22）	（-2.81）	（-3.28）			
Energy	0.0317***	0.0265***	0.0276***			
	（2.96）	（2.79）	（2.08）			
lnIndustry				-0.394***	-0.290***	-0.388***
				（-4.91）	（-3.40）	（-6.78）
lnGDP				-0.0860***	-0.128*	-0.105***
				（-7.19）	（-1.66）	（-6.43）
lnEnergy				0.306***	0.248***	0.315***
				（3.29）	（4.92）	（4.42）

续表

变量	OLS			系统 GMM		
	（1）	（2）	（3）	（4）	（5）	（6）
	Vscore	**Vscore**	**Vscore**	**Vscore**	**Vscore**	**Vscore**
_ cons	0.173***	0.171***	0.178***	-0.320***	-0.123**	-0.291**
	（5.02）	（3.87）	（4.74）	（-5.80）	（-7.03）	（-7.51）
AR（1）				-9.51***	-9.03***	-8.80***
AR（2）				-0.36	-0.42	-0.48
Sargan 检验				353.3493	333.0258	346.6224
				[1.0000]	[1.0000]	[1.0000]
N	510	510	510	510	510	510

注：L. 为滞后算子，表示对应变量的滞后 1 期。回归系数下方括号内为 Z 统计量；模型设定检验下
　　方括号为相应的 P 值。*、** 和 *** 分别代表在 10%、5% 和 1% 置信水平下显著。

表 7-8　环境规制对规模不变无效率值的估计结果

变量	（7）	（8）	（9）	（10）	（11）	（12）
	Cscore	**Cscore**	**Cscore**	**Cscore**	**Cscore**	**Cscore**
L.Cscore	0.976***	0.971***	0.976***	0.600***	0.561***	0.595***
	（36.85）	（34.29）	（37.38）	（20.35）	（19.13）	（20.06）
ER1	0.0383			-0.0646***		
	（0.63）			（-4.87）		
（ER1）^{2}	-0.0384			0.0704***		
	（-0.60）			（4.98）		
ER2		-0.00331			-0.00702***	
		（-1.42）			（-3.05）	

续表

变量	（7）	（8）	（9）	（10）	（11）	（12）
	Cscore	Cscore	Cscore	Cscore	Cscore	Cscore
（ER2）²		0.000176			0.000365 ***	
		（1.57）			（4.95）	
ER3			−0.00000289 ***			−0.00000440 ***
			（−2.87）			（−3.00）
（ER3）²			5.41e−11 ***			8.15e−11 **
			（2.68）			（2.45）
Industry	−0.331 ***	−0.285 **	−0.314 ***			
	（−3.10）	（−2.50）	（−3.15）			
GDP	−0.0272 ***	−0.0204 **	−0.0237 ***			
	（−2.82）	（−2.13）	（−2.69）			
Energy	0.0283 ***	0.0213 **	0.0254 ***			
	（2.77）	（2.30）	（2.71）			
lnIndustry				−0.396 ***	−0.265 ***	−0.356 ***
				（−4.02）	（−2.59）	（−3.57）
lnGDP				−0.0928 **	−0.193 **	−0.149 **
				（−2.03）	（−1.98）	（−1.60）
lnEnergy				0.332 ***	0.226 ***	0.345 ***
				（5.68）	（3.78）	（5.87）
_ cons	0.169 ***	0.159 ***	0.182 ***	−0.320 **	0.0132	−0.212
	（3.56）	（2.61）	（3.45）	（−2.21）	（0.09）	（−1.43）

变量	（7）	（8）	（9）	（10）	（11）	（12）
	Cscore	Cscore	Cscore	Cscore	Cscore	Cscore
AR （1）				−8.35***	−9.21***	−9.12***
AR （2）				−0.41	−0.39	−0.49
Sargan 检验				365.4795	335.8124	359.6247
				［1.0000］	［1.0000］	［1.0000］
N	510	510	510	510	510	510

注：L. 为滞后算子，表示对应变量的滞后 1 期。回归系数下方括号内为 Z 统计量；模型设定检验下方括号为相应的 P 值。*、**和*** 分别代表在 10%、5% 和 1% 置信水平下显著。

为便于比较以及提高估计结果的稳健性，本书采用混合 OLS 模型和系统 GMM 模型对公式（7.14）和公式（7.15）进行估计，表 7-7 测算了行政型环境规制、市场型环境规制和公众参与型环境规制对规模报酬可变情况下无效率值的结果，表 7-8 则测算了行政型环境规制、市场型环境规制和公众参与型环境规制对规模报酬不变情况下无效率值的结果。其中模型（1）—模型（3）、模型（7）—模型（9）采用 OLS 估计方法，模型（4）—模型（6）、模型（10）—模型（12）为系统 GMM 估计方法。模型（1）—模型（12）的核心解释变量分别为行政型环境规制、市场型环境规制和公众参与型环境规制。从表 7-7 和表 7-8 中的 OLS 测算结果可以看出，6 个模型中，除了公众参与型环境规制在 1% 置信水平下显著以外，行政型环境规制和市场型环境规制的估计结果并不显著。而系统 GMM 测算结果显示，三种环境规制对规模可变和规模无效率值的估计结果在 1% 置信水平下都显著。测算结果表明存在内生性情况下，OLS 估计是有偏的，而根据经验准则，本书采用的固定效应和 OLS 模型分别决定滞后一期无效率值的上限和下限，因而可以通过这项准则恰当地选取估计模型，模型（4）—模型（6）、模型（7）—模型（9）中系统 GMM 估计满足条件，并且符合预期。存在异方差和工具变量较弱的情况下，相对于其他检验方法，系统 GMM 的检验结果会更有效，并且偏差也更小。由表 7-7 中模型（4）—模型（6）、表 7-8 中模型（7）—模型（9）的检验结果可知：AR 检验的 P 值在一阶处均拒绝原假设，二阶处都没有拒绝原假设，说明误差项是不存在二阶自相关的；Sargan 检验的 P 值均为 1.0000，接受了原假设，说明工具变量的选取是有效的。根据模型（4）—模型（6）、模型（7）—模型（9）中系统 GMM 模型的回归结果，可以得到如下结论：从表 7-7 的测算结果可知，经济发展水平（GDP）和产业结构（Industry）对规模可变无效率值的影响显著为负，这表明随着经济水平的不断发展和产业结构的不断优化，规模可变无效率值是逐渐降低的，即经济高质量发展和产业结构不断优化能够推动工业绿色全要素生产率的发展。然而，能源结构（Energy）对规模可变无效率的影响显著为正，说明当前我国的能源结构不合理，石油和煤炭等能源消耗过多，导致能源消耗随着工业产量增长而不断增加。此外，行政型环境规制对规模可变无效率值的影响系数为 -0.0142，是负数，并且在 1% 置信水平下显著。而行政型环境规制的二次项对规模可变无效率值的影响系数为 0.0175，说明政府性环境规制对规模可变无效率值的影响曲线为 U 形，即环境规制对绿色全要素生产率的影响呈倒 U 形。市场型和公众参与型的环境规制的一次项对规模可变无效率值的影响都是负数，各为 -0.00581 和 -0.00000267；两种环境规制的二次项对规模可变无效率值的影响系数为正数，各为 0.000259 和 5.35e-11。表 7-8 中经济发展水平（GDP）和产业结构（Industry）对规模不变无效率值的影响也是显著为负，而能源结构（Energy）对规模不变无效率的效应显著为正。此外，由模型（10）、模型（11）和模型（12）可以看出，行政型、市场型和公众参与型环境规制的一次项对规模不变无效率值的影响在 1% 置信水平上显著为负，其系数各为 -0.0646、-0.00702 和 -0.00000440；而二次项对规模不变无效率值的影响在 1% 置信水平上显著为正，其系数各为 0.0704、0.000365 和 8.15e-11，说明环境规制对工业规模不变无效率值的影响曲线为 U 形，即环境规制对工业绿色全要素生产率的影响曲线为倒 U 形。这说明，我国环境规制对绿色全要素生产率的影响呈倒 U 形关系，随着环境规制的不断增强会随着企业技术进步和技术效率的不断改进而促进绿色全要素

生产率的提升，但是环境规制的强度一旦超过企业承受能力，反而会降低绿色
全要素生产率，不利于工业企业的绿色发展，也对我国经济高质量发展带来一
定阻力。由上述可知，用当前一定强制力的环境规制抑制无效率值的提高以推
动我国经济高质量发展是非常有必要的，这点与孙英杰、林春（2018）得出
的环境规制有利于经济发展质量提升的结论相一致，也再次用实证研究验证了
波特假说效应在我国成立的事实（原毅军等，2016），为假说 1 成立提供了
支持。

（五）GMM 模型的影响机制探究

本书研究环境规制对工业绿色全要素生产率的影响，主要是通过环境规制
对无效率值的影响分析环境规制的实施对我国工业经济绿色发展的作用，前文
得到环境规制对规模可变无效率值和规模不变无效率值的影响曲线呈 U 形，
但需进一步分析，环境规制是对投入无效率起作用还是对产出无效率起作用。
本书将规模可变无效率值和规模不变无效率值分别分解为投入无效率值和产出
无效率值，并分别进行回归，其结果见表 7-9 和表 7-10。在公式（7.14）和
公式（7.15）基础上，将规模可变无效率值分解为规模可变投入无效率值
（Vinput）和规模可变产出无效率值（Voutput），将规模不变无效率值分解为
规模不变投入无效率值（Cinout）和规模不变产出无效率值（Coutput），实证
模型变换如公式（7.16）所示：

$$\ln Z_{it} = \alpha_0 + \beta_{1i} \ln Z_{it-1} + \beta_{2i} ER_{jit} + \beta_{3i} (ER_{jit})^2 + \beta_{5i} \ln Industry_{it} + \beta_{6i} \ln Gdp_{it} + \beta_{7i}$$
$$\ln Energy_{it} + \varepsilon_{it} \tag{7.16}$$

其中，Z 为规模可变投入无效率值（Vinput）、规模可变产出无效率值（Vout-
put）、规模不变投入无效率值（Cinout）和规模不变产出无效率值（Coutput）。
为了和前文保持一致，本书采用系统 GMM 模型对公式（7.16）进行估计。

表 7-9　环境规制对规模可变无效率值影响的测算

	（1）	（2）	（3）	（4）	（5）	（6）
	Voutput	Vinput	Vinput	Voutput	Voutput	Voutput
L.Voutput	0.577 ***			0.577 ***	0.568 ***	0.581 ***

续表

	（1）	（2）	（3）	（4）	（5）	（6）
	Voutput	**Vinput**	**Vinput**	**Voutput**	**Voutput**	**Voutput**
	（21.50）			（21.50）	（21.18）	（21.46）
ER1	0.0939***			0.0939***		
	（5.51）			（7.51）		
（ER1）^{2}	-0.0840***			-0.0840***		
	（-5.37）			（-6.37）		
ER2		-0.00100***			-0.00358*	
		（-4.41）			（-1.71）	
（ER2）^{2}		0.0000313***			0.000196***	
		（5.30）			（2.99）	
ER3			-0.000000446***			-0.00000227*
			（-3.00）			（-1.73）
（ER3）^{2}			7.09e-12***			3.71e-11*
			（6.73）			（2.25）
lnIndustry	-0.387***	0.0415***	0.0355***	-0.387***	-0.335***	-0.367***
	（-4.57）	（4.26）	（4.08）	（-4.57）	（-3.74）	（-4.30）
lnGDP	-0.387***	0.159***	0.138***	-0.387***	-0.430***	-0.405***
	（-5.02）	（4.62）	（4.33）	（-5.02）	（-5.14）	（-5.15）
lnEnergy	0.376***	0.0186***	0.0341*	0.376***	0.295***	0.371***
	（7.61）	（7.95）	（1.92）	（7.61）	（5.64）	（7.40）
L.Vinput		0.219***	0.221***			

续表

	（1）Voutput	（2）Vinput	（3）Vinput	（4）Voutput	（5）Voutput	（6）Voutput
		（5.69）	（5.80）			
_cons	-0.163	-0.0180	-0.0201	-0.163	0.0187	-0.0946
	（-1.30）	（-0.36）	（-0.41）	（-1.30）	（0.14）	（-0.73）
N	480	480	480	480	480	480

注：L.为滞后算子，表示对应变量的滞后 1 期。回归系数下方括号内为 Z 统计量；模型设定检验下方括号为相应的 P 值。* 、** 和 *** 分别代表在 10%、5% 和 1% 置信水平下显著。

表 7-10 环境规制对规模不变无效率值影响的测算

	（7）Cinput	（8）Cinput	（9）Cinput	（10）Coutput	（11）Coutput	（12）Coutput
L.Cinput	0.329***	0.296***	0.335***			
	（8.01）	（7.19）	（8.22）			
ER1	0.0354***			0.0596***		
	（1.03）			（7.69）		
（ER1）^{2}	-0.0358***			-0.0727***		
	（-1.06）			（-5.86）		
ER2		0.000122***			0.0000794***	
（ER2）^{2}		（3.42）			（3.89）	
		0.0065**			0.00134	
		（4.52）			（4.16）	
ER3			-0.000000235***			-0.00000382**
			（-6.33）			（-2.10）
（ER3）^{2}			6.66e-12***			4.60e-11**
			（4.42）			（2.13）

141

	（7）	（8）	（9）	（10）	（11）	（12）
	Cinput	Cinput	Cinput	Coutput	Coutput	Coutput
lnIndustry	0.143 ***	0.202 ***	0.124 **	-0.618 ***	-0.629 ***	-0.575 ***
	（2.78）	（3.81）	（2.38）	（-4.94）	（-4.67）	（-4.59）
lnGDP	0.0994 **	0.156 ***	0.114 **	-0.154 ***	-0.255 **	-0.221 *
	（2.18）	（3.09）	（2.45）	（-5.37）	（-2.14）	（-1.93）
lnEnergy	0.0313 ***	-0.0141 ***	0.0228 ***	0.515 ***	0.451 ***	0.529 ***
	（3.24）	（-6.52）	（6.89）	（7.87）	（6.48）	（8.01）
L.Coutput				0.686 ***	0.680 ***	0.684 ***
				（24.23）	（24.14）	（24.09）
_ cons	0.0976	0.154 **	0.0660	-0.702 ***	-0.564 ***	-0.583 ***
	（1.31）	（1.98）	（0.87）	（-3.92）	（-3.05）	（-3.21）
N	480	480	480	480	480	480

注：L.为滞后算子，表示对应变量的滞后 1 期。回归系数下方括号内为 Z 统计量；模型设定检验下方括号为相应的 P 值。* 、** 和 *** 分别代表在 10%、5% 和 1% 置信水平下显著。

　　表 7-9 中的模型（1）—模型（3）是环境规制对规模可变投入无效率值影响的回归结果；模型（4）—模型（6）为环境规制规模可变产出无效率值影响的估计结果。可以看出，环境规制对规模可变无效率值的 U 形影响在投入无效率和产出无效率两种影响机制中均表现出来。模型（4）中行政型环境规制一次型与规模可变投入与产出无效率值呈正相关关系，但是不显著；二次型与投入和产出无效率值呈负相关关系，同样也不显著。同样的，表 7-10 中的模型（7）—模型（9）是环境规制对规模不变投入无效率值影响的回归结果；模型（10）—模型（12）是环境规制对规模不变产出无效率值影响的估计结果。其测算结果与表 7-9 结论一致，表 7-10 中模型（10）—模型（11）中环境规制对无效率值的影响在 1% 置信区间下显著为正，模型（12）结果显

示，公众参与型环境规制一次项和二次项对产出无效率值的影响在 5% 置信区间下显著为负，而其二次项对产出无效率值在 5% 置信区间显著为正，环境规制对产出无效率值的 U 形影响成立。也就是说，环境规制对无效率值的 U 形影响主要是通过产出无效率值表现出来的，即环境规制对绿色全要素生产率的倒 U 形影响主要是通过产出无效率值表现出来。

四、基于门槛模型的实证分析

（一）门槛模型的提出

门槛模型是由汉森（Hansen，1996）提出，是指当一个经济参数达到特定数值之后，引起另外一个经济参数突然发生其他形式发展的现象，其中门槛值作为原因现象的临界值。例如，结果与时间是非线性关系，而每个阶段却是线性关系，每个阶段的临界值为门槛值。起初，汉森（Hansen，1996）提出了时间序列门限自回归模型的估计与检验，并在后期首次介绍了具有个体效应的面板门限模型计量分析方法，克服了主观设定结构突变点的偏误。后来卡内、汉森（Caner & Hansen，2004）研究了带有内生变量及一个外生门槛变量的面板门槛模型。

改革开放以来，我国各行各业百业俱兴，经济实现高速发展。然而，各行业的发展并非一帆风顺，即多数行业的发展并非简单的线性关系。因此，为更准确地掌握行业发展趋势，多数学者引入门槛模型摸索行业发展趋势。一方面，大部分学者基于门槛模型研究我国金融发展方向。林莉（2014）基于面板门槛模型研究在资本市场中，融资约束对经营绩效的影响；钱水土等（2010），龚沁宜、成学真（2016），周永涛（2010）在研究我国金融发展、外商直接投资和经济发展的关系时引入门槛模型；李梦花、聂思玥（2016）基于面板门槛模型分析资本充足率监管对银行稳定性影响，发现两者的单一门槛下效应显著，为非线性关系。另一方面，少数学者研究工业环境、技术发展趋势时引入门槛模型。秦炳涛、葛力铭（2019）采用门槛回归方法分析高污染产业转移与环境污染之间为非线性关系。李寿国、宋宝东（2019）基于线性面板模型和面板门槛模型实证检验了互联网发展对碳排放为倒 U 形关系。

（二）门槛模型的设定与变量选取

基于前文 GMM 模型中环境规制对无效率值影响的实证结果，本书使用门槛模型，实证检验在行政型、市场型和公众参与型三种环境规制手段下，我国工业减排效果是否具有门槛效应。不同的地方政府往往面临不同的环境问题，不同的环境规制手段及环境规制强度在不同的省份会存在明显差异。因此，针对不同省份的工业发展情况，适当的环境规制手段以及适当的环境规制强度是进一步增强环境规制减排效果的重要举措。环境规制手段与工业污染排放之间可能存在出不同的门槛特征。因此，本书基于汉森（Hansen，1999）的面板门槛模型，构建门槛效应模型如下：

$$\text{lnefficiency}_{jit} = \beta_0 + \beta_1 \, Restriction_{jit} \times I(thr_{jit} \leq \gamma_1) + \beta_2 \, Restriction_{jit} \times I(\gamma_1 < thr_{jit} \leq \gamma_2) + \beta_3 \, Restriction_{jit} \times I(thr_{jit} > \gamma_2) + \beta_{ji} \, Controls_{jit} + \varepsilon_{jit} \quad (7.17)$$

其中，$Inefficiency_{jit}$ 为无效率值；$Restriction_{jit}$ 为环境规制，是门槛依赖变量；RE_{jit} 为环境规制的平方，是门槛变量；$Controls_{jit}$ 为控制变量；γ 为需要估计的门槛值，β_1、β_2 和 β_3 分别表示门槛变量在 $thr_{jit} \leq \gamma_1$、$\gamma_1 < thr_{jit} \leq \gamma_2$ 和 $thr_{jit} > \gamma_2$ 时环境规制对无效率值的影响系数。

本书选取 1998—2016 年我国 30 个省区市工业面板数据进行计量分析，面板数据基于年份和地区两个维度，变量的原始数据分别来自各年的《中国统计年鉴》《中国金融统计年鉴》《中国环境统计年鉴》《中国工业经济统计年鉴》，以及万德数据库，变量解释和变量描述性分析如表 7-11 与表 7-12 所示。

（1）被解释变量为无效率值（Inefficiency），分为规模可变无效率值和规模不变无效率值。

（2）核心解释变量为环境规制（Restriction）。多数研究依据研究目标而对环境规制手段进行分类，在此，本书从行政型、市场型和公众参与型三种环境规制手段深入探究。

（3）门槛变量为工业排放达标率（thr），即各个省份的工业排放达标量占总排放量的比重。

（4）控制变量包括：能源结构（Energy），通过原煤和焦炭与主要能源的投入比值来反映；产业结构（Industry），鉴于我国经济增长主要来自第二产业及第三产业的贡献，本书主要采用第二产业占我国三个产业总值的比值表征（舒安东，2019）。外商直接投资（FDI），各省份外商直接投资占总投资的比重；经济发展水平（GDP），通过 GDP 来反映，并利用地区生产总值指数将其折算为 1990 年不变价。

表 7-11　变量解释

变量	符号	计算公式
规模可变无效率值	Vscore	VRS≠CRS 时，投入与产出的比率
规模不变无效率值	Cscore	
行政型环境规制	ER1	排污费征收情况（亿元）
市场型环境规制	ER2	环保投资/工业增加值
公众参与型环境规制	ER3	环境信访来信总数（件）
工业排放达标率	thr	各省份外商直接投资/总投资
产业结构	Industry	第二产业产值/∑三个产业产值
能源结构	Energy	原煤和焦炭投入/主要能源投入
外商直接投资	FDI	各省份外商直接投资/总投资
经济发展水平	GDP	通过 GDP 来反映，并利用地区生产总值指数将其折算为 1990 年不变价

表 7-12　变量描述性统计结果

变量	符号	样本数	平均值	标准差	最小值	最大值
规模可变无效率值	Vscore	540	0.489	0.310	0.010	2.059
规模不变无效率值	Cscore	540	0.550	0.349	0.015	2.737
行政型环境规制	ER1	540	68.009	27.111	1.680	99.990
市场型环境规制	ER2	540	0.523	0.280	0	0.995
公众参与型环境规制	ER3	540	11238.4	12662.93	110	50998
工业排放达标率	thr	540	68.009	27.111	1.68	99.99
产业结构	Industry	540	0.387	0.0780	0.191	0.517
能源结构	Energy	540	3.302	2.240	0.314	9.153
外商直接投资	FDI	540	0.0558	0.0524	0.007	0.213
经济发展水平	GDP	540	12005.09	13155.64	239.38	80854.91

（三）门槛模型的实证结果

本书在借鉴汉森（Hansen）的模型构建思路，构建门槛模型。而汉森（Hansen）在面板门槛模型中采用非平稳数据来构建模型，即对未检验的样本数据进行稳健性检验。同样，罗军（2016）和李显君等（2018）在后期构建门槛模型时，基于变量间的经济学意义，也使用了未平稳数据。基于前文面板门槛模型的设定，本书借用Stata14.0软件，用Bootstrap抽样法检验门槛模型的P值和F值，确定模型的门槛个数及门槛值。本书对样本的抽样次数为100次，以工业排放达标率为门槛变量进行门槛模型检验。为了确定门槛值的数量，本书依次在单一门槛、双重门槛和三重门槛假设下，通过门槛模型进行自由抽样检验，结果如表7-13所示。

表7-13 门槛有效性自抽样检验结果

门槛变量	门槛数	F统计量	P值	BS次数	临界值		
					1%	5%	10%
行政型环境规制	单一门槛	11.2**	0.0400	100	14.4355	10.1234	8.4892
	双重门槛	3.13*	0.0800	100	21.8835	14.2652	12.3812
	三重门槛	2.36	0.8500	100	8.8069	8.6250	8.4439
市场型环境规制	单一门槛	5.92*	0.0800	100	12.3794	6.5624	5.4662
	双重门槛	3.01	0.4600	100	25.4778	9.6988	6.1087
公众参与型环境规制	单一门槛	49.53***	0.0000	100	36.6617	33.2787	28.3144
	双重门槛	36.72**	0.0310	100	81.9946	62.6918	41.0994
	三重门槛	6.34	0.1667	100	12.9823	11.7572	7.8583

注：*、**和***分别代表在10%、5%和1%置信水平下显著。

结果显示，行政型环境规制的单一门槛和双重门槛效应在5%和10%置信水平下显著，三重门槛效应不显著，公众参与型环境规制的单一门槛和双重门槛效应在5%和1%置信水平下显著，因而宜采用双重门槛模型；市场型环境规制的单一门槛在10%显著性水平下显著，而双重门槛效应不显著，故采用单一门槛模型。接着，对门槛值进行估计和检验，结果见表7-14。

表 7-14 门槛估计值与其置信区间

门槛变量	门槛模型	门槛值	95%置信区间
行政型环境规制	双重门槛模型	0.1326	(0.1280, 0.2029)
		0.2300	(0.2246, 0.2383)
市场型环境规制	单一门槛模型	0.3294	(0.3147, 0.3600)
公众参与型环境规制	双重门槛模型	0.1474	(0.1422, 0.1601)
		0.3993	(0.3622, 0.4539)

行政型环境规制下的双重门槛值为 0.1326 和 0.2300，公众参与型环境规制下的双重门槛值为 0.1474 和 0.3993。以上两个门槛值将样本区间分成三段，两个门槛值均位于 95% 的置信区间，说明检验结果可靠。市场型环境规制下的单一门槛值为 0.3294，单一门槛值将样本区间分为两段，且该门槛值位于 95% 置信区间，检验结果可靠。对门槛模型进行参数估计，具体估计结果如表 7-15 所示。

表 7-15 面板门槛模型参数估计结果

变量	行政型环境规制	市场型环境规制	公众参与型环境规制
$Restriction_{jit} \cdot I(thr_{jit} \leq \gamma_1)$	-0.0009** (-2.19)	-0.006* (-1.57)	-0.07* (-1.86)
$Restriction_{jit} \cdot I(\gamma_1 < thr_{jit} \leq \gamma_2)$	0.003* (1.21)	0.004 (2.68)	0.01** (3.02)
$Restriction_{jit} \cdot I(thr_{jit} > \gamma_2)$	-0.0002 (-0.56)		-0.04 (-1.14)
能源结构	0.071*** (3.07)	0.09*** (4.06)	0.044*** (2.02)
产业结构	-0.887*** (-3.61)	-0.97*** (-4.03)	-1.00*** (-4.17)
外商直接投资	-3.00*** (-5.72)	-3.05*** (-5.83)	-3.23*** (-6.56)
经济发展水平	-4.85*** (-4.93)	-5.08*** (-5.14)	-6.70*** (-6.90)

注：*、** 和 *** 分别代表在 10%、5% 和 1% 置信水平下显著。

以工业达标率为门槛变量时，解释变量的参数估计值及其符号差异性显著，表明了环境规制对工业无效率值的非线性关系。即随着环境规制强度的变化，其对绿色全要素生产率的影响具有显著的异质性特征。以上三个门槛回归结果显示，当工业达标率低于门槛值 0.3294 时，市场型环境规制的增强对工业无效率值具有负向影响且在 10% 的水平上显著。当工业达标率高于门槛值 0.3294 时，增强环境规制将对工业无效率值具有正向影响。因此表明市场型环境规制与无效率值呈 U 形关系，与绿色全要素生产率呈倒 U 形关系。当行政型环境规制中工业达标率低于门槛值 0.1326 时，环境规制的增强将对工业无效率值具负向影响且在 5% 水平上显著。当工业达标率高于门槛值 0.1326 且低于门槛值 0.2300 时，增强环境规制约束对工业无效率值产生了正向影响且在 10% 的水平上显著，当工业达标率高于门槛值 0.2300 时，环境规制对无效率值具有负向影响。工业无效率值的提升意味着绿色全要素生产率的降低，因此，行政型环境规制与绿色全要素生产率之间呈 N 形关系。当公众参与型环境规制中工业达标率低于门槛值 0.1474 时，环境规制对工业无效率值在 10% 的显著性水平上产生了负向影响，当工业达标率处于 0.1474 和 0.3993 两个门槛值之间时，环境约束的增强在 5% 的显著性水平上对工业无效率值产生积极影响，而当工业达标率迈过 0.3993 这个门槛值之后，公众参与型环境规制的增强对工业无效率值产生了负向影响。公众参与型环境规制与工业无效率的关系中可知，公众参与型环境规制与绿色全要素生产率之间为 N 形关系。

从三种不同环境规制措施来看，当工业排放达标率未跨过第一个门槛时，环境规制对各省份无效率值存在显著的负向影响，表明当工业排放达标率水平较低时，环境规制加强将降低无效率值，即环境规制的加强有助于提升绿色全要素生产率；当工业排放达标率介于两个门槛值之间时，环境规制系数值由负转为正，意味着随着三种环境规制的增强，无效率值将会提高，即绿色全要素生产率会降低；而当工业排放达标率跨过第二个门槛值之后，系数显著为负，但并不显著，说明当工业排放达标率达到一定高度后，环境规制将不利于无效率值的提升，反而推动工业无效率值的降低，即行政型和公众参与型环境规制的增强有利于工业绿色全要素生产率的提升。因此，三种环境规制手段与无效率值的门槛效应测算结果表明，行政型环境规制和公众参与型环境规制与工业绿色全要素生产率之间呈 N 形关系，市场型环境规制与绿色全要素生产率之间呈倒 U 形关系，为假说 2 成立提供了支持。从控制变量上看：（1）能源结构的系数均显著为正，表明能源结构的优化能够推动我国工业无效率值的提高，但是却不利于绿色全要素生产率的提升。（2）产业结构的系数均显著为负，我国产业结构降低了工业无效率值，原因在于，随着我国第三产业的发展、第二产业的优化，绿色全要素生产率得到有效提升。（3）外商直接投资的系数显著为负，表明外商直接投资对我国工业的贡献率显著提升，整体上降低了工业无效率值，显著提升工业绿色全要素生产率。（4）经济发展水平的系数显著为负，我国逐步发展为世界第二大经济体，其对工业技术的支持降低了工业无效率值，实现我国工业绿色发展。

第六节　结论与政策建议

基于我国 30 个省区市动态面板数据，在已获得指数的基础上，引入环境无效率值，进行环境规制与绿色全要素生产率的实证研究，通过豪斯曼检验确定使用固定效应模型进行回归分析。接着，基于 GMM 模型考察环境规制对工业无效率的影响，发现环境规制与工业绿色全要素生产率之间存在倒 U 形关系；再从工业排放达标率的视角采用面板门槛模型进行实证检验，发现市场型环境规制的绿色全要素生产率之间呈倒 U 形关系，与 GMM 模型的实证检验结果相吻合，行政型和公众参与型环境规制与工业绿色全要素生产率之间呈 N 形关系，即环境规制对工业绿色全要素生产率的影响由开始的促进转为抑制，而后转为推动工业绿色全要素生产率发展。目前我国大多数省份的工业达标排放率已经跨越门槛值，随着环境规制强度的提高，环境规制对工业绿色全要素生产率能够起到积极的促进作用；但是新疆、宁夏等内陆省份的工业达标排放率尚未跨越门槛值。因而，为避免"一刀切"，因地制宜地协调推进环境规制与工业绿色发展有利于推动我国经济高质量发展。

依据以上实证结果分析，本书提出以下三点政策建议：（1）动态处理环境规制与工业企业绿色发展间的关系。我国东部、中部、西部发展不均衡，工业绿色发展水平也存在较大差异，因此需要因地制宜地处理地区之间的工业绿色发展问题。（2）制定更为有效的环境规制工具。本书在实证研究时考虑到三种环境规制工具对工业绿色全要素生产率的影响，实证研究中表明，应健全环保法律法规，弥补行政型环境规制的缺陷；市场型环境规制中应细化排污征收范围，并且加大对重型污染工业的征收力度；公众参与型环境规制中应鼓励公众对工业环境保护的参与力度，尽量缩减公众参与的成本、降低公众参与的障碍。（3）继续推动企业科技创新。技术是引领我国工业成功转型升级、实现绿色发展的关键（鲁东山，2019）。因此，我国应加大工业技术人才的储备建设，推动我国工业的技术性突破与创新性发展，提高企业工业企业自身排污治理能力。

第 八 章

环境规制对我国工业绿色
全要素生产率影响的空间检验

党的十九大报告指出，我国经济已由高速增长阶段转向高质量发展阶段。这一重大转变为我国经济发展明确了努力方向，"高质量"将成为未来经济工作的重心。过去的粗放型的经济增长方式虽然带来了经济的高速增长，但是却降低了经济增长质量和可持续发展动力。全要素生产率这一指标被认为是衡量一个国家或地区经济增长质量高低的重要指标，在资源和环境双重约束下实现工业全要素生产率的提升对于我国经济高质量发展具有重要的意义。传统的全要素生产率只考虑了资本、劳动等生产要素，并未将工业生产中的环境污染程度以及不同形式的环境规制考虑在内，而将二氧化硫排放等环境污染因素纳入生产率分析框架的"工业绿色全要素生产率"则更客观地反映了环境规制下的工业全要素生产率的变动情况。随着国家和地区间开放程度的进一步深化，区域间的联系日益增强，污染排放与环境规制具有很强的外部性，而且具有空间外溢性，但是以往对全要素生产率以及劳动、资本等要素对经济绩效的贡献程度的研究多是以"同质性"为假设前提，即认为地区之间没有差异，但是如果忽略所有被观察地区的空间依赖性和空间异质性，往往会掩盖空间差异对全要素生产率带来的影响，使模型设定或参数检验出现有偏的估计，最终导致研究结果出现偏误，从而影响对现实的解释力和决策参考价值（吴玉鸣、李建霞，2006）。为了使得计量结果更具有现实意义，应采用空间计量模型，在考虑空间异质性和空间自相关后，分析结果将更加稳健。因此，本章将利用空间计量经济学相关理论考察环境规制及其影响下的省域内空间溢出效应。

第一节　空间计量模型及其相关理论

一、空间计量模型的基本内容

新古典经济增长理论和新经济增长理论在分析国家或地区经济增长绩效时未将经济活动的地理空间位置考虑在内，而忽略了空间维度对区域经济增长绩效的特殊影响。传统计量经济学通常假定国家或地区之间的经济单元在空间上相互独立，彼此没有关联，很少关注地区经济之间的关联性和彼此之间的互动。但是根据托布勒（Tobler，1970）的"地理学第一定律"，所有事物之间都彼此存在联系，一个地区空间单元与相邻空间单元在某种经济地理表现或某一要素属性上可能具有联系，而彼此独立的经济现象或要素属性是不存在的。一些学者（李序颖、顾岚，2004；吴玉鸣，2000）提出地理距离的远近对经济变量会产生影响，而且距离越近的区域越"相似"，这就是空间计量模型理论的基本内容（李序颖、顾岚，2004）。

二、空间计量经济学的提出和发展

空间计量的概念最早由帕林克、克拉森（Paelinck & Klaassen，1979）首次提出，但是他们仅对这个领域做了一个划分，并没有提出确切的定义。卢卡斯·安瑟林对空间计量经济学（spatial econometrics）的概念进行了系统的定义，即通过建立经济计量模型，定量分析空间相互作用以及空间结构对经济活动的影响。之后经过其他学者的修改完善，逐渐使得该理论成为体系完整的计量经济学分支。这种空间计量经济学与传统计量经济学的最大区别是，打破空间事物之间"无联系性"和"均质性"的假设，运用与地理位置和空间联系相关的地理空间数据建立的空间权重矩阵衡量经济活动存在的空间作用，通过统计和计量方法衡量影响空间变动规律的因素（吴玉鸣、李建霞，2006）。

从空间计量经济学的发展进程看，国内外对空间计量经济学的发展提出了众多研究方法，也带动了空间计量软件的革新和发展。从国外研究情况看，国外的空间计量经济学的研究比我国要早，在 20 世纪 60 年代的地理计量革命中，贝里、马布尔（Berry & Marble，1968）在其地理统计专著中首次提到了空间数据分析技术的概念，他们通过空间数据分析技术进而分析了地理对象的空间效应，成为空间计量经济学的最早研究者。之后，柯里（Curry，1970）等几位地理学家在贝里、马布尔（Berry & Marble）的理论基础上又进一步研究了空间模型的设定和估计问题。建立出基本的空间计量经济学框架和空间模型后，雷伊、布雷特（Rey & Brett，1999）首次在前几位地理学家的结果和方法基础之上运用空间数据分析方法对美国的近 70 年的人均收入收敛性进行研究，并通过空间数据分析验证了空间相关性在统计上非显著性。

从国内研究情况看，近年来，国内出现了很多空间计量经济学的研究成果。如吴玉鸣（2000）在对数据进行分析时，运用到了空间计量经济模型，对我国 31 个省区市进行了集聚增长因素的分析；随后，陈晓玲、李国平（2006）根据我国部分省级数据，考察分析了改革开放后我国地区之间经济增长的空间相关性，之后经过其他学者的修改完善，逐渐使得该理论成为体系完整的计量经济学分支。

三、空间依赖性和空间异质性

安瑟兰（Anselin，1988）提出，空间计量经济学是以时间、空间和时空特性为观察基础，可以根据位置、坐标以及空间距离将观察值进行分类，显然这些观察值和空间单元间的联系密切相关，也就是说区域间的经济活动存在空间交互作用，即空间效应（spatial effects），具体表现为空间依赖性和空间异质性。

空间依赖性也称空间自相关性，是用于考察空间结构单元之间的依赖关系的重要指标，也是判断空间地理事物之间相关关系的重要度量标准。由真实的空间依赖性和干扰的空间依赖性两种类型构成。真实的空间依赖性反映现实中确实存在的空间交互作用，是区域间经济增长和演变过程中的真实成分。比如地区间资本、劳动力的流动形成的经济行为在空间上相互影响和相互作用，以及科学技术的传播、科技创新的交流扩散和宏观政策等在地理空间范围的示范作用和激励效应，还有交通基础设施便利程度带来物流等产业发展等。相反，干扰的空间依赖性可能的来源有很多，如可能来源于测量问题、模型设计问题、数据来源问题。因此，空间依赖性不仅意味着空间上的观测值缺乏独立性，而且意味着潜在于这种空间相关中的数据结构，即空间相关的强度及模式由绝对位置（格局）和相对位置（距离）共同决定。埃尔霍斯特（Elhorst，2003）以最基本的回归模型为基础，推导并总结出九种线性空间计量模型，其中较为常用的三种模型分别为空间自回归模型、空间误差模型和空间杜宾模型。当变量间的空间依赖性对模型显得非常关键而导致了空间相关时，即为空间滞后模型（SLM）；当模型的误差项在空间上相关时，即为空间误差模型（SEM）（杨燕燕，2019）。

空间异质性也称空间差异性，是指地理空间上的区域缺乏均质性，由区域地理上经济、社会发展不均衡造成，如发达地区和落后地区、中心（核心）和外围（边缘）地区等经济地理结构的不均衡，导致经济发展和创新行为存在较大的空间差异性。空间异质性反映了经济实践重点空间观测单元之间经济行为关系的一种不稳定性。

四、空间计量经济学与工业全要素生产率

全要素生产率是政策、制度、技术、人力资源、环境等综合因素所决定的，而我国幅员辽阔，地区间的空间差异显著，空间位置变化也是重要影响因素之一，由于各省份经济有着密切的联系，距离越近省份之间的关联可能更密切，如果将各省份的变量数据再加上对应的空间地理位置信息，也就是在原有的面板数据上，加上横截面单位的地理位置信息，那么就可以判断面板数据单位之间的空间依赖关系和异质性。近年来空间计量方法的使用成为众多学者研究全要素生产率时重点关注的问题之一。

随着新经济地理研究和空间计量经济学方法不断引入国内，加之国家对区域经济协调发展的迫切需求，空间计量经济学在区域经济学、区域地理等方面应用更加广泛，研究多基于空间溢出效应和空间集聚等现象。国内以吴玉鸣等学者为主的研究者对经济绩效、全要素生产率的空间效应进行了一系列研究。

吴玉鸣、徐建华（2004）运用空间自相关分析中的 Moran's I 指数法时空数据模型分析了我国 31 个省区市经济增长的空间依赖关系及增长集聚情况，发现忽视空间效应会导致模型出现偏误造成计量结果不科学性，传统研究只从时间角度出发，得出的结论在理论上存在严重不足，不符合经济发展现实，所以需要在时间序列基础上引入空间地理单元数据来解释区域经济在时空演变中的规律。随后吴玉鸣、李建霞（2006）运用空间计量经济学方法检验和测算 2003年我国 31 个省区市工业全要素生产率。计算得出工业企业增加值（对数）的Moran's I 指数为 0.3039，表明地区间工业企业增加值在空间分布上存在正相关关系。通过对比 OLS 估计模型与 GWR 估计模型，发现低估了各省份的全要素生产率，证明空间因素影响工业全要素生产率的增长。

张浩然、衣保中（2012）利用我国城市面板数据，将各地级市中心之间的直线距离的倒数作为空间权重矩阵，构建了空间杜宾模型实证检验了基础设施和城市全要素生产率之间的关系，结果显示城市全要素生产率存在显著的外溢效应，城市自身的交通基础设施对周边城市的全要素生产率并没有产生显著的促进作用。叶明确、方莹（2013）考虑了技术和知识的空间相关性化及出口额的空间外溢效应，利用邻接性空间权重矩阵构建了空间杜宾模型，研究分析我国全要素生产率增长和出口贸易额之间的关系，结果表明仅仅当出口贸易方式与全要素生产率相匹配时，出口会对全要素生产率的增长起到显著的正向促进作用。孙庆刚等（2013）运用空间计量模型对我国各省份的能源强度是否具有空间依赖性进行研究，结果表明，省域能源强度具有显著的空间溢出效应，且空间外溢效应的边际效应对能源强度具有较强的解释力。杨骞、刘华军（2014）首先利用非参数方法估算出我国各省际能源效率和生产率指数，然后分别在邻接和地理距离空间权重矩阵下构建空间计量模型验证能源效率的空间溢出效应，结果显示我国区域能源效率存在显著的空间相关性。

张鹏飞（2015）利用索洛模型，通过空间计量方法对广西 14 个市的工业全要素生产率进行研究分析，发现 14 个市工业经济的两极分化现象不断增加，与中心城市地理距离近的城市的工业经济发展明显好于远离中心城市的地区，整体来看广西工业经济表现出较强的空间相关性和空间集聚现象，工业全要素生产率高的城市多集中于北部湾经济区与西江经济带，如北海市和梧桐市，这和广西整体的经济发展态势以及空间分布格局基本吻合。通过对广西工业全要素生产率的影响因素进行研究可以发现，国外贸易影响度、工业投资水平、市场化率、交通基础设施水平等指标对广西工业全要素生产率的影响具有正向影响，而信息化水平、科技创新水平、每万人专利拥有数量三个指标对广西工业全要素生产率具有负向影响。刘明等（2015）创新性拓展了空间计量方法来估算全要素生产率，通过放松行业间相互独立的假设，将行业间的投入产出关系看成一种抽象的"空间"，得出资本和劳动产出弹性分别为 0.44 和 0.56，利用索洛余值法计算出 2008—2014 年我国工业全要素生产率的增长率均值为 4.83%。关伟、许淑婷（2015）从空间格局规模、强度和纹理几个角度来实证研究能源生态效率的空间外溢效应，进而分析其空间分布特征，结果表明能源生态效率呈现出全局和局部空间集聚特征。于斌斌（2015）运用我国 285 个地级以上城市的统计数据，将空间溢出效应纳入空间动态面板模型中，实证研究了产业结构调整和生产率提升的经济增长效应，结果表明空间因素对产业结构调整和提升生产率方面具有重要的影响。于伟、张鹏（2016）首先运用参数方法测度我国各省域绿色经济效率，然后在地理空间交互背景下分析研究城市化进程对各省域绿色经济效率的影响，实证结果显示绿色经济效率具有显著的空间外溢现象；朱道才等（2016）以 40 个中心城市为研究对象，构建了空间误差模型和地理加权模型，研究分析了城市空间依赖性的演化路径和空间格局，结果表明长江经济带中城市经济发展水平在地理空间上呈现显著的集聚现象。何宜庆等（2016）以长江经济带为例，通过建立空间计量模型得出产业结构优化对生态效率有显著的正向影响，贡献度较高。

第二节　模型构建与变量选取

一、空间计量模型的建立

环境规制在各省份之间不是相互独立的，某个省份环境规制权其可能会受到其他省份经济行为的影响。一方面，由于各省域地理的邻近以及污染流动不能完全得到控制，环境污染具有空间溢出性。如果忽略污染源省份通过环境介质将污染物传送至省域外，将会造成严重的经济扭曲。另一方面，地方政府激烈的竞争使得环境规制出现了空间竞争性，引发了环境规制竞争的"逐底效应"和"绿色悖论"现象，而空间计量模型能有效识别出地区间竞争策略。

近年来，空间计量分析发展迅速，目前主要有四种空间计量模型：空间自回归模型（SAR）、空间误差模型（SEM）、空间杜宾模型（SDM）及空间交叉模型（SAC）。由于假定的空间传导机制的不同，各模型代表的经济含义也存在差异。SEM 模型只包含空间误差项自相关，其假定环境规制空间性是随机冲击的结果，空间效应主要通过误差项传导。SAR 模型只包含空间因变量滞后，其假定工业增长会通过空间相互作用对其他地区工业增长产生影响。SDM 模型和 SAC 模型一般综合考虑了因变量的空间滞后及随机冲击两类空间传导机制，同时，SDM 模型在此基础上考虑了空间交互作用，即一个省份的工业增长不仅受本省份自变量的影响，还受到其他省份工业增长和自变量的影响。由于各模型含义不同，空间计量模型的设定和选取至关重要。

为了获取拟合效果最佳的空间计量模型，并探究不同类型空间计量模型之间是否能相互转化，本书首先建立 SDM 模型，再结合 Wald 检验和 LR 检验结果从 SDM、SEM 及 SAR 中判定最终空间模型，最后通过豪斯曼检验判断随机效应与固定效应，以研究省级层面上环境规制对分行业绿色生产无效率值的影响。

关于空间权重矩阵 $W_{m,n}$，通常根据空间单元的邻接性来确定。虽然有学者指出单纯通过地理邻接矩阵不足以反映客观事实（李婧等，2010）。但在此基于污染空间扩散的有限性，本书选取地理邻接矩阵来衡量省域间的空间效应。即若 m 省与 n 省有共边或者共点，认定其存在邻接关系；若 m 省与 n 省没有共边或者共点，认定其不存在邻接关系，表述为公式如下

$$W_{m,n} = \begin{cases} 1, & m \text{ 与 } n \text{ 存在共边或共点} \\ \cdots\cdots\cdots\cdots\cdots\cdots\cdots\cdots\cdots \\ 0, & m \text{ 与 } n \text{ 不存在共边或共点} \end{cases} \tag{8.1}$$

由于环境规制没有统一衡量指标，学界对于环境规制的衡量较为丰富（王勇和李建民，2015；黄清煌和高明，2016；孙文远和杨琴，2017）。本书将环境规制分为费用型环境规制、投资型环境规制及公众参与型环境规制，以全面分析经济增长与环境规制之间的关系。从已有研究看，一是费用型规制与工业经济增长之间存在 U 形关系。拐点之前，低成本的费用意味着企业的违约成本较低，企业缺乏技术创新动力，而费用型环境规制直接增加了企业的成本；随着费用不断增加跨过门槛，高额费用征收会刺激企业增加研发投入支出、引进新兴技术，并进一步优化资源配置，从而带动生产率的提高（原毅军、谢荣辉，2016）。二是投资型环境规制与工业经济增长存在线性关系，不存在非线性关系，这是由于规制资金来源的不同及社会资金需求差异造成的。三是公众参与型环境规制与工业经济增长，学界目前还没有较为一致的结论。

为验证费用型环境规制、投资型环境规制及公众参与型环境规制对生产无效率值之间可能存在的相关关系，本书建立如公式（8.2）—公式（8.4）所示的空间计量模型。

费用型环境规制的空间杜宾模型：

$$Score = \alpha + \rho W(Score) + X_1 \times \beta + Res1^2 \times \beta_2 + W(X_1) \times \delta + \varepsilon \qquad (8.2)$$

投资型环境规制的空间杜宾模型：

$$Score = \alpha + \rho W(Score) + X_2 \times \beta + W(X_2) \times \delta + \varepsilon \qquad (8.3)$$

公众参与型环境规制的空间杜宾模型：

$$Score = \alpha + \rho W(Score) + X_3 \times \beta + Res3^2 \times \beta_2 + W(X_3) \times \delta + \varepsilon \qquad (8.4)$$

其中，$Score$ 为被解释变量。$\rho W(Score)$ 表示相邻省域工业增长对于本省工业增长的影响，W 为前文建立的空间权重矩阵。ρ 为空间相关系数，若在一定显著水平下，$\rho > 0$，表明省域间工业增长呈现正相关；若 $\rho < 0$，表明省域间城乡收入差距存在负向相关性。$X \times \beta$ 表示省域内解释变量及控制变量对本省工业增长的影响，X 为解释变量与控制变量形成的变量矩阵；β 为其系数矩阵。$WX \times \delta$ 表示省域间解释变量及控制变量由于空间溢出性产生的影响，δ 反映此影响的方向和大小。α 是常数项，ε 是随机误差项。

二、分区域生产无效率值的测度

本书中分区域生产无效率值分为两种约束条件，一是规模报酬可变，二是规模报酬不变，具体内容同本书第五章。

三、解释变量定义与数据选取

（一）变量的选取与定义

对变量的具体说明如下。

被解释变量为工业绿色生产无效率值（Score）。通过 Malmquist-Luenberger 生产率指数进行测算得到。具体计算见第五章。

解释变量为环境规制。环境规制工具分为三类，一是费用型环境规制（Res1），选用"各地区排污费征收情况"衡量费用型规制强度。排污费归属于环境税，是政府通过征收税收、行政费用等手段对生态环境利益相关者行为进行约束的重要工具（徐保昌、谢建国，2016；卢洪友等，2019）。征收的排污费越高，表明环境规制强度越大，越严格。二是投资型环境规制（Res2），选用"工业污染治理投资额"衡量投资型规制强度，工业污染治理投资额越大，说明环境规制强度越大。投资型环境规制指标，其能有效衡量环境保护投融资机制及环保投资规模（朱建华等，2014）。三是公众参与型环境规制（Res3），选用"环境信访来件总数"衡量自愿型环境规制强度，一定时间内关于环境信访来件数越多，说明社会及个人等监督规制更加严格。

控制变量考虑对区域经济和绿色发展水平产生影响的因素，以控制其他因素对工业绿色全要素生产率的影响，保证模型的有效性和准确性，因此，控制变量考虑以下因素：（1）实际人均 GDP（Pergdp）。（2）研发投入强度（Rd），选取"各地区每年专利数量/全国专利总量"比重表示，该比重越大，说明某地区的研发投入强度相对较强。（3）外商直接投资（FDI），选用"实际外商投资企业额"衡量。（4）工业总产值（Output），单位为亿元。（5）产业结构（Industry）。（6）能源结构（Energy），选用"各地区电力消费/全国电力总消费量"比重来衡量。

其中，原始数据来源于国家统计局、1999—2016 年的《中国统计年鉴》、《中国科技统计年鉴》、《中国工业统计年鉴》、《中国能源统计年鉴》、国研网等。另外，本书选取了中国大陆 30 个省区市作为考察对象，西藏自治区由于数据不全，分析中不予考虑。被解释变量、解释变量及控制变量选取如表 8-1所示。

表 8-1　被解释变量、解释变量及控制变量

指标	符号	数据含义/计算公式	备注
工业绿色生产无效率值	Score	通过 Malmquist-Luenberger 生产率指数进行测算	工业绿色全要素生产率的反向指标
费用型环境规制	Res1	各地区排污费征收情况	
投资型环境规制	Res2	工业污染治理投资额	
公众参与型环境规制	Res3	环境信访来件总数（件）	
实际人均 GDP	Pergdp	各省 GDP/人口数	
研发投入强度	Rd	各地区每年专利数量/全国专利总量	
外商直接投资	FDI	实际外商投资企业额	
工业总产值	Output	规模以上工业企业总产值	
产业结构	Industry	工业增加值/GDP	
能源结构	Energy	各地区电力消费/全国电力总消费量	

（二）数据标准化处理

为统一量纲，本书对数据进行标准化处理。公式如下：

$$x^{'} = \frac{X - E(X)}{\sqrt{D(X)}}$$

四、实证结果与分析

回归之前，本书对 1999—2016 年被解释变量空间相关性进行 Moran's I 检验（见附件表 1），发现在 5% 的显著性水平下，其在空间上存在显著的正向关系，回归分析后结果如表 8-2 所示。

表 8-2　SDM、SAR、SEM 回归结果

变量	SDM		SAR		SEM	
	（1-a）	（1-b）	（2-a）	（2-b）	（3-a）	（3-b）
Main						
Res1^2	-0.227***	-0.294***	-0.366***	-0.522***	-0.347***	-0.511***
	（-2.84）	（-2.85）	（-4.83）	（-5.37）	（-4.71）	（-5.24）
Res1	0.225**	0.208*	0.383***	0.459***	0.330***	0.436***
	（2.44）	（1.75）	（4.29）	（3.99）	（3.77）	（3.75）
Pergdp	-0.472***	-0.553***	-0.225***	-0.143***	-0.251***	-0.152***
	（-8.90）	（-8.02）	（-6.38）	（-3.19）	（-6.69）	（-3.25）
Rd	0.207***	0.112	0.350***	0.280***	0.362***	0.302***
	（3.18）	（1.35）	（5.02）	（3.12）	（5.28）	（3.34）
FDI	-0.204***	-0.288***	-0.164***	-0.217***	-0.220***	-0.255***
	（-4.01）	（-4.39）	（-2.96）	（-3.04）	（-3.93）	（-3.41）
Output	0.123***	0.178***	0.0308	0.0230	0.0350	0.0220
	（3.50）	（3.93）	（0.93）	（0.54）	（1.11）	（0.52）
Industry	-0.421***	-0.374***	-0.342***	-0.283***	-0.352***	-0.276***
	（-11.98）	（-8.29）	（-10.58）	（-6.88）	（-10.66）	（-6.70）
Energy	0.221***	0.422***	0.252***	0.454***	0.253***	0.450***
	（2.67）	（3.97）	（2.87）	（4.03）	（3.01）	（4.00）
Wx						
Res1^2	-0.302**	-0.567***				
	（-1.99）	（-2.89）				
Res1	0.580***	0.848***				

变量	SDM		SAR		SEM	
	（1-a）	（1-b）	（2-a）	（2-b）	（3-a）	（3-b）
	（3.13）	（3.55）				
Pergdp	0.380***	0.667***				
	（4.65）	（6.41）				
Rd	-0.570***	-0.649***				
	（-3.70）	（-3.31）				
FDI	0.609***	0.836***				
	（5.81）	（6.19）				
Output	0.00888	0.0697				
	（0.11）	（0.70）				
Industry	0.193***	0.258***				
	（2.98）	（3.16）				
Energy	-0.164	0.0287				
	（-0.92）	（0.13）				
Spatial						
rho	0.237***	0.105*	0.0737	-0.0501		
	（4.29）	（1.76）	（1.38）	（-0.87）		
lambda					0.262***	0.0688
					（4.21）	（1.00）
Variance						
sigma2_e	0.0993***	0.163***	0.124***	0.205***	0.119***	0.205***
	（16.34）	（16.41）	（16.42）	（16.43）	（16.28）	（16.42）
N	540	540	540	540	540	540

注：括号内为 t 值；*、**、*** 分别代表在10%、5%、1%的水平下显著。

从表 8-2 估计结果得出，以上三类空间计量模型的空间项系数均为正，表明本省工业经济绿色增长无效率值会受到其他省份活动的显著影响。同时，根据上述实证结果，在模型拟合效果上，SDM 模型较 SAR、SEM 模型具有回归系数显著个数最多的特点，并且解释变量和控制变量在空间上显著。为了进一步判断 SDM 模型的拟合效果，本书进行 Wald 检验和 LR 检验（见附件表 2），相应的 Wald 空间滞后检验、LR 空间滞后检验、Wald 空间误差检验和 LR 空间误差检验在 P 值均在 1% 的水平下显著为零，结果表明，SDM 模型具有最优的拟合效果，不能被简化为 SEM 模型与 SAR 模型，即 SDM 模型包含的两种空间传导机制对工业经济绿色生产无效率值的作用不可忽略。基于此，本次选择空间 SDM 模型进行分析。

接着，根据结合豪斯曼检验结果（见附件表 3），应选用固定效应模型。本书投资型环境规制和自愿型环境规制的计量结果显示，同样应选取空间杜宾固定效应模型。三种环境规制与工业生产无效率值的空间杜宾固定效应模型的回归结果如表 8-3 所示。

表 8-3　工业生产无效率值与环境规制回归结果

	(4-a) Cscore	(4-b) Vscore	(5-a) Cscore	(5-b) Vscore	(6-a) Cscore	(6-b) Vscore
Main						
Res1^2	-0.227***	-0.294***				
	(-2.84)	(-2.85)				
Res1	0.225**	0.208*				
	(2.44)	(1.75)				
Pergdp	-0.472***	-0.553***	-0.528***	-0.647***	-0.521***	-0.633***
	(-8.90)	(-8.02)	(-10.64)	(-10.07)	(-10.03)	(-9.37)
Rd	0.207***	0.112	0.251***	0.187**	0.229***	0.151*
	(3.18)	(1.35)	(3.90)	(2.27)	(3.49)	(1.79)

	(4-a) Cscore	(4-b) Vscore	(5-a) Cscore	(5-b) Vscore	(6-a) Cscore	(6-b) Vscore
FDI	−0.204***	−0.288***	−0.189***	−0.286***	−0.202***	−0.306***
	(−4.01)	(−4.39)	(−3.79)	(−4.48)	(−3.97)	(−4.66)
Output	0.123***	0.178***	0.111***	0.161***	0.109***	0.154***
	(3.50)	(3.93)	(3.48)	(3.96)	(3.32)	(3.66)
Industry	−0.421***	−0.374***	−0.418***	−0.381***	−0.429***	−0.405***
	(−11.98)	(−8.29)	(−12.09)	(−8.61)	(−12.09)	(−8.87)
Energy	0.221***	0.422***	0.249***	0.452***	0.222***	0.430***
	(2.67)	(3.97)	(3.04)	(4.31)	(2.61)	(3.93)
Res^2			−0.0842***	−0.156***		
			(−3.27)	(−4.74)		
$Res3^2$					0.00475	−0.0683
					(0.07)	(−0.82)
Res3					0.0322	0.137
					(0.45)	(1.49)
Wx						
$Res1^2$	−0.302**	−0.567***				
	(−1.99)	(−2.89)				
Res1	0.580***	0.848***				
	(3.13)	(3.55)				
Pergdp	0.380***	0.667***	0.412***	0.701***	0.516***	0.802***

续表

	（4-a）Cscore	（4-b）Vscore	（5-a）Cscore	（5-b）Vscore	（6-a）Cscore	（6-b）Vscore
	（4.65）	（6.41）	（5.05）	（6.75）	（6.25）	（7.58）
Rd	−0.570***	−0.649***	−0.502***	−0.607***	−0.495***	−0.601***
	（−3.70）	（−3.31）	（−3.33）	（−3.17）	（−3.17）	（−3.02）
FDI	0.609***	0.836***	0.673***	0.900***	0.728***	0.937***
	（5.81）	（6.19）	（6.65）	（6.93）	（7.03）	（7.01）
Output	0.00888	0.0697	−0.151**	−0.124	−0.130*	−0.0948
	（0.11）	（0.70）	（−2.23）	（−1.43）	（−1.85）	（−1.05）
Industry	0.193***	0.258***	0.300***	0.352***	0.298***	0.340***
	（2.98）	（3.16）	（5.33）	（4.97）	（5.09）	（4.58）
Energy	−0.164	0.0287	−0.0435	0.161	−0.0429	0.226
	（−0.92）	（0.13）	（−0.25）	（0.73）	（−0.24）	（0.97）
Res2			0.199***	0.253***		
			（4.41）	（4.37）		
$Res3^2$					0.200	0.190
					（1.53）	（1.13）
Res3					−0.176	−0.183
					（−1.38）	（−1.12）
Spatial						
rho	0.237***	0.105*	0.290***	0.184***	0.271***	0.151***
	（4.29）	（1.76）	（5.49）	（3.29）	（5.04）	（2.62）
Variance						
sigma2_ e	0.0993***	0.163***	0.0985***	0.161***	0.102***	0.169***

续表

	（4-a） Cscore	（4-b） Vscore	（5-a） Cscore	（5-b） Vscore	（6-a） Cscore	（6-b） Vscore
	（16.34）	（16.41）	（16.30）	（16.38）	（16.31）	（16.39）
N	540	540	540	540	540	540

注：括号内为 t 值；*、**、***分别代表在10%、5%、1%的水平下显著。

模型（4-a）和模型（4-b）是分别基于规模效率可变与规模效率不变对费用型环境规制与工业增长无效率值的分析回归结果，其表明：以排污费为代表的费用型环境规制与工业绿色增长无效率值之间存在非线性关系，在1%的显著性水平下，排污费的平方项对工业绿色增长无效率值的影响系数符号为负，即倒U形关系。当其他因素不变时，U形曲线左侧显示，排污费征收水平的提高推动了企业短期成本的上升，导致工业绿色生产率的损失，故无效率值增加。U形曲线右侧显示，随着排污费征收不断提高至跨越门槛，排污费的增加反而刺激企业增加创新研发投入，优化资源配置，从而带动工业绿色生产率的提升。整个阶段中，费用型环境规制由短期成本上涨向长期创新研发激励过渡。验证了"强波特假说"，符合学界结合我国实际的结论。同时，在空间层面而言。自变量存在显著的空间相关性，说明省域间的环境规制会互相影响。

模型（5-a）和模型（5-b）是分别基于规模效率可变与规模效率不变对投资型环境规制与工业增长无效率值的检验回归结果，由结果可知：在1%的显著性水平下，以工业污染治理额为代表的投资型环境规制与工业绿色增长无效率值之间存在显著的负向关系。当其他因素不变时，工业污染治理额的增加能显著推动工业绿色生产率的提升，从而使得无效率值下降。与费用型环境规制不同，投资型环境规制资金来源主要是企业自筹和政府补贴，其中政府补贴能在一定程度上降低企业治理污染成本，推动企业污染治理动力。在空间层面上，以工业污染治理额为代表的投资型环境规制呈现显著的正向影响，即若本省投资型环境规制力度加大，会在一定程度上促进邻近省域生产无效率值的上升。

模型（6-a）和模型（6-b）是分别基于规模效率可变与规模效率不变对

公众参与型环境规制与工业增长无效率值的分析回归结果，由结果可知：目前阶段，公众参与型环境规制还未能约束到企业的排污行为。空间层面，公众参与型环境规制的效果也不显著。

值得注意的是，三种类型环境规制与工业绿色经济增长无效率值的关系检验中，工业绿色增长无效率值均在空间上呈现显著正相关性，此与前述 Moran's I 检验结果一致，说明本省域工业绿色生产无效率值的降低会促进邻近省域生产无效率值的下降，这可能是因为省域间各种竞争性因素的影响。

第四节　结论与政策建议

伴随着我国经济迈入高质量发展阶段，各地区也愈发重视地区环境规制力度，同时采取不同类型的环境规制手段以约束激励各参与主体。本章着重考察了不同类型的环境规制对于工业经济增长的省域内影响及空间溢出效应，主要研究结论如下。

就省域范围内。偏强制型环境规制对于工业经济增长影响显著，对于费用型环境规制而言，其与工业经济增长呈现 U 形关系，这意味着在到达拐点之前，费用型环境规制不利于工业经济增长，到达拐点后，费用型环境规制能有效带动工业经济增长；而投资型环境规制与工业经济增长呈现线性关系，这意味着投资型环境规制有利于工业经济增长。但是，公众参与型环境规制效果并不显著，这意味着当前我国社会监督力度尚不足以改变环境规制主体行为。因此，从政策层面来讲，政府需要把握费用型环境政策的规制力度，进一步推动投资型环境规制范围，以最大限度地促进环境与经济的双重良性发展。

基于空间角度，我国各省份的经济活动之间存在显著的相关性。地区间的活动并非是随机独立的，其会受到周边其他地区行为的影响，由 Moran's I 指数检验与空间计量模型系数均为正可得，与周边地区的经济联系有利于本地区经济增长。同时，各省政府的环境政策也会显著影响到其他地区的经济发展，且由前文实证结果分析，省域内的环境规制政策可能会由于地方政府之间竞争效应等因素给其他地区经济发展产生负面影响。因此，从政策层面而言，地方政府在自身制定政策促进本地区经济发展时，一方面要结合本省经济发展实际情况，另一方面也要关注周边地区的发展策略，积极加强同周边地区的交流合作，在推动本地区经济增长的同时，有力促进我国整体经济发展水平的提升。

附件：

表 1 Moran's I 结果展示

年份	Vscore		Cscore	
	I	P–	I	P–
1999	0.098	0.261	0.391	0.000
2000	0.122	0.188	0.384	0.000
2001	0.178	0.074	0.439	0.000
2002	0.194	0.055	0.460	0.000
2003	0.267	0.011	0.468	0.000
2004	0.303	0.005	0.465	0.000
2005	0.373	0.001	0.512	0.000
2006	0.311	0.003	0.473	0.000
2007	0.369	0.001	0.494	0.000
2008	0.405	0.000	0.533	0.000
2009	0.458	0.000	0.564	0.000
2010	0.457	0.000	0.565	0.000
2011	0.487	0.000	0.557	0.000
2012	0.603	0.000	0.501	0.000
2013	0.521	0.000	0.441	0.000
2014	0.476	0.000	0.418	0.000
2015	0.446	0.000	0.409	0.000
2016	0.470	0.000	0.432	0.000

表 2 LR 检验与 Wald 检验结果

Waldtest	chi2（6）	Prob>chic2	检验结果
H_0	175.61	0.0000	5%显著水平下拒绝原假设

续表

Waldtest	chi2（6）	Prob>chic2	检验结果
H_1	68.07	0.0000	5%显著水平下拒绝原假设
LR test	**LR chi2（7）**	**Prob>chic2**	**检验结果**
H_0	77.11	0.0000	5%显著水平下拒绝原假设
H_1	68.48	0.0000	5%显著水平下拒绝原假设

表 3　豪斯曼检验结果

变量	（1）	（2）	（3）	（4）	（5）	（6）	（7）	（8）
	RE	RE	RE	RE	FE	FE	FE	FE
$Res1^2$	-0.293 ***	-0.579 ***			-0.293 ***	-0.579 ***		
	(0.105)	(0.200)			(0.105)	(0.200)		
Res1	0.218 *	0.864 ***			0.218 *	0.864 ***		
	(0.120)	(0.240)			(0.120)	(0.240)		
Pergdp	-0.541 ***	0.604 ***			-0.541 ***	0.604 ***		
	(0.066)	(0.102)			(0.066)	(0.102)		
Rd	0.062	-0.635 ***			0.062	-0.635 ***		
	(0.081)	(0.177)			(0.081)	(0.177)		
FDI	-0.329 ***	0.741 ***			-0.329 ***	0.741 ***		
	(0.061)	(0.131)			(0.061)	(0.131)		
Output	0.159 ***	0.059			0.159 ***	0.059		
	(0.046)	(0.101)			(0.046)	(0.101)		
Industry	-0.363 ***	0.210 **			-0.363 ***	0.210 **		
	(0.045)	(0.082)			(0.045)	(0.082)		
Energy	0.260 **	0.133			0.260 **	0.133		
	(0.102)	(0.206)			(0.102)	(0.206)		
rho			0.099 *				0.099 *	
			(0.060)				(0.060)	
lgt_theta				-1.867 ***				-1.867 ***
				(0.183)				(0.183)
sigma2_e				0.175 ***				0.175 ***

续表

变量	（1）	（2）	（3）	（4）	（5）	（6）	（7）	（8）
	RE	RE	RE	RE	FE	FE	FE	FE
				(0.011)				(0.011)
Constant	0.080				0.080			
	(0.135)				(0.135)			
Observations	540	540	540	540	540	540	540	540
R-squared	0.387	0.387	0.387	0.387	0.387	0.387	0.387	0.387
Number of pro	30	30	30	30	30	30	30	30
Hausman					708.7	708.7	708.7	708.7
P 值					0	0	0	0

注：括号内为 t 值；＊、＊＊、＊＊＊分别代表在10%、5%、1%的水平下显著。

第 九 章

政策建议与研究展望

第一节　政策建议

　　工业绿色全要素生产率的提升，是实现我国工业转型的关键所在，是我国经济发展由高速增长转向高质量增长的重要方式，本书在环境规制条件下，利用 1998—2016 年工业企业面板数据对区域工业绿色全要素生产率进行测算和解构，并基于区域异质性分析环境规制与绿色全要素生产率的动态关系。根据上述研究结论，本书提出以下几方面政策建议。

一、提升能源利用效率，推进节能减排

　　能源是工业经济运行的基本条件，工业部门历来是我国能源消耗的主体。因此，工业企业的能源利用率是制约我国工业经济绿色发展的最主要因素。提升能源利用率是提升绿色全要素生产率，促进我国工业经济绿色发展的重要方式。提高工业绿色全要素生产率，首先要解决的是能源利用效率低的问题。

　　第一，改变消费模式。通过政府和非政府组织的政策引导，培养消费者"绿色环保"的消费观，促进"节约型"消费模式和消费结构的建立，促进高能源资源消费方式向低能源资源消费模式转化、不合理的消费模式向环保型、资源节约型消费模式转变，以尽可能少的资源投入获得最大的经济效益和社会效益。提倡和引导消费者购买可循环的节能型产品，再通过消费引导生产，促进企业生产高效节能产品。通过政府补贴或税收优惠有效刺激企业生产和使用节能产品。第二，促进技术创新。我国工业绿色全要素生产率水平偏低的原因

之一是工业生产设备落后，造成能源利用率明显低于国际水平，而且目前我国的能源消费模式也是属于典型的粗放式高耗能型，需要通过引入、利用、推行先进节能技术，加快风能、太阳能等可再生资源和清洁能源的利用，以技术创新为动力，大力开发节约型和环保型产品。第三，约束企业对能源的使用。传统的以命令为主或单纯依靠政府管制的低效率环境保护手段已经不再适用于现阶段我国绿色经济发展的要求。应加快推进能源产品价格的市场化改革，通过提高用能成本，将"末端"治理污染排放转化为"源头"控制能源消耗。同时，进一步梳理完善现行的环保措施，通过经济手段包括税收手段促进可持续发展的方式，将税收与补偿相结合，环境税与其他税种相结合的模式，构建适合我国国情的绿色税收体系和税收制度，最终达到推动工业企业自觉节能减排的目的。

二、重视技术创新，推动科技进步

熊彼特在《经济发展理论》一书中指出，经济发展的动力是创新，即生产者对已有生产要素通过新的方式重新组合，而不是消费者需求变动。党的十八届五中全会将"创新"放在五大发展理念之首，可见其对国家发展的重要性。在推动我国经济高质量发展和建设美丽中国的背景下，工业经济增长模式必须由要素驱动、投资驱动导向转为创新驱动导向，而实现工业绿色全要素生产率的增长关键在于发挥技术进步对工业增长的作用，在一些重要的技术领域有所突破，尤其是原创性技术的开发和积累，建设一个创新引领、协同发展的产业体系。

首先，完善法律体系，加强知识产权保护的相关法律法规中，建立有利于工业企业创新的政策体系和机制，改善以往技术开发多是科研院所而非企业的不合理局面，综合利用政府专项补贴和信贷政策，引导和鼓励企业进行自主研发，提高研发经费支出占企业总支出的比重。其次，培育和发展高新技术产业，高新技术产业对调整能源消耗结构，提高经济增长质量具有积极影响业，对工业绿色全要素生产率的增长起促进作用，各级政府应充分重视高新技术对解决能源危机、提高经济增长质量的重要意义，大力发挥我国的人力资源优势，坚持将知识—技术—制度一体的创新体系作为构建高新技术企业人力资源创新系统的基础。在大力发展高新技术的同时，着重加快运用高新技术升级和改造传统技术，对污染密集型产业进行严格限制，此外，目前我国很多产业是发展短板，也意味着这些产业具有相当大的发展潜力和空间，有必要因势利导促进这些短板产业的发展。最后，在引入外商直接投资时，应注重外资的质量与产业特征，将"被动吸收"的模式向"主动抉择"模式转变（郑强、冉光和，2018），通过优惠政策鼓励外商直接投资逐步向高新技术产业、高端制造业集聚，从而促进其对工业绿色全要素生产率增长的正向溢出效应的发挥。

三、优化产业结构，提升工业效率

20 世纪末，我国进入城市化的快速发展时期，居民消费水平全面升级，基础工业规模不断扩大，工业结构出现了较为明显的重化工业发展趋势（陈佳贵，2010）。出现这一现象的原因主要有两个：一方面，由于城镇化的发展，对房地产、生活消费品、耐用品等的需求加大，而企业通过较低的能源、原材料成本和环境保护成本获得高额利润，造成高耗能和高污染行业发展过多过快，有些行业产能严重过剩，对环境造成严重污染和破坏。另一方面，由于市场机制仍不完善，自然资源的产权不明晰，市场无法通过价格机制和竞争机制优化配置自然资源，企业在做决策时所达到的均衡将是无效率的，自然资源市场配置也是低效的，也就是说，企业在生产时并没有因为使用能源或排放污染物而付出高额代价，对环境造成的影响并未进入企业的生产成本（康玉泉，2015）。在以上两方面共同作用下，使得工业结构出现了重型化趋势。虽然近年来节能减排工作取得了积极成效，但以重化工为主的产业结构、以煤为主的能源结构尚未发生根本性改变①。即使工业结构重型化是工业化进程中的必要阶段，但也不能持续走传统的老路，必须向集约化增长转变，优化工业产业结构。根据林毅夫（2018）的观点：按照要素禀赋的比较优势安排产业结构和选择产业技术，生产出的产品成本更低、更具竞争力，有利于推动我国的生产

---

① 环保部:《"大气十条"的目标能够实现》，2017 年 12 月 28 日，见 www. xinhuanet. com/politics/2017-12/28/c_ 129778094. htm。

模式由自然资源密集向资本密集转化。具体可从三个方面实施。

第一，推动我国信息科技技术、高端装备制造业、生物技术、新材料科学、人工智能等附加价值更高、资本集约型的新产业、新技术成为未来我国经济高质量发展的潜在动力。第二，对于钢铁、石化等要求高度规模经济的行业，可以采取构建产业集群、提高产业集中度、加强企业之间的合并与重组的方式扩大企业生产规模，既能实现产业发展的规模经济效应，又便于政府对污染的集中监控和治理。第三，建立一个有效的市场。新结构经济学认为，选择发展产业和技术的前提是要有一个统一开放，竞争有序的市场体系，在市场中可以反映出能源等自然资源的价格体系，在这个体系下，企业为了利润和竞争力会选择合适的技术和产业，同时充分发挥市场作用，加快形成以高新技术产业为引领，以制造业和基础产业为基石的工业企业发展新格局。

四、创新环境政策，建立适合我国国情的环境制度

首先，提高环境标准，完善环境政策体系。虽然我国的排污收费制度在不断的完善[1]，但随着环境污染状况的加剧，这一制度出现了收费制度不经济、收费不严格和执行力较弱的问题（袁海涛，2018）。根据庇古税原理，当规定的排污费标准超过企业因防治污染而付出的成本时，才能调动企业治污积极性（原毅军、谢荣辉，2016），排污费收费标准低可能会导致企业出现只要缴纳足够的钱就可以继续排污的心态。因此，2018 年 1 月，我国开始施行《环境保护税法》，自此排污收费制度退出历史舞台，实现了"费"改"税"的政策转变，改善了以往收取排污费的被动性，使企业形成缴纳环境税的意识和习惯，不断重视环境保护。未来仍需要进一步调整和完善税收征收标准和相关机制，加强税费征收管理力度，以及积极开展环境税征收情况的监管，这对激发企业积极主动增加环保投资和研发投入具有重要促进作用。

其次，注重不同政策工具的组合使用。在借鉴发达国家的经验的基础上，

---

① 1979 年，《中华人民共和国环境保护法（试行）》第一次提出"根据规定收取排污费"这一政策，并设立环境保护机构监督和执行这一政策，随后国家在 1982 年公布了《征收排污费暂行规定》，在 2003 年颁布了相关管理条例。

综合考虑治理费用、环保税等环境规制工具及相关配合政策的，设计符合我国国情和工业发展路径的环保政策。通过多种规制工具的组合和配套，构建强有力的监督保障体系。

最后，明确市场和政府的角色定位。一方面应明确政府职责，通过制定与环境税征收相配套的环境污染主体须承担职责的法律法规，发挥政府在环境规制中的强制和引导作用。另一方面应充分发挥市场力量，突出以市场为主导的政策工具对工业绿色全要素生产率的正向促进功能。如借鉴国际经验，采取第三方治理方式推进工业治污，打破"谁污染，谁治理"的固有模式，推行"谁污染，谁付费"原则（王颖春，2014），通过专业的环保公司，用更合理有效的方式治理污染。还可通过大力推广政府与社会资本合作，缓解政府由于投资环境治理相关的基础设施建设可能引发的债务风险。

五、实施差异性政策，促进区域协调发展

本书将30个省区市划分为六大区域，研究工业绿色全要素生产率的区域异质性发现，工业绿色发展存在一定的地区差异，由于不同区域的经济基础及要素禀赋各具特色，所以需要因地制宜，实施差异化策略，推行"一地一策"。我国东部地区在全国率先实现经济发展，目前属于工业化发展成熟阶段，整体经济模式需要向环境友好型发展，这也是当下的要求，同时东部地区还具有更好的节能环保方面的基础和条件，可以通过调整工业布局，实现节能环保目标。因此，应将智能化、绿色化引入产业发展规划中，加快推动新兴产业和现代服务业发展。严格实施关于资源使用和环保标准门槛准入的相关规定，加快转变经济发展方式。经济发展水平较低的地区，如西部地区，是我国主要资源能源开发区，目前正处于工业化快速推进阶段，工业结构以重工业为主，因此在承接东部产业转移时，应制定严格的环境标准，注重引进清洁技术和低污染、附加值较高的产业，如旅游业、清洁能源产业等。结合"西部大开发战略"，对高耗能产业的技术进行改进，以环境保护为基础，大力提高工业经济效率，防止再走以牺牲环境为代价的粗放型发展的老路。东北地区属于我国传统老工业基地，多年工业化的发展致使这些地区污染严重，环境治理任

务艰巨。加快振兴东北等老工业基地的同时，应注意防止因过度发展工业造成对农牧业和林业的破坏，加强对东北地区土壤和水资源的保护。另外，由于东部地区与中西部地区工业绿色全要素生产率的差异明显，所以有必要加强东中西部地区间的相互交流和借鉴，加快区域间资源流动，加快技术、人才、资金和产业等方面的扶持和帮助，包括对环境保护、节能减排技术改造等方面给予资金支持，对产业升级和技术创新项目给予技术支持等。

第二节　研究展望

由于长期以来粗放型的开发利用模式，造成生态环境日益恶化，对考虑了能源消耗和非期望产出的工业绿色全要素生产率的研究逐渐成为学术界研究的理论和实践热点问题，并形成了一系列有益成果。本书在前人研究的基础上，运用非参数前沿分析方法进行实证检验，并根据研究结论提出了相应的政策建议。但是由于环境规制对工业经济效率增长的作用机理十分复杂，关于资本、环境和工业经济效率之间关系的研究尚未形成完整的理论体系，本书研究仍存在诸多局限，有待在今后的研究中做进一步的改进。

第一，数据选取期限。中华人民共和国成立以来，我国的经济体制实现了从计划经济到有计划的商品经济，再到社会主义市场经济的历史性转变，推动了我国经济的迅速发展，但受到市场经济体制仍在完善过程中，加之早期统计调查缺乏一定的科学性、准确性和针对性等各种因素的影响，导致所需的统计数据缺失，这对实证研究样本的数据选择造成一定的困难。因此，本书将研究样本设定为1998—2016年30个省区市的面板数据（西藏、港澳台地区由于数据缺失暂未考虑），虽能较好地反映自20世纪90年代中后期以来我国工业绿色全要素生产率的变化趋势和特点，但由于研究期限较短，可能低估一些制度性因素对效率值准确性的影响作用。在今后的实证研究中，有必要进一步拓展研究期限，对中华人民共和国成立以来或者改革开放以来的我国绿色工业发展进行深入系统全面的分析，探索工业结构变迁、经济制度发展对全要素生产率可能产生的影响。

第二，研究方法。本书主要使用了非参数前沿分析法，与参数方法相比较，该方法可以通过数据结构本身的特性来构造生产前沿面、无须设定生产函数表达方式并且能将工业绿色全要素生产率分解为不同部分单独进行分析，但这种方法也存在一些不足之处，如没有考虑随机扰动因素的影响，对样本数据质量要求高，对数据的误差比较敏感，数据异常值可能导致无法准确获得可信度高的测算结果等问题。在未来研究中，可以尝试运用参数方法来获得分省工业绿色全要素生产率等相关指标，将参数方法与非参数方法所得结论进行对比，分析不同研究方法的优先适用情况，使研究结果说服力更强、结论更具可靠性。

第三，非期望产出变量的选择。研究环境规制与工业绿色全要素生产率的增长，污染排放物的选择可能会对效率测算结果产生重要影响，工业污染物理论上存在多种污染变量可供选择，本书从"工业三废"的角度，分别选取了工业二氧化硫、工业化学需氧量以及工业固体废物产生量三个指标衡量非期望产出对经济和环境的负面影响，但由于我国目前没有公布有关工业二氧化碳排放量的省级数据，而大部分研究者主要根据联合国政府间气候变化门委员会（IPCC）推荐的计算方法，利用各种能源消耗量来估算工业二氧化碳的排放量，还有一部分学者的数据来源是专业的数据开发机构的温室气体排放数据库（周五七，2013），这可能导致工业二氧化碳排放数据来源或估计方式有偏误，所以本书并未考量二氧化碳的排放量，但二氧化碳是工业生产过程中重要的排放物之一，未加入工业二氧化碳排放的效率测度结果可能不够全面而准确。因此，建立我国统一的二氧化碳排放计算方法以及非期望产出指标体系的衡量标准，是下一步深入研究的方向之一。此外，尚有烟尘排放、粉尘排放等指标未考虑在内，若能综合考虑这些非期望产出，可能得到的结果对综合评价经济增长质量与工业经济增长与环境规制的动态关系更加客观。

第四，工业绿色全要素生产率的影响因素。目前，工业绿色全要素生产率影响因素的选择普遍基于数据的可得性，尚未形成完整的系统的理论框架，但是工业绿色全要素生产率的影响机制非常复杂，本书综合考虑了工业经济发展现状和区域异质性，并参考了国内外相关实证研究的结论，选择了经济发展水平、研发投入强度、人力资本结构、外商直接投资、产权结构等八个方面的代表性影响因素，不可避免地带有一定的主观偏好。由于工业绿色全要素生产率的影响因素并不仅包括这八个方面，后续研究可从更多的维度探讨工业绿色全要素生产率变化的影响因素，从而进一步考虑影响因素之间可能存在的交互效应所造成的结果偏差。此外，关于绿色经济发展的定义有广义和狭义之分，本书从工业生产中能源消耗与非期望产出角度衡量工业经济效率，即从狭义角度来研究绿色经济发展，考虑了经济增长过程中的资源浪费和环境污染问题，但并未涉及社会公平和人类福祉等方面（叶晓，2017）。近年来，有学者提出更广义的绿色经济发展概念，但由于定义尚未统一、评价指标的选择和统计数据的测度方法以及数据的获取仍存在一定难度，定量研究还难以开展，所以，从广义的角度拓展工业绿色全要素生产率的测度方法和选择更广泛的影响因素指标体系将成为未来的研究方向之一。

第五，本书利用省级面板数据，从不同地区的角度探讨了环境约束下的工业绿色全要素生产率的变化，所得结果仅能从区域层面反映绿色工业经济发展水平。因此，后续研究可利用工业行业数据，但由于国家统计局关于工业分行业数据的统计口径在 1998 年进行了更改，即 1997 年及以前工业企业统计范围为乡及乡以上，而 1998 年开始统计范围为规模以上工业企业数据，造成相关统计指标数量差距较大，不利于长时跨期分析。此外，2011 年原环境保护部对工业排污统计制度中的行业划分标准等进行了修订，1998—2000 年的统计年鉴将工业行业分为 18 个行业，这与 2001—2008 年的 36 个分行业不能对接（李玲，2012），所以必须进行劈分和合并，显然如果处理数据处理不当，则得出的数据可靠性差。除上述困难外，由于分行业统计口径和划分标准不一导致选择的年限过窄也可能会对我国工业绿色全要素生产率的变化趋势和区域差异结果产生偏差。因此，有必要进一步研究行业细分规则，寻找解决行业划分标准不一问题的方法，从另一个角度对这些问题进行深入的研究，也可以从城市间异质性、根据企业属性划分研究层次等多个角度对环境规制与工业绿色全要素生产率的关系进行研究以期得到对我国工业绿色发展的更为全面的认识。

第六，环境规制作用的研究。本书从宏观角度分析了不同省份和区域间环境规制与工业绿色全要素生产率动态关系及影响因素，但是，环境规制对工业经济效率的影响机制十分复杂，宏观层面的分析仅能从总量上了解整个工业经济的变化，而从微观经济主体角度包括企业、消费者角度分析可以更为全面地了解工业经济变化。所以，今后的研究可以考虑从微观经济主体企业的角度，采用深度访谈、问卷调查等方式收集资料，也可以通过对比微观和宏观层面的研究结果，探讨不同环境政策对工业全要素生产率的影响。

参考文献

卫兴华、孙咏梅：《对我国经济增长方式转变的新思考》，《经济理论与经济管理》2007 年第 3 期。

黄庆华等：《环境规制与绿色全要素生产率：两难还是双赢?》，《中国人口·资源与环境》2018 年第 11 期。

李永友、沈坤荣：《我国污染控制政策的减排效果——基于省际工业污染数据的实证分析》，《管理世界》2008 年第 7 期。

冷淑莲、冷崇总：《资源环境约束与可持续发展问题研究》，《价格月刊》2007 年第 11 期。

黄茂兴、林寿富：《污染损害、环境管理与经济可持续增长——基于五部门内生经济增长模型的分析》，《经济研究》2013 年第 1 期。

梅国平等：《江西文化产业发展评价及发展路径研究》，《江西社会科学》2014 年第 11 期。

曹磊：《全球十大环境问题》，《环境科学》1995 年第 4 期。

洪大用：《当代中国环境问题的八大社会特征》，《教学与研究》1999 年第 8 期。

陆虹：《中国环境问题与经济发展的关系分析——以大气污染为例》，《财经研究》2000 年第 10 期。

陈锡文：《环境问题与中国农村发展》，《管理世界》2002 年第 1 期。

陆旸：《从开放宏观的视角看环境污染问题：一个综述》，《经济研究》2012 年第 2 期。

杨俊、邵汉华：《环境约束下的中国工业增长状况研究——基于 Malmquist-Luenberger 指数的实证分析》，《数量经济技术经济研究》2009 年第 9 期。

赵玉民等：《环境规制的界定、分类与演进研究》，《中国人口·资源与环境》2009 年第 6 期。

郑思齐等：《公众诉求与城市环境治理》，《管理世界》2013 年第 6 期。

贾瑞跃等：《环境规制和生产技术进步：基于规制工具视角的实证分析》，《中国科学技术大学学报》2013 年第 3 期。

王红梅：《中国环境规制政策工具的比较与选择——基于贝叶斯模型平均（BMA）方法的实证研究》，《中国人口·资源与环境》2016 年第 9 期。

申晨等：《环境规制与工业绿色全要素生产率——基于命令—控制型与市场激励型规制工具的实证分析》，《研究与发展管理》2017 年第 2 期。

张三峰、卜茂亮：《嵌入全球价值链、非正式环境规制与中国企业 ISO14001 认证——基于 2004—2011 年省际面板数据的经验研究》，《财贸研究》2015 年第 2 期。

周海华、王双龙：《正式与非正式的环境规制对企业绿色创新的影响机制研究》，《软科学》2016 年第 8 期。

张嫚：《环境规制约束下的企业行为》，博士学位论文，东北财经大学，2005 年。

马士国：《征收硫税对中国二氧化硫排放和能源消费的影响》，《中国工业经济》2008 年第 2 期。

臧传琴等：《信息不对称条件下政府环境规制政策设计——基于博弈论的视角》，《财经科学》2010 年第 5 期。

江珂：《我国环境规制的历史、制度演进及改进方向》，《改革与战略》2010 年第 6 期。

孙文远、杨琴：《环境规制强度的测量：方法与前沿进展》，《生态经济》2017 年第 12 期。

黄清煌、高明：《环境规制对经济增长的数量和质量效应——基于联立方程的检验》，《经济学家》2016 年第 4 期。

陈德敏等：《全要素能源效率与中国经济增长收敛性——基于动态面板数据的实证检验》，《中国人口·资源与环境》2012 年第 1 期。

王勇、李建民：《环境规制强度衡量的主要方法、潜在问题及其修正》，《财经论丛》2015 年第 5 期。

郑玉歆：《全要素生产率的再认识——用 TFP 分析经济增长质量存在的若干局限》，《数量经济技术经济研究》2007 年第 9 期。

郭熙保、王翙：《现代经济增长理论的演进历程》，《当代财经》2001 年第 4 期。

潘士远、史晋川：《内生经济增长理论：一个文献综述》，《经济学（季刊）》2002 年第 3 期。

周立：《金融发展促进经济增长的理论综述》，《经济学动态》2003 年第 9 期。

李玲：《中国工业绿色全要素生产率及影响因素研究》，博士学位论文，暨南大学，2012 年。

虞晓红：《经济增长理论演进与经济增长模型浅析》，《生产力研究》2005 年第

2 期。

陈诗一：《能源消耗、二氧化碳排放与中国工业的可持续发展》，《经济研究》2009 年第 4 期。

孟令杰、顾焕章：《度量生产率变化的非参数方法》，《数量经济技术经济研究》2001 年第 2 期。

阳国亮、何元庆：《全要素生产率增长的度量方法》，《学术论坛》2005 年第 6 期。

段文斌、尹向飞：《中国全要素生产率研究评述》，《南开经济研究》2009 年第 2 期。

陈时中：《经济增长的结构因素分析》，《数量经济技术经济研究》1986 年第 7 期。

张军扩：《"七五"期间经济效益的综合分析——各要素对经济增长贡献率测算》，《经济研究》1991 年第 4 期。

郭庆旺、贾俊雪：《中国全要素生产率的估算：1979—2004》，《经济研究》2005 年第 6 期。

张军：《资本形成、工业化与经济增长：中国的转轨特征》，《经济研究》2002 年第 6 期。

孙琳琳、任若恩：《中国资本投入和全要素生产率的估算》，《世界经济》2005 年第 12 期。

涂正革、肖耿：《中国经济的高增长能否持续：基于企业生产率动态变化的分析》，《世界经济》2006 年第 2 期。

熊俊：《经济增长因素分析模型：对索洛模型的一个扩展》，《数量经济技术经济研究》2005 年第 8 期。

李静等：《中国地区发展差异的再检验：要素积累抑或 TFP》，《世界经济》2006 年第 1 期。

张林：《人力资本、物质资本对西部地区经济增长的贡献——基于 1995—2010 年西部地区数据的索洛模型检验》，《湖南社会科学》2012 年第 3 期。

金剑：《生产率增长测算方法的系统研究》，博士学位论文，东北财经大学，2007 年。

王兵等：《中国区域环境效率与环境全要素生产率增长》，《经济研究》2010 年第 5 期。

岳书敬、刘富华：《环境约束下的经济增长效率及其影响因素》，《数量经济技术经济研究》2009 年第 5 期。

王兵等：《环境约束下的中国火电行业技术效率及其影响因素实证研究》，《经济评论》2010 年第 4 期。

李斌等：《环境规制、绿色全要素生产率与中国工业发展方式转变——基于 36 个工业行业数据的实证研究》，《中国工业经济》2013 年第 4 期。

周五七、聂鸣：《基于节能减排的中国省级工业技术效率研究》，《中国人口·资源与环境》2013 年第 1 期。

何小钢、张耀辉：《技术进步、节能减排与发展方式转型——基于中国工业 36 个行业的实证考察》，《数量经济技术经济研究》2012 年第 3 期。

范剑勇、莫家伟：《地方债务、土地市场与地区工业增长》，《经济研究》2014 年第 1 期。

江小涓、李蕊：《FDI 对中国工业增长和技术进步的贡献》，《中国工业经济》2002 年第 7 期。

张海洋：《中国工业部门 R&D 吸收能力与外资技术扩散》，《管理世界》2005 年第 6 期。

李小平等：《国际贸易、技术进步和中国工业行业的生产率增长》，《经济学（季刊）》2008 年第 2 期。

韩燕、钱春海：《FDI 对我国工业部门经济增长影响的差异性——基于要素密集度的行业分类研究》，《南开经济研究》2008 年第 5 期。

柳剑平、程时雄：《中国 R&D 投入对生产率增长的技术溢出效应——基于工业行业（1993—2006 年）的实证研究》，《数量经济技术经济研究》2011 年第 11 期。

赵文军、于津平：《贸易开放、FDI 与中国工业经济增长方式——基于 30 个工业行业数据的实证研究》，《经济研究》2012 年第 8 期。

袁富华：《低碳经济约束下的中国潜在经济增长》，《经济研究》2010 年第 8 期。

匡远凤、彭代彦：《中国环境生产效率与环境全要素生产率分析》，《经济研究》2012 年第 7 期。

杨文举：《基于 DEA 的绿色经济增长核算：以中国地区工业为例》，《数量经济技术经济研究》2011 年第 1 期。

庞瑞芝、李鹏：《中国工业增长模式转型绩效研究——基于 1998—2009 年省际工业企业数据的实证考察》，《数量经济技术经济研究》2011 年第 9 期。

李钢等：《强化环境管制政策对中国经济的影响——基于 CGE 模型的评估》，《中国工业经济》2012 年第 11 期。

李小胜、安庆贤：《环境管制成本与环境全要素生产率研究》，《世界经济》2012 年第 12 期。

李春米、魏玮：《中国西北地区环境规制对全要素生产率影响的实证研究》，《干旱区资源与环境》2014 年第 2 期。

刘宁宁、孙玉环：《居民感知视角下环境污染对健康的影响——基于安徽省城乡居民问卷调查数据》，《调研世界》2018 年第 1 期。

许士春：《环境管制与企业竞争力——基于"波特假说"的质疑》，《国际贸易问题》2007 年第 5 期。

沈能、刘凤朝：《空间溢出、门槛特征与能源效率的经济增长效应》，《中国人口·资源与环境》2012 年第 5 期。

王国印、王动：《波特假说、环境规制与企业技术创新——对中东部地区的比较分析》，《中国软科学》2011 年第 1 期。

徐敏燕、左和平：《集聚效应下环境规制与产业竞争力关系研究——基于"波特假说"的再检验》，《中国工业经济》2013 年第 3 期。

郭妍、张立光：《环境规制对全要素生产率的直接与间接效应》，《管理学报》2015 年第 6 期。

赵红、谷庆：《环境规制、引致 R&D 与全要素生产率》，《重庆大学学报（社会科学版）》2015 年第 5 期。

原毅军、谢荣辉：《环境规制与工业绿色生产率增长——对"强波特假说"的再检验》，《中国软科学》2016 年第 7 期。

吕康娟等：《环境规制对中国制造业绿色全要素生产率的影响分析》，《生态经济》2017 年第 4 期。

陈超凡：《节能减排与中国工业绿色增长的模拟预测》，《中国人口·资源与环境》2018 年第 4 期。

殷宝庆：《环境规制与我国制造业绿色全要素生产率——基于国际垂直专业化视角的实证》，《中国人口·资源与环境》2012 年第 12 期。

蔡乌赶、周小亮：《中国环境规制对绿色全要素生产率的双重效应》，《经济学家》2017 年第 9 期。

汪海波：《我国工业发展 50 年的历程和成就》，《中国工业经济》1999 年第 9 期。

李金华：《新中国 70 年工业发展脉络、历史贡献及其经验启示》，《改革》2019 年第 4 期。

邓宏图等：《中国工业化的经济逻辑：从重工业优先到比较优势战略》，《经济研究》2018 年第 11 期。

马建堂：《六十五载奋进路 砥砺前行谱华章——庆祝中华人民共和国成立 65 周

年》，《人民日报》2014 年 9 月 24 日。

黄群慧等：《可持续工业化与创新驱动》，社会科学文献出版社 2017 年版。

蔡跃洲、陈楠：《新技术革命下人工智能与高质量增长、高质量就业》，《数量经济技术经济研究》2019 年第 5 期。

国家统计局：《创业创新蓬勃兴起 新兴产业苗壮成长——党的十八大以来经济社会发展成就系列之三》，2017 年 7 月 28 日，见 http://www.stats.gov.cn/ztjc/ztfx/18fzcj/201802/t20180212_1583220.html。

郭朝先：《改革开放 40 年中国工业发展主要成就与基本经验》，《北京工业大学学报（社会科学版）》2018 年第 6 期。

《我国已建成门类齐全现代工业体系》，《经济日报》2019 年 9 月 22 日。

《江泽民文选》第三卷，人民出版社 2006 年版。

国家统计局：《能源发展呈现新格局 节能降耗取得新进展——党的十八大以来经济社会发展成就系列之二十三》，2017 年 7 月 28 日，见 http://www.stats.gov.cn/ztjc/ztfx/18fzcj/201802/t20180212_1583135.html。

中国工业化进程研究课题组：《中国工业化进程报告（1995—2015）》，社会科学文献出版社 2017 年版。

林毅夫：《新结构经济学：反思经济发展与政策的理论框架》，北京大学出版社 2014 年版。

金碚：《世界分工体系中的中国制造业》，《中国工业经济》2003 年第 5 期。

金碚：《中国工业改革开放 30 年》，《中国工业经济》2008 年第 5 期。

中国社会科学院工业经济研究所课题组、李平：《中国工业绿色转型研究》，《中国工业经济》2011 年第 4 期。

李慧君：《中国工业经济的绿色转型》，博士学位论文，华中科技大学，2018 年。

张晨：《我国资源型城市绿色转型复合系统研究》，博士学位论文，南开大学，2010 年。

彭星、李斌：《贸易开放、FDI 与中国工业绿色转型——基于动态面板门限模型的实证研究》，《国际贸易问题》2015 年第 1 期。

卢飞等：《贸易开放、产业地理与绿色发展——集聚与产业异质性视角》，《经济理论与经济管理》2018 年第 9 期。

梁会君：《服务贸易开放对工业绿色全要素生产率的传导机制检验——基于技术促进路径的中介效应分析》，《财经论丛》2020 年第 4 期。

岳鸿飞等：《技术创新方式选择与中国工业绿色转型的实证分析》，《中国人口·资源与环境》2017 年第 12 期。

郭克莎：《中国工业化的进程、问题与出路》，《中国社会科学》2000 年第 3 期。

袁志刚、范剑勇：《1978 年以来中国的工业化进程及其地区差异分析》，《管理世界》2003 年第 7 期。

邱信丰：《新中国成立 70 年来钢铁工业绿色发展政策演变、成效、挑战与优化路径》，《企业经济》2019 年第 11 期。

彭文斌等：《中国工业污染空间分布格局研究》，《统计与决策》2013 年第 20 期。

刘星、聂春光：《中国工业经济发展和工业污染变化分析》，载《生态经济与资源节约型社会建设——中国生态经济学会 2006 年学术年会论文集》，2006 年。

范笑莹：《浅析工业企业环境污染管理问题与对策》，《河南机电高等专科学校学报》2017 年第 1 期。

张晋光：《太原市工业经济绿色转型研究》，《生态经济》2011 年第 2 期。

刘晓伟：《我国企业环境管理中存在问题的分析及对策》，《企业经济》2006 年第 3 期。

周慧祥：《工业经济的绿色转型探索》，《现代经济信息》2019 年第 10 期。

冷艳丽、杜思正：《产业结构、城市化与雾霾污染》，《中国科技论坛》2015 年第 9 期。

刘玮：《中国工业节能减排效率研究》，博士学位论文，武汉大学 2010 年。

齐昊：《中国工业绿色发展问题研究》，《现代商贸工业》2018 年第 19 期。

刘志雄：《中国绿色发展的条件与面临的挑战》，《新视野》2013 年第 4 期。

林万祥、肖序：《论企业环境管理的成本效益分析》，《会计之友》2003 年第 1 期。

赵红：《环境规制的成本收益分析——美国的经验与启示》，《山东经济》2006 年第 2 期。

陈诗一：《中国的绿色工业革命：基于环境全要素生产率视角的解释（1980—2008）》，《经济研究》2010 年第 11 期。

张倩：《环境规制对绿色技术创新影响的实证研究——基于政策差异化视角的省级面板数据分析》，《工业技术经济》2015 年第 7 期。

白俊红、李婧：《政府 R&D 资助与企业技术创新——基于效率视角的实证分析》，《金融研究》2011 年第 6 期。

李斌等：《环境规制、绿色全要素生产率与中国工业发展方式转变——基于 36 个工业行业数据的实证研究》，《中国工业经济》2013 年第 4 期。

王志鹏、李子奈：《中国 FDI、出口及经济增长间的因果关系研究》，载《21 世纪数量经济学》（第4卷），2003年。

涂正革：《环境、资源与工业增长的协调性》，《经济研究》2008年第2期。

岳书敬、刘富华：《环境约束下的经济增长效率及其影响因素》，《数量经济技术经济研究》2009年第5期。

可挺、龚健健：《环境污染、技术进步与中国高耗能产业——基于环境全要素生产率的实证分析》，《中国工业经济》2011年第12期。

庞瑞芝、李鹏：《中国新型工业化增长绩效的区域差异及动态演进》，《经济研究》2011年第11期。

李征：《中国区域全要素生产率演变研究》，博士学位论文，吉林大学，2016年。

袁小慧、范金：《建国70年中国全要素生产率的演化趋势与结构分解》，《南京社会科学》2019年第7期。

胡永泰：《中国全要素生产率：来自农业部门劳动力再配置的首要作用》，《经济研究》1998年第3期。

李小平、朱钟棣：《中国工业行业的全要素生产率测算——基于分行业面板数据的研究》，《管理世界》2005年第4期。

陈勇、李小平：《中国工业行业的技术进步与工业经济转型——对工业行业技术进步的DEA法衡量及转型特征分析》，《管理世界》2007年第6期。

孔翔等：《国有企业全要素生产率变化及其决定因素：1990—1994》，《经济研究》1999年第7期。

王小鲁：《中国经济增长的可持续性与制度变革》，《经济研究》2000年第7期。

张军等：《中国的工业改革与效率变化——方法、数据、文献和现有的结果》，《经济学（季刊）》2003年第1期。

张涵、张宇涵：《工业三废约束下制造业绿色全要素生产率研究》，《中国经贸导刊（中）》2019年第8期。

夏良科：《人力资本与R&D如何影响全要素生产率——基于中国大中型工业企业的经验分析》，《数量经济技术经济研究》2010年第4期。

袁堂军：《中国企业全要素生产率水平研究》，《经济研究》2009年第6期。

颜鹏飞、王兵：《技术效率、技术进步与生产率增长：基于DEA的实证分析》，《经济研究》2004年第12期。

杨俊、邵汉华：《环境约束下的中国工业增长状况研究——基于Malmquist-Luenberger指数的实证分析》，《数量经济技术经济研究》2009年第9期。

周建、顾柳柳：《能源、环境约束与工业增长模式转变——基于非参数生产前沿理论模型的上海数据实证分析》，《财经研究》2009年第5期。

李唐等：《新常态下企业全要素生产率的测算与分析》，《统计与决策》2016 年第 11 期。

卢培培：《中国全要素生产率的估算：1978—2007》，硕士学位论文，西南财经大学，2010 年。

林新文、章雅婕：《中国工业绿色全要素生产率的空间差异——基于超效率 DEA 视窗模型的分析》，《商业经济》2019 年第 9 期。

谭政：《绿色全要素生产率实证研究》，西南财经大学出版社 2016 年版。

郝丛卉：《环境规制对绿色全要素生产率的影响研究》，硕士学位论文，西安理工大学，2019 年。

辛相宇等：《中国家具企业出口与企业全要素生产率关系研究》，《林产工业》2019 年第 9 期。

樊纲：《经济全球化时代中国企业的发展战略》，《四川政报》2000 年第 35 期。

秦朵、宋海岩：《改革中的过度投资需求和效率损失——中国分省固定资产投资案例分析》，《经济学（季刊）》2003 年第 3 期。

吴延瑞：《生产率对中国经济增长的贡献：新的估计》，《经济学（季刊）》2008 年第 3 期。

张军等：《中国省际物质资本存量估算：1952—2000》，《经济研究》2004 年第 10 期。

邹至庄：《中国经济计划的计量模型》，《科技导报》1981 年第 2 期。

李小平：《全球金融危机下中国工业化发展大力吸引 FDI 必要性分析》，《甘肃社会科学》2009 年第 5 期。

原毅军、谢荣辉：《污染减排政策影响产业结构调整的门槛效应存在吗?》，《经济评论》2014 年第 5 期。

程丹润、李静：《环境约束下的中国省区效率差异研究：1990—2006》，《财贸研究》2009 年第 20 期。

胡晓琳：《中国省际环境全要素生产率测算、收敛及其影响因素研究》，博士学位论文，江西财经大学，2016 年。

蔡昉、都阳：《中国地区经济增长的趋同与差异：对西部开发战略的启示》，《经济研究》2000 年第 10 期。

沈坤荣、马俊：《中国经济增长的"俱乐部收敛"特征及其成因研究》，《经济研究》2002 年第 1 期。

林毅夫、刘培林：《中国的经济发展战略与地区收入差距》，《经济研究》2003 年第 3 期。

彭国华：《中国地区收入差距、全要素生产率及其收敛分析》，《经济研究》2005年第9期。

谢千里：《中国工业生产率的增长与收敛》，《经济学（季刊）》2008年第3期。

李健等：《中国地区工业生产率增长差异及收敛性研究——基于三投入DEA实证分析》，《产业经济研究》2015年第5期。

吴军：《环境约束下中国地区工业全要素生产率增长及收敛分析》，《数量经济技术经济研究》2009年第11期。

杨龙、胡晓珍：《基于DEA的中国绿色经济效率地区差异与收敛分析》，《经济学家》2010年第2期。

钱争鸣、刘晓晨：《我国绿色经济效率的区域差异及收敛性研究》，《厦门大学学报（哲学社会科学版）》2014年第1期。

肖挺：《全球制造业传统与环境生产率变化及收敛性的比较论证》，《南方经济》2020年第1期。

王裕瑾、于伟：《我国省际绿色全要素生产率收敛的空间计量研究》，《南京社会科学》2016年第11期。

汪克亮等：《环境压力视角下区域生态效率测度及收敛性——以长江经济带为例》，《系统工程》2016年第4期。

张毅：《中国绿色经济效率测算及影响因素分析》，硕士学位论文，安徽财经大学，2016年。

李卫兵、涂蕾：《中国城市绿色全要素生产率的空间差异与收敛性分析》，《城市问题》2017年第9期。

［美］丹尼尔·F.史普博：《管制与市场》，余晖等译，上海人民出版社1999年版。

廖进球、陈富良：《政府规制俘虏理论与对规制者的规制》，《江西财经大学学报》2001年第5期。

李雯：《西方规制理论及其演进》，《教学与研究》2002年第7期。

魏婧：《我国政府规制理论研究》，《现代经济信息》2013年第16期。

王俊豪：《城市公用事业政府管制体制改革的政策思路》，《浙江经济》2001年第5期。

成德宁、韦锦辉：《不同类型环境规制影响我国产业竞争力的效应分析》，《广东财经大学学报》2019年第3期。

张嫚：《环境规制与企业行为间的关联机制研究》，《财经问题研究》2005年第4期。

江珂、卢现祥：《环境规制与技术创新——基于中国 1997—2007 年省际面板数据分析》，《科研管理》2011 年第 7 期。

沈虹、彭盈：《环境规制文献综述》，《建材与装饰》2018 年第 12 期。

王雪宇、刘芹：《环境规制、产业集群对企业创新投入影响的研究》，《技术与创新管理》2019 年第 3 期。

李腾：《环境规制对企业技术创新的影响研究》，硕士学位论文，中国矿业大学，2019 年。

潘勤华等：《环境规制方式及其强度对全要素生产率的影响——基于中国面板数据研究》，《企业经济》2016 年第 12 期。

王红梅等：《大气污染区域治理中的地方利益关系及其协调：以京津冀为例》，《华东师范大学学报（哲学社会科学版）》2016 年第 5 期。

郝丛卉：《环境规制对绿色全要素生产率的影响研究》，硕士学位论文，西安理工大学，2019 年。

蒋伏心等：《环境规制对技术创新影响的双重效应——基于江苏制造业动态面板数据的实证研究》，《中国工业经济》2013 年第 7 期。

陈超凡等：《环境规制、行业异质性与中国工业绿色增长——基于全要素生产率视角的非线性检验》，《山西财经大学学报》2018 年第 3 期。

李春米、毕超：《环境规制下的西部地区工业全要素生产率变动分析》，《西安交通大学学报（社会科学版）》2012 年第 1 期。

孙玉环等：《中国环境规制与全要素生产率关系的区域比较》，《东北财经大学学报》2018 年第 1 期。

徐常萍、吴敏洁：《环境规制对制造业产业结构升级的影响分析》，《统计与决策》2012 年第 6 期。

李强：《环境规制与产业结构调整——基于 Baumol 模型的理论分析与实证研究》，《经济评论》2013 年第 5 期。

王晓娟：《资源与环境约束对工业绿色全要素生产率的影响研究》，硕士学位论文，西安石油大学，2019 年。

张伟：《我国战略性新兴产业技术效率及影响因素研究》，硕士学位论文，安徽工业大学，2012 年。

李光龙、范贤贤：《贸易开放、外商直接投资与绿色全要素生产率》，《南京审计大学学报》2019 年第 4 期。

全永波：《基于新区域主义视角的区域合作治理探析》，《中国行政管理》2012 年第 4 期。

宋爽：《环境规制的空间外溢与中国污染产业投资区位转移》，《西部论坛》2019年第2期。

朱金鹤、王雅莉：《创新补偿抑或遵循成本？污染光环抑或污染天堂？——绿色全要素生产率视角下双假说的门槛效应与空间溢出效应检验》，《科技进步与对策》2018年第20期。

陆立军、陈丹波：《地方政府间环境规制策略的污染治理效应：机制与实证》，《财经论丛》2019年第12期。

张平等：《不同类型环境规制对企业技术创新影响比较研究》，《中国人口·资源与环境》2016年第4期。

汪海凤等：《环境规制、不确定性与企业的短期化投资偏向——基于环境规制工具异质性的比较分析》，《财贸研究》2018年第12期。

马富萍等：《环境规制对技术创新绩效影响的研究——基于资源型企业的实证检验》，《科学学与科学技术管理》2011年第8期。

占佳、李秀香：《环境规制工具对技术创新的差异化影响》，《广东财经大学学报》2015年第6期。

彭星、李斌：《不同类型环境规制下中国工业绿色转型问题研究》，《财经研究》2016年第7期。

申晨、林沛娜：《中国碳排放权交易试点市场的现状特征及风险分析》，《产经评论》2017年第4期。

张江雪等：《环境规制对中国工业绿色增长指数的影响》，《中国人口·资源与环境》2015年第1期。

韩晶：《城市群的经济增长效应测度与影响因素分析》，《城市与环境研究》2019年第3期。

曾冰等：《环境政策工具对改善环境质量的作用研究——基于2001—2012年中国省际面板数据的分析》，《上海经济研究》2016年第5期。

王班班、齐绍洲：《市场型和命令型政策工具的节能减排技术创新效应——基于中国工业行业专利数据的实证》，《中国工业经济》2016年第6期。

陈玉龙、石慧：《环境规制如何影响工业经济发展质量？——基于中国2004—2013年省际面板数据的强波特假说检验》，《公共行政评论》2017年第5期。

刘和旺、左文婷：《环境规制对我国省际绿色全要素生产率的影响》，《统计与决策》2016年第9期。

安宁宁、韩兆洲：《面板数据模型设定的一般方法》，《统计与决策》2014年第9期。

郝珍珍等：《中国工业行业环境绩效测度与实证研究》，《系统工程》2014 年第 7 期。

全良等：《中国工业绿色全要素生产率及其影响因素研究——基于全局 SBM 方向性距离函数及 SYS-GMM 模型》，《生态经济》2019 年第 4 期。

李群峰：《动态面板数据模型的 GMM 估计及其应用》，《统计与决策》2010 年第 16 期。

宋清华等：《商业银行同业业务与风险承担——基于动态面板系统 GMM 模型的实证研究》，《金融科学》2019 年第 1 期。

王领、陈芮娴：《外商直接投资、进出口贸易与我国省际能源效率——基于 GMM 广义矩估计的实证研究》，《技术与创新管理》2019 年第 1 期。

郑月明、董登新：《外商直接投资对我国就业的区域差异与动态效应——基于动态面板数据模型的分析》，《数量经济技术经济研究》2008 年第 5 期。

彭建平、张建华：《基于动态面板数据模型的我国 R&D 投入效果实证分析》，《系统工程》2007 年第 12 期。

李平、慕绣如：《波特假说的滞后性和最优环境规制强度分析——基于系统 GMM 及门槛效果的检验》，《产业经济研究》2013 年第 4 期。

舒扬、孔凡邦：《内生视角下环境规制、产业集聚与城市绿色全要素生产率——以长江经济带城市为例》，《工业技术经济》2019 年第 10 期。

孙英杰、林春：《普惠金融发展的地区差异、收敛性及影响因素研究——基于中国省级面板数据的检验》，《经济理论与经济管理》2018 年第 11 期。

原毅军等：《环境规制绩效及其影响因素的实证分析》，《工业技术经济》2016 年第 1 期。

林莉：《基于面板门槛模型的融资约束对经营绩效影响实证研究》，硕士学位论文，华侨大学，2014 年。

钱水土等：《金融发展、FDI 与我国自主创新能力的门槛模型分析》，《南方金融》2010 年第 10 期。

龚沁宜、成学真：《西部地区金融发展、FDI 溢出与经济增长——基于面板门槛模型的研究》，《兰州大学学报（社会科学版）》2016 年第 6 期。

周永涛：《金融发展、FDI 与我国自主创新能力的门槛模型分析——兼论政府鼓励创新的金融政策导向》，《2010 年"海右"全国博士生论坛（公共经济学）"经济社会发展转型的公共政策"学术研讨会论文集》，2010 年。

李梦花、聂思玥：《资本充足率监管对银行稳健性的非线性影响——基于面板门槛模型的分析》，《中南财经政法大学学报》2016 年第 3 期。

秦炳涛、葛力铭：《中国高污染产业转移与整体环境污染——基于区域间相对环境规制门槛模型的实证》，《中国环境科学》2019 年第 8 期。

李寿国、宋宝东：《互联网发展对碳排放的影响——基于面板门槛模型的实证研究》，《生态经济》2019 年第 11 期。

舒安东：《环境规制减排效果的门槛效应分析》，《中国环境管理》2019 年第 6 期。

罗军：《金融发展门槛、FDI 与区域经济增长方式》，《世界经济研究》2016 年第 4 期。

李显君等：《中国上市汽车公司所有权属性、创新投入与企业绩效的关联研究》，《管理评论》2018 年第 2 期。

鲁东山：《河北省环境规制对绿色全要素生产率影响研究》，硕士学位论文，河北工程大学，2019 年。

吴玉鸣、李建霞：《基于地理加权回归模型的省域工业全要素生产率分析》，《经济地理》2006 年第 5 期。

李序颖、顾岚：《空间自回归模型及其估计》，《统计研究》2004 年第 6 期。

吴玉鸣：《我国 31 个省市区第三产业综合发展水平的最新评估》，《中国软科学》2000 年第 10 期。

陈晓玲、李国平：《我国地区经济收敛的空间面板数据模型分析》，《经济科学》2006 年第 5 期。

杨燕燕：《中国省域产业结构优化升级对生态效率的空间效应研究》，硕士学位论文，兰州财经大学，2019 年。

吴玉鸣、徐建华：《中国区域经济增长集聚的空间统计分析》，《地理科学》2004 年第 6 期。

吴玉鸣、李建霞：《中国区域工业全要素生产率的空间计量经济分析》，《地理科学》2006 年第 4 期。

张浩然、衣保中：《基础设施、空间溢出与区域全要素生产率——基于中国 266 个城市空间面板杜宾模型的经验研究》，《经济学家》2012 年第 2 期。

叶明确、方莹：《出口与我国全要素生产率增长的关系——基于空间杜宾模型》，《国际贸易问题》2013 年第 5 期。

孙庆刚等：《中国省域间能源强度空间溢出效应分析》，《中国人口·资源与环境》2013 年第 11 期。

杨骞、刘华军：《技术进步对全要素能源效率的空间溢出效应及其分解》，《经济评论》2014 年第 6 期。

张鹏飞：《基于空间计量的工业全要素生产率及影响因素研究》，硕士学位论文，广西师范学院，2015 年。

刘明等：《基于"空间"面板模型的中国工业全要素生产率估计》，《经济与管理评论》2017 年第 5 期。

关伟、许淑婷：《中国能源生态效率的空间格局与空间效应》，《地理学报》2015 年第 6 期。

于斌斌：《产业结构调整与生产率提升的经济增长效应——基于中国城市动态空间面板模型的分析》，《中国工业经济》2015 年第 12 期。

于伟、张鹏：《城市化进程、空间溢出与绿色经济效率增长——基于 2002—2012 年省域单元的空间计量研究》，《经济问题探索》2016 年第 1 期。

朱道才等：《长江经济带空间溢出效应时空分异》，《经济地理》2016 年第 6 期。

郑强、冉光和：《中国双向 FDI 的绿色生产率溢出效应——基于动态面板模型的实证检验》，《统计与信息论坛》2018 年第 6 期。

陈佳贵：《调整优化经济结构 促进发展方式转变》，《经济管理》2010 年第 4 期。

康玉泉：《碳排放约束下中国工业经济绩效研究》，博士学位论文，西北大学，2015 年。

林毅夫：《解读中国经济》，北京大学出版社 2018 年版。

袁海涛：《经济新常态下排污制度的理论分析》，《现代农业科技》2018 年版第 7 期。

原毅军、谢荣辉：《环境规制与工业绿色生产率增长——对"强波特假说"的再检验》，《中国软科学》2016 年第 7 期。

王颖春：《治理工业污染需要充分发挥市场机制作用》，《人民政协报》2014 年 3 月 25 日。

周五七：《碳排放约束的中国工业生产率增长及其影响因素》，博士学位论文，华中科技大学，2013 年。

叶晓：《中国地级以上城市绿色经济效率的时空格局与影响因素研究》，硕士学位论文，华东师范大学，2017 年。

吴明明：《中国能源消费与经济增长关系研究》，博士学位论文，华中科技大学，2011 年。

涂正革、肖耿：《中国工业生产力革命的制度及市场基础——中国大中型工业企业间技术效率差距因素的随机前沿生产模型分析》，《经济评论》2005 年第 4 期。

何宜庆等：《长江经济带生态效率提升的空间计量分析——基于金融集聚和产业结构优化的视角》，《生态经济》2016 年第 1 期。

李婧等:《中国区域创新生产的空间计量分析——基于静态与动态空间面板模型的实证研究》,《管理世界》2010 年第 7 期。

徐保昌、谢建国:《排污征费如何影响企业生产率:来自中国制造业企业的证据》,《世界经济》2016 年第 8 期。

卢洪友等:《环境保护税能实现"减污"和"增长"么?——基于中国排污费征收标准变迁视角》,《中国人口·资源与环境》2019 年第 6 期。

朱建华等:《中国环保投资与经济增长实证研究——基于误差修正模型和格兰杰因果检验》,《中国人口·资源与环境》2014 年第 12 期。

Atkinson, S.E.& Lewis, D.H., "A Cost-effectiveness Analysis of Alternative Air Quality Control Strategies", *Journal of Environmental Economics and Management*, Vol. 1, No. 3 (1974), pp.237-250.

Seskin, Eugene P., et al., "An Empirical Analysis of Economic Strategies for Controlling Air Pollution", *Journal of Environmental Economics and Management*, Vol.10, No.2(1983), pp.112-124.

Tietenberg, T. H., "Environmental Economics Policy", *Journal of Environmental Economics and Policy*, Vol.1, No.1(2001), pp.1-4.

McGartland, A.M., "Marketable Permit Systems for Air Pollution Control: An Empirical Study", Thesis(Ph.D.) -University of Maryland, 1984.

Oates, W.E., et al., "The Analysis of Public Policy in Dynamic Urban Models", *Journal of Political Economy*, Vol.79, No.1(1971), pp.142-153.

McConnell, V.D.& Schwab, R.M., "The Impact of Environmental Regulation on Industry Location Decisions: The Motor Vehicle Industry", *Land Economics*, Vol.66, No.1(1990), pp.67-81.

Henderson, J.V., "Effects of Air Quality Regulation", *American Economic Review*, Vol. 86, No.4(1996), pp.789-813.

Becker, R. & Henderson, V., "Effects of Air Quality Regulations On Polluting Industries", *Journal of Political Economy*, Vol.108, No.2(2000), pp379-421.

Javorcik, B.S.& Wei, S.J., 2001, "Pollution Havens and Foreign Direct Investment: Dirty Secret or Popular Myth?", *Contributions in Economic Analysis&Policy*, Vol.3, No.2(2001), pp.1244-1244.

Johnstone, N., et al., "Renewable Energy Policies and Technological Innovation: Evidence Based on Patent Counts", *Environmental and Resource Economics*, Vol. 45, No. 1 (2010), pp.133-155.

Gollop, Frank M. & Roberts, Mark J., "Environmental Regulations and Productivity Growth: The Case of Fossil-fueled Electric Power Generation", *Journal of Political Economy*, Vol.91, No.4(1982), pp.654-674.

Korhonen, J., et al., "The Role of Environmental Regulation in the Future Competitiveness of the Pulp and Paper Industry: The Case of the Sulfur Emissions Directive in Northern Europe", *Journal of Cleaner Production*, Vol.108, Part A(2015), pp.864-872.

Levinson, A., "Environmental Regulations and Manufacturers' Location Choices: Evidence from the Census of Manufactures", *Journal of Public Economics*, Vol.62, No.1-2 (1996), pp.5-29.

Keller, W.& Levinson, A., "Pollution Abatement Costs and Foreign Direct Investment Inflows to U.S.States", *Review of Economics and Statistics*, Vol.84, No.4(2002), pp.691-703.

Xu, Xinpeng & Song, Ligang, "Regional Cooperation and the Environment: Do 'Dirty' Industries Migrate?", *Weltwirtschaftliches Archiv*, Vol.136, No.1(2000), pp.137-157.

Smith, Adam, *The Wealth of Nations*, 1776.

Ricardo, David, *On the Principles of Political Economy and Taxation*, 1817.

Malthus, Thomas R., *An Essay on the Principle of Population*, 1798.

Solow, Robert M., "A Contribution to the Theory of Economic Growth", *The Quarterly Journal of Economics*, Vol.70, No.1(1956), pp.65-94.

Arrow, Kenneth J., "The Economic Implications of Learning by Doing", *The Review of Economic Studies*, Vol.29, No.3(1962), pp.155-173.

Oniki, H.& Uzawa, H., "Patterns of Trade and Investment in a Dynamic Model of International Trade", *The Review of Economic Studies*, Vol.32, No.1(1965), pp.15-37.

Shell, Karl & Stiglitz, Joseph E., "The Allocation of Investment in a Dynamic Economy", *The Quarterly Journal of Economics*, Vol.81, No.4(1967), pp.592-609.

Romer, P., "Increasing Returns and Long-Run Growth", *Journal of Political Economy*, Vol.94, No.5(1986), pp.1002-10037.

Lucas Jr., Robert E., "On the Mechanics of Economic Development", *Journal of Monetary Economics* Vol.22, No.1(1988), pp.3-42.

Dasgupta, P.& Heal, G., "The Optimal Depletion of Exhaustible Resources", *Review of Economic Studies*, Vol.41, No.5(1974), pp.3-28.

Rasche, Robert H.& Tatom, John A., "Energy Resources and Potential GNP", *Federal Reserve Bank of St Louis Review*, Vol.59, No.6(1977), pp.10-24.

Warner, K., et al., 1997, "The Doña Ana County Experience: Systems of Care in a Managed Care Environment", *Behavioral Healthcare Tomorrow*, Vol.6, No.6(1997), pp.42-46.

Pezzey, John C.V.& Withagen, Cees, "The Rise, Fall and Sustainability of Capital-Resource Economies", *The Scandinavian Journal of Economics*, Vol. 100, No. 2 (1998), pp. 513-527.

Gylfason, T., "Natural Resources, Education, and Economic Development", *European Economic Review*, Vol.45, No.4-6(2001), pp.847-859.

Chambers, Robert G., et al., "Productivity Growth in APEC Countries", *Pacific Economic Review*, Vol.1, No.3(1996), pp.181-190.

Chung, Yangbo, et al., "Productivity and Undesirable Outputs: A Directional Distance Function Approach", *Journal of Environmental Management*, Vol. 51, No. 3 (1997), pp. 229-240.

Färe, R., et al., "Accounting for Air Pollution Emissions in Measures of Stata Manufacturing Productivity Growth", *Journal of Regional Science*, Vol.41, No.3(2001), pp.381-409.

Managi, S.& Kaneko, Shinji, "Productivity Change, FDI, and Environmental Policies in China, 1987-2001", 2004.

Hu, Jin-Li, et al., "Under the Shadow of Asian Brown Clouds: Unbalanced Regional Productivities in China and Environmental Concerns", *International Journal of Sustainable Development &World Ecology*, Vol.12, No.4(2005), pp.429-442.

Watanabe, M.& Tanaka, K., "Efficiency Analysis of Chinese Industry: A Directional Distance Function Approach", *Energy Policy*, Vol.35, No.12(2007), pp.6323-6331.

Chow, G.C., *China's Economic Transformation*, Oxford: Blackwell, 2002.

Kim, Jong-Il & Lau, Lawrence J., "Source of Economic Growth of the East Asian Newly Industrialized Countries", *Journal of the Japanese and International Economics*, Vol.8, No.3 (1994), pp.235-271.

Felipe, Jesus & McCombie, J. S. L., 1998, " Methodological Problems with Recent Analyses of the East Asian Miracle", *Cambridge Journal of Economics*, Vol.27, No.5(2003), pp.695-721.

Jorgenson, Dale W.& Griliches, Z., 1967, "The Explanation of Productivity Change", *The Review of Economic Studies*, Vol.34, No.3(1967), pp.249-280.

Aigner, D., et al., "Formulation and Estimation of Empirical Application Function Models", *Journal of Econometrics*, Vol.6, No.1(1977), pp.21-37.

Schmidt, P., "Frontier Production Functions", *Econometric Reviews*, Vol.4, No.2(1986), pp.289-328.

Kumbhakar, S.C., "Production Frontiers, Panel Data, and Time-varying Technical Inefficiency", *Journal of Econometrics*, Vol.46, No.1−2(1990) , pp.201−211.

Bauer, Paul W., "Decomposing TFP Growth in the Presence of Cost Inefficiency, Nonconstant Returns to Scale, and Technological Progress", *Journal of Productivity Analysis*, Vol. 1, 1990, pp.287−299.

Kalirajan, K.P.& Cao, Y., "Can Chinese Firms Behave Like Market Entities: the Case Of Chinese Iron and Steel Industry Applied Economics", Vol.25, No.8(1993) , pp.10711−1080.

Charnes, A., et al., "Measuring the Efficiency of Decision Making Units", *European Journal of Operational Research*, Vol.2, No.6(1978) , pp.429−444.

Caves, D. W., et al., 1982, "The Economic Theory of Index Numbers and the Measurement of Input, Output, and Productivity", *Econometrica*, Vol. 50, No. 6 (1982) , pp. 1393−1414.

Mohtadi, Hamid, 1996, "Environment, Growth, and Optimal Policy Design", *Journal of Public Economics*, Vol.63, No.1(1996) , pp.119−140.

Ramanathan, Ramakrishnan, "An analysis of energy consumption and carbon dioxide emissions in countries of the Middle East and North Africa", *Energy*, Vol.30, No.15(2005) , pp. 2831−2842.

Considine, Timothy J. & Larson, Donald F., "The Environment as a Factor of Production", *Journal of Environmental Economics and Management*, Vol.52, No.3(2006) , pp. 645−662.

Zhou, P. & Ang, B. W., "Linear Programming Models for Measuring Economy-wide Energy Efficiency Performance", *Energy Policy*, Vol.36, No, 8(2008) , pp.2911−2916.

Oh, Dong-hyun & Heshmati, Almas, 2010, "A Sequential Malmquist − Luenberger Productivity Index: Environmentally Sensitive Productivity Growth Considering the Progressive Nature of Technology", *Energy Economics*, No.6(2010) , pp.1345−1355.

Deschênes, Olivier & Greenstone, Michael, "The Economic Impacts of Climate Change: Evidence from Agricultural Output and Random Fluctuations in Weather", *American Economic Review*, Vol.97, No.1(2007) , pp.354−385.

Granderson, Gerald & Prior, Diego 2013, "Environmental Externalities and Regulation Constrained Cost Productivity Growth in the US Electric Utility Industry", *Journal of Productivity Analysis*, Vol.39, No.3(2013) , pp.243−257.

Aklin, M., "Re-exploring the Trade and Environment Nexus through the Diffusion of Pollution", *Environmental & Resource Economics*, Vol.64, No.4(2013) , pp.663−682.

Porter, M.E., "Towards a Dynamic Theory of Strategy", *Strategic Management Journal*, Vol.12, No.S2(1991), pp.95-117.

Domazlicky, Bruce R.& Weber, William L., "Does Environmental Protection Lead to Slower Productivity Growth in the Chemical Industry?", *Environmental and Resource Economics*, Vol.28, No.3(2004), pp.301-324.

Guo, D., et al., "Employment Implications of Stricter Pollution Regulation in China: Theories and Lessons from the USA", *Environment Development & Sustainability*, Vol.19, No.2 (2017), pp.1-21.

Lanoie, Paul, et al., "Environmental Regulation and Productivity: Testing the Porter Hypothesis", Vol.30, No.2(2008), pp.121-128.

Becker, Randy A., "Local Environmental Regulation and Plant-level Productivity", *Ecological Economics*, Vol.70, No.12(2011), pp.2516-2522.

Löschel, A., et al., "Der deutsche Strommarkt im Umbruch: zur Notwendigkeit einer Marktordnung aus einem Guss", *Wirtschaftsdienst*, Vol.93, No.11(2013), pp.778-784.

Bardt, H., et al., "Das Erneuerbare-Energien-Gesetz – Erfahrungen und Ausblick", Bericht an die Initiative Neue Soziale Marktwirtschaft, IW, Köln, 2012, p.30.

Christ, S.& Bothe, D., "Bestimmung der Zahlungsbereitschaft für erneuerbare Energien mit Hilfe der kontingenten Bewertungsmethode"(No.07, 1), EWI Working Paper, 2007.

Priest, W.C, et al., "Environmental, Health and Safety Regulations and Technological Innovation(Chapter)", *Neuroendocrinology*, Vol.70, No.5(1979), pp.324-331.

Porter, M.E., "America' s Green Strategy", *Scientific American*, Vol.264, No.4(1991), p.168.

Jaffe, A.B.& Palmer, K., "Environmental Regulation and Innovation: A Panel Data Study", *Review of Economics and Statistics*, Vol.79, No.4(1997), pp.610-619.

Jaffe, A.B., et al., "Environmental Regulation and the Competitiveness of US Manufacturing: What does the Evidence Tell Us?", *Journal of Economic Literature*, Vol.33, No.1 (1995), pp.132-163.

Tietenberg, T.H., "Economic Instruments for Environmental Regulation", *Oxford Review of Economic Policy*, Vol.6, No.1(1990), pp.17-33.

Yohe, G.W., "The Backward Incidence of Pollution Control-Some Comparative Statics in General Equilibrium", *Journal of Environmental Economics and Management*, Vol.6, No.3 (1979), pp.187-198.

Fukuyama, H.& Weber W.L., 2009, "A Directional Slacks-based Measure of Technical

Inefficiency", *Socio-Economic Planning Sciences*, Vol.43, No.4(2009) , pp.274-287.

Chambers, Robert G., et al., "Productivity Growth in APEC Countries", *Pacific Economic Review*, Vol.1, No.3(1996) , pp.181-190.

Felipe, J., "Total Factor Productivity Growth in East Asia: A Critical Survey", *The Journal of Development Studies*, Vol.35, No.4(1999) , pp.1-41.

Jefferson, G.H, et al., "Productivity Growth and Convergence across China's Industrial Economy", *Journal of Chinese Economic and Business Studies*, Vol. 6, No. 2 (2008) , pp. 121-140.

Berger, A. N. & Humphrey, D. B., "Efficiency of Financial Institutions: International Survey and Directions for Future Research", *European Journal of Operational Research*, Vol. 98, No.2(1997) , pp.175-212.

Hailu, A.& Veeman, T.S., "Environmentally Sensitive Productivity Analysis of the Canadian Pulp and Paper Industry, 1959-1994: An Input Distance Function Approach", *Journal of Environmental Economics and Management*, Vol.40, No.3(2000) , pp.251-274.

Tone, K., "A Slacks-based Measure of Efficiency in Data Envelopment Analysis", *European Journal of Operational Research*, Vol.130, No.3(2001) , pp.498-509.

Fare, R., et al., "Accounting for Air Pollution Emissions in Measures of State Manufacturing Productivity Growth", *Journal of Regional Science*, Vol.41, No.3(2001) , pp.381-409.

Pittman, R.W., "Multilateral Productivity Comparisons with Undesirable Outputs", *Economic Journal*, Vol.93, No.372(1983) , pp.883-891.

Fare, R., et al., "Productivity Growth, Technical Progress, and Efficiency Change in Industrialized Countries: Reply", *American Economic Review*, Vol. 87, No. 6 (1997) , pp. 1040-1044.

Fare, R., et al., "Environmental Production Functions and Environmental Directional Distance Functions", *Energy*, Vol.32, No.7(2007) , pp.1055-1066.

Solow, Robert M., "A Contribution to the Theory of Economic Growth", *The Quarterly Journal of Economics*, Vol.70, No.1(1956) , pp.65-94.

Swan, T.W., "Economic Growth and Capital Accumulation", *Economic Record*, Vol.32, 1956, pp.334-361.

Islam, N., "What Have We Learnt from the Convergence Debate? A Review of the Convergence Literature", *Journal of Economic Surveys*, Vol.17, No.3(2003) , pp.309-362.

Romer, P., "Increasing Returns and Long-Run Growth", *Journal of Political Economy*, Vol.94, No.5(1986) , pp.1002-1037.

Lucas, R., "On the Mechanics of Economic Development", *Journal of Monetary Economics*, Vol.22, No.1(1988), pp.3-42.

Galor, Oded, "Convergence? Inferences from Theoretical Models", *The Economic Journal*, Vol.106, No.437(1996), pp.1056-1069.

Baumol, W.J., 1988, "Productivity Growth, Convergence, and Welfare: What the Long-Run Data Show?", *American Economic Review*, Vol.76, No.5(1988), pp.1155-1159.

Barro, R.J., "Economic Growth in a Cross-section of Countries", *Quarterly Journal of Economics*, Vol.106, No.425(1991), pp.407-443.

Islam, N., "Growth Empirics: A Panel Data Approach", *Quarterly Journal of Economics*, Vol.110, No.4(1995), pp.1127-1170.

Wolff, Edward N., "Capital Formation and Productivity Convergence Over the Long Term", *The American Economic Review*, Vol.81, No.3(1991), pp.565-570.

Bernard, A. & Jones, "Comparing Apples to Oranges: Productivity Convergence and Measurement across Industries and Countries", *American Economic Review*, Vol. 86, No. 5 (1996), pp.1216-1238.

Miller, S. & Upadhyay, M., 2002, "Total Factor Productivity and the Convergence Hypothesis", *Journal of Macroeconomics*, Vol.24, No.2(2002), pp.267-286

Barro, R. & Sala-i-Martin, X., "Convergence", *Journal of Political Economy*, Vol.100, 1992, pp.223-251.

Mankiw, G.D.Romer & Weil, D., "A Contribution to the Empirics of Economic Growth", *Quarterly Journal of Economics*, Vol.100, No.2(1992), pp.407-438.

Arouri, M.E.H., et al., "Environmental Regulation and Competitiveness: Evidence from Romania", *Ecological Economics*, Vol.81, No.5(2012), pp.130-139.

Aklin, M., "Re-exploring the Trade and Environment Nexus through the Diffusion of Pollution", *Environmental & Resource Economics*, Vol.64, No.4(2016), pp.663-682.

Zárate-Marco, A. & Vallés-Giménez, J., "The Cost of Regulation in a Decentralized Context: the Case of the Spanish Regions", *European Journal of Law & Economics*, Vol.33, No.1 (2012), pp.185-203.

Porter, M.E., "Towards a Dynamic Theory of Strategy", *Strategic Management Journal*, Vol.12, No.52(1991), pp.95-117.

Xepapadeas, A. & de Zeeuw, A., "Environmental Policy and Competitiveness: The Porter Hypothesis and the Composition of Capital", *Journal of Environmental Economics and Management*, Vol.37, No.2(1999), pp.165-182.

Mohr, R., "TechnicalChange, External Economics and Porter Hypothesis", *Journal of Environmental Economics and Management*, Vol.43, No.1(2002) , pp.158−168.

Guo, D., et al., "Employment Implications of Stricter Pollution Regulation in China: Theories and Lessons from the USA", *Environment Development & Sustainability*, Vol.19, No.2 (2015) , pp.1−21.

Cropper, M. L. & Oates, W. E., "Environmental Economics: A Survey", *Journal of Economic Literature*, Vol.30, No.2(1992) , pp.675−740.

Lanoie, P., et al., "Environmental Regulation and Productivity: Testing the Porter Hypothesis", *Journal of Productivity Analysis*, Vol.30, No.2(2008) , pp.121−128.

Walter, I.& Ugelow, J.L., "Environmental Policies in Developing Countries", *Ambio*, Vol. 8, No.23(1979) , pp.102−109.

Esty, D.C.& Dua, A., 1997, *Sustaining the Asia Pacific Miracle: Environmental Protection and Economic Integration*, Peterson Institute Press, 1997.

J.Yin, M.Zheng and J.Chen, "The Effects of Environmental Regulation and Technical Progress on CO2 Kuznets Curve, pp.An Evidence from China", *Energy Policy*, Vol.77, No.2 (2015) , pp.35−40.

Eskeland, Gunnar S., "Air Pollution Requires Multipollutant Analysis: The Case of Santiago, Chile", *American Journal of Agricultural Economics*, Vol. 79, No. 5 (1997) , pp. 1636 −1641.

Ethier, Wilfred J, "The New Regionalism", *The Economic Journal*, Vol. 108, No. 449 (1998) , pp.1149−1161.

Weitzman, Martin L., "Prices vs.Quantities", *Review of Economic Studies*, Vol.41, No.4 (1974) , pp.477−491.

Milliman, S. & Prince, R., "Firm Incentives to Promote Technological Change in Pollution Control", *Journal of Environmental Economics and Management*, Vol. 17, No. 3 (1989) , pp.247−265.

Picazo-Tadeo, A.J., et al, "Directional distance functions and environmentalregulation", *Resource and Energy Economics*, Vol.27, No.2(2005) , pp.131−142.

Hansen, Walter G., "How Accessibility Shapes Land Use", *Journal of the American Institute of Planners*, Vol.25, No.2(1959) , pp.73−76.

Arellano, M. & Bond, S., "Manuel Arellano and Stephen Bond. Some Tests of Specification for Panel Data: Monte Carlo Evidence and an Application to Employment Equations", *Review of Economic Studies*, Vol.58, No.2(1991) , pp.277−297.

Bond, R.J., *California Real Estate Finance*, 1998.

Hansen, L. P. & Singleton K. J., "Stochastic Consumption, Risk Aversion, and the Temporal Behavior of Asset Returns", *Journal of Political Economy*, Vol.91, No.2(1983), pp. 249–265.

Hayakawa, et al., *Mathematical and Analytical Techniques with Applications to Engineering*, Springer, 2007.

Esposti, R.& Bussoletti, S., "Impact of Objective 1 Funds on Regional Growth Convergence in the European Union: A Panel-data Approach", *Regional Studies*, Vol. 42, No. 2 (2007), pp.159–173.

Albrizio, S., et al, "Environmental Policies and Productivity Growth: Evidence across Industries and Firms", *Journal of Environmental Economics and Management*, Vol.81, 2017, pp. 209–226.

Hansen, Bruce E., "Tests for Parameter Instability in Regressions with 1(1) Processes", *Journal of Business & Economic Statistics*, Vol.10, No.3(1996), pp.321–335.

Cane, M.& Hansen, Bruce E., "Threshold Autoregression with a Unit Root", *Econometrica*, Vol.69, No.6(2004), pp.1555–1596.

Hansen, B.E., "Threshold Effects in Non-dynamic Panels: Estimation, Testing, and Inference", *Journal of Econometrics*, Vol.93, No.2(1999), pp.45–368.

Tobler, W., "A Computer Movie Simulating Urban Growth in the Detroit Region", *Economic Geography*, Vol.46, No.2(1970), pp.234–240.

Berry, B.& Marble, D., *Spatial Analysis: A Reader in Statistical Geography*, Englewood Cliffs: Prentice Hall, 1968, p.512.

Curry, L., "Univariate Spatial Forecasting", *Economic Geography*, Vol. 46, Supplement (1970), pp.241–258.

Paelinck, J.& Klaassen, L., *Spatial Econometrics*, Farnborough: Saxon House, 1979.

Anselin, J., *Spatial Econometrics: Methods and Models*, Kluwer Academic Publishers, 1988, p.12.

Rey, S.J.& Brett, D.M., "US Regional Income Convergence: A Spatial Econometric Perspective", *Regional Studies*, Vol.33, No.2(1999), pp.143–156.

Elhorst, J.P., "Specification and Estimation of Spatial Panel Data Models", *International Regional Science Review*, Vol.26, No.3(2003), pp.244–268.

Cooper, William W., et al., *Data Envelopment Analysis*, Springer US, 2007.

Färe, R.& Grosskopf, S., "A Comment on Weak Disposability in Nonparametric Production Analysis", *American Journal of Agricultural Economics*, Vol91, No.2(2009) , pp.535–538.

Zheng, Jinghai, et al., "Ownership Structure and Determinants of Technical Efficiency: An Application of Data Envelopment Analysis to Chinese Enterprises(1986–1990) ", *Journal of Comparative Economics*, Vol.26, No.3(1998) , pp.465–484.

金子慎治:《環境経営時代における環境政策と企業行動に関する研究（特集政策大競争時代の環境経済研究)》,《環境研究》2011 年第 161 期。

金原達夫、藤井秀道:《日本企業における環境行動の因果的メカニズムに関する分析》,《日本経営学会誌》2009 年第 23 期。

小田宏伸:《フランスにおける衰退産業地域の再生：ノール・パドカレ地域の事例研究》,《筑波大学人文地理学研究》2001 年第 25 期。

责任编辑:曹　春

图书在版编目(CIP)数据

环境规制视阈下的中国工业增长绩效问题研究/郭威 著. —北京:
人民出版社,2020.12
ISBN 978－7－01－022623－1

Ⅰ.①环…　Ⅱ.①郭…　Ⅲ.①工业经济-经济增长-研究-中国　Ⅳ.①F424

中国版本图书馆 CIP 数据核字(2020)第 214294 号

环境规制视阈下的中国工业增长绩效问题研究

HUANJING GUIZHI SHIYU XIA DE ZHONGGUO GONGYE ZENGZHANG JIXIAO WENTI YANJIU

郭　威　著

人民出版社 出版发行
(100706 北京市东城区隆福寺街 99 号)

北京盛通印刷股份有限公司印刷　新华书店经销

2020 年 12 月第 1 版　2020 年 12 月北京第 1 次印刷
开本:710 毫米×1000 毫米 1/16　印张:13
字数:198 千字

ISBN 978－7－01－022623－1　定价:68.00 元

邮购地址 100706　北京市东城区隆福寺街 99 号
人民东方图书销售中心　电话 (010)65250042　65289539